U0840835

师傅

武歆 著

天津出版传媒集团
天津人民出版社

图书在版编目(CIP)数据

师傅 / 武歆著. -- 天津 : 天津人民出版社, 2025. 8. -- ISBN 978-7-201-21132-9

Ⅰ. I25

中国国家版本馆CIP数据核字第2025DG8486号

师傅

SHIFU

出　　版　天津人民出版社
出 版 人　刘锦泉
地　　址　天津市和平区西康路35号康岳大厦
邮政编码　300051
邮购电话　(022)23332469
电子信箱　reader@tjrmcbs.com

选题策划　赵子源
责任编辑　李佳骐
插图绘制　张　建
装帧设计　刘　僮

印　　刷　天津新华印务有限公司
经　　销　新华书店
开　　本　880毫米×1230毫米　1/32
印　　张　11
字　　数　170千字
版次印次　2025年8月第1版　2025年8月第1次印刷
定　　价　58.00元

师傅的辉煌

人们都熟知,古老的铁匠打铁离不开大锤和小锤。小锤是灵魂,是指挥,小锤敲到哪儿,大锤砸到哪儿。在繁重而精细的劳作中,小锤引领着大锤敲击出美妙的节奏,这是对锻造过程的一种享受,也是对大锤的鼓励和赞赏。

至今还有一个行当离不开大小锤,甚至把大小锤抡得出神入化,这便是“铆工”。在武歆的新著《师傅》中,有这样的描写:人称“大锤王”的杨伟东和外号“小锤李”的老师傅合作,用大小锤能敲击出《喜洋洋》乐曲。“小锤李”更绝,闲暇时一手执小锤,一手拿吃饭的铜勺儿,在大茶缸子上演奏京剧曲牌。喜欢京剧的老贾师傅,随即就有板有眼地跟着唱起来……

这确乎神奇。我当过七八年锻工,也抡过大锤,在我看来只能分出轻重缓急、敲打出叮叮当当两种声音的大小锤,是怎样演奏出乐曲的呢?

大小锤本是劳作的工具,人们经过长年累月的使用,竟可以玩出诸多花样。可以想见这些铆工的生产技能是如何了得,同时也能感受到他们身上散发出来的工作热情和快乐。这种热情和快乐是由技术性劳动带来的,可窥见这些铆工师傅的精神状态是何等的多姿多彩、活力四射。

多年来,自诩为“纯文学”写作的写作者和批评家,似乎对工业文学作品甚不以为然,也有人觉得工业生产既艰深难懂,又枯燥乏味,是创作的畏途。然而近年来,武歆的工业文学创作却呈“井喷”状态:前年年初出版了工业题材的长篇小说《三条石》,在世界现代工业发展的大背景下,讲述“天津工业摇篮”的故事;今年1月出版了近三十万字的长篇小说《赶路》,4月又拿出了长篇散文《师傅》,并放言“还要再写十部、二十部工业文学作品”。难怪一位了解他的文友感叹:“武歆写疯了!”

《师傅》的时代背景是中国追求工业化和工业社会的黄金时段。武歆高中毕业后进入一家大厂的铆焊车间学徒、当铆工,一干就是六年。这六年正是一个人的感悟、记忆和生命力的黄金时期,为他的文学创作打下了深厚的生活根基；后又经历数十年的沉积、思辨，终于爆发。武歆才思畅达，立意遥深，用天津这座老工业城市的原生态语言，为工人立传，写工业社会中的种种工业人生，以及正在被工业化异化的社会生活。武歆利用散文情真意切、形散神聚的优势，灵气纵逸地描摹了一个个穿着相同的工作服却情致迥然的铆焊工人。

短的数千字，长的不过一两万字，分明是小传，一部部写下来，与其一系列工业文学作品组合成一体，便是工人群像、工人家庭全景、工业社会大观……堪称皇皇巨制。

没有工业，就没有一个国家的经济和物质文明。工业文明是现代精神文化的物质载体，工业文学展示了生活的质地和诱惑，站在了当代社会生活的前沿。当代文学若是不敢直面现代工业社会、工业生活和技术工人，至少是不健全的，是不自信的表现。工业生活常常比任何虚构都更令人不可思议，给人以强烈的陌生感和震撼力。因此，武歆的工业文学作品更显得立意宏大、蕴含深邃。《师傅》贯通时间的识见和境界，显示了作者诚挚自信的工业情怀和驾驭这种题材的才具，以及作为当代作家不想愧对当代的勇气和力量。

在“文革”前及20世纪80年代早期，“师傅”是广为流行的也颇为稳妥的尊称。见到尊敬的人，无论男女，一律称“师傅”。对商店的售货员、剧团的演员，乃至进机关见干部，都可以称“师傅”，比称呼官衔更显亲切。

《师傅》中的师傅们，都有自己的标志，而标志代表着一个工人的尊严。工人的尊严体现在他们都是工作上的强者、技术上的能手。每个人都有自己的绝技，在流行“没有外号不富”的年代，外号就是师傅们的特长：“剪板机白胖李”“油压机达伦”“风砂轮老朱”“钉冲王向辉”“电气焊王岳翰”，等等。在老工人中间，格外讲究“手艺道”。这是手艺人或好工匠的律条，是自己所从事的那一行的“圣训”。技术是有“道”的，要手艺必须尊道、重道，总之，干出的活儿要对得起自己的手艺。

那是个不仅重技术，也敬工匠的年代。以《师傅》中的一个小细节为例，铆工们都有两套工作服，一套上班的时候穿，一套下班后当“逛服”，遛马路、逛商店、看电影时穿，甚至穿着国营大厂的工作服相亲，成功率都很高。那时的城市主流人群就是工人，分国营工厂和“集体性质”的街办、区办工厂，从人的表情就可分辨出这个人是在什么样的工厂上班。门卫老魏这样解释：“国营大厂的工人跟集体小厂的工人，脸上的表情不一样，装是装不出来的。”

那个年代，当工人是很值得骄傲的，铆工师傅达伦说得更精彩："咱们这行当名字不好听，可过起日子来，坐办公室的人比不过咱们。他们手笨，两只手就是两个鸡爪子，嘛也干不了！"

《师傅》的年代也是个有规则、守良知的年代。无论是工人还是社会，没有"飞扬的物欲和膨胀的内心"，皆能务本守真，物来顺应。规则不是贴在墙上、挂在嘴上，而是印在有良知的心上，变成每个人自觉的行为。那时一周工作六天，每天工作八小时。工人们却都愿意加班，干了一天的活儿，总还觉得力气没有使完。《师傅》中这样描写："张大力好像从来不认识'累'这个字，他最大的愿望就是上班干活儿，他愿意加班，愿意天天待在车间里。他跟我动情地说过，晚上躺在床上，感觉身上的力气才用了一多半，剩下的力气使不出去，憋在肌肉里别提多难受了。也不能总是找人摔跤去呀？张师傅叹口气说，爱摔跤的人越来越少了，男人不去摔跤了，都去'卡拉OK'唱歌了……"

铆工们性格各异，家庭条件不同，但进了车间就是一个齐心合力的整体。铆工组有个自发的"互助会"，每个月发工资的时候，每人拿出五块钱，补助一个人。铆工组十二个人，这六十块钱接近一个五级工的月工资，在当时可解决家庭的大问题。大家轮流受助，谁临时遇到困难，可以自动调换顺序。社会的核心是人的规则和良知，也正是规则和良知，凝聚人们的意志、智慧和道德，形成强大的整体力量。于是，铆焊车间一派生机，铆工组都是精兵强将。

人的德行好，气势就强。所以《师傅》让人感到真实而饱满。作者从车间写到铆工的家人和家庭，人皆社会动物，要有社会生活和社会环境下的种种精神状态。探幽知微，思绪深长，《师傅》充分发挥长篇散文的特长，各色人物姿态百出，饶有兴味。

干了一天重体力的创造性劳动，还觉得“力气没有使完”的铆工师傅们，业余生活也很丰富。有人下班后换上运动装，带着冰鞋，到冰封的河面上纵情驰骋，享受速度带来的快感，陶醉于自己创造的优美之中。有人喜欢摔跤，迷恋那种锤炼筋骨和释放力量的感觉，无论摔倒别人或是被别人摔倒，都有一种大痛快。竞技场上尊重强者，也只有在竞技场上才能找到强者的感觉。有人养信鸽，竟不断为鸽子的智慧所折服，并从中获得教益。信鸽创造了新成绩，不知信鸽本身是否有自豪感，但它的主人肯定会欣喜异常。还有的师傅手极巧，喜欢制作各种小玩意儿，有的则酷爱跳舞……总之，铆工组的师傅们，每个人都有自己的精彩。

文学作品不一定要完美，但要精彩。《师傅》就是这样一部书，境界明润，风格沉实质朴。唯其人物真实，感情真挚，才有震撼人的力量。这还要归功于这部书的语言。作者在语言上下了大功夫，很像是满嘴天津话的人在漫话家常，自然清新，时有妙语。其间带出了许多天津的历史掌故和民风民俗，有助于看透世间人情，让每个人物形象有了纵深感和立体感。

铆工组似乎是武歆的"精神原乡"，他写《师傅》是回到了自己的土地上，襟怀敞露，妙明其心。作家的文字在自己的土地上最容易开花结果，作者笔力疏爽，用词亲切，不只是描摹工业时代，更是引领读者认识工业时代。

读罢《师傅》，浮想颇多，未及梳理便拉杂写来。借以表达对武歆工业文学创作的敬意，并祝贺留住师傅们辉煌的《师傅》一书问世。

蒋子龙

2025年5月

目录

大锤·杨伟东

1

我师傅杨伟东搂着我的肩膀跟我讲,他初中毕业进厂时,经常学着老师傅们跷着大拇指的神态,骄傲地说自己是个“铆工匠”。杨伟东告诉我,那时候他走在小胡同里,被大人问起“小东子长这么高了,在哪儿上班”时,他模仿着十年前自己还是青皮小子时的神态,双手叉腰,脸上带着满不在乎的笑容,大大咧咧地说:“国营厂,铆工匠,抡大锤的铆工匠。”我能想象出来,当我师傅露出那口令人嫉妒的白牙、豪爽地讲出这句话时,黑黑的脸上带着敢上刀山敢下火海的硬汉劲头儿。

杨伟东忽然声调低下来,说,后来我就不这么讲了,再被别人问起工种时,踏踏实实地说“铆工”。

杨伟东说,我把“匠”字去掉了。

为什么? 我不解。

杨伟东露出小孩子捉迷藏一样的俏皮眼神儿,小声说,出了一件事。

2

1970年,生产水轮发电机组的天津某国营大厂,迎来了一千五百名初中毕业生。这家赫赫有名的中国北方大厂,之前从来没有大规模进过新工人,更不要说进的还是青年学生了。由于“八九点钟的太阳”的到来,这家国营大厂立刻成为拥有六千名职工的大厂;这一千五百名“新鲜血液”的融入,也给这家新中国成立前就存在的重型企业带来了席卷全厂的青春风暴,青年们敢作敢当、有勇有谋的冲劲儿,比过年时小孩子玩的“蹿天猴”蹿得还要高。

干活儿累了歇息时,我总是问我师傅他们刚进厂时的趣事。

杨伟东也爱回忆,眼睛里闪着光,说,我们刚进厂那会儿,到处都能听到我们这帮小年轻们放肆的笑声,厂区大道、生产车间,就连澡堂子也能看见我们这帮人嚣张的笑脸。老工人在澡堂子的热池子里烫美了烫舒服了,总会“呀呀嘿嘿”地喊上几嗓子,老师傅们得意哩。可我们听了,私下里捂着嘴巴嬉笑道,喊得没有一点儿技术含量。我们这些十六岁的毛头小子们让澡堂子沸腾了,也有技术含量了;洗舒服了,这个唱一段杨子荣的“打虎上山”,那个来一段《列宁在十月》《海岸风雷》里的电影对白,带着卷舌音的外国人名说得特别溜乎,我现在还能说《海岸风雷》里的一句台词“老大赛里穆,老二布鲁嘎”,嘿嘿!还有人用口哨吹一段《美丽的哈瓦那》,要是有人问“你这是吹的嘛歌呀”,吹口哨的人含糊其词道“革命歌曲”,随后赶紧打岔过去。

我不解,问我师傅,为啥要打岔?

杨伟东笑道,歌词里面有“美丽”呀,还把妈妈称作“美丽的姑娘”,还有外国人“卡斯特罗”,这还了得?胆子大了!

我还是不解。

杨伟东顾不上给我继续解释,沉浸在回忆往事的兴奋中。在澡堂子唱歌朗诵,跟在剧场演出差不多,我们有个同学是公鸭嗓,他就爱在澡堂子唱歌朗诵,水淋淋的,好听。

除了澡堂子,您们还在哪儿有意思?我问我师傅。

杨伟东不打奔儿地说,还有一个地方好玩儿,食堂!

我 1980 年进厂时的食堂,跟师傅们十年前进厂时的食堂没有任何变化。说食堂的故事之前,还是先说吃饭吧。

工人午间吃饭,可以从家里带饭,上班前把标有特殊记号的大饭盒放在大笼屉里，快到中午时有专人把大笼屉摞起来，利用锅炉的热气把饭熥热了，这会儿就是外面西北风刮起来，大笼屉里的饭也是热热乎乎的，还能保持原汁原味；再有就是“吃食堂”了。

杨伟东说他1970年进厂时，不愿意从家里带饭，喜欢“吃食堂”。我1980年进厂时，也不愿意从家里带饭，也喜欢“吃食堂”。在食堂吃饭能遇见其他车间的人，大伙儿凑一起海阔天空地“瞎白话”，能得到其他车间的最新消息，还能听到社会上的新奇事。那时候没有电视机，没有网络，除了报纸和收音机，余下就是“小道消息”了。不要小瞧“小道消息”，之后就会跟着“大道消息”，准确度八九不离十。

我们厂子的大食堂，不是单纯的大食堂，它原本是个大礼堂，一千多人开大会，也能坐得舒舒服服的，座位之间跑过一条狗也挨不着裤腿。这么好的地方不能只有一个功能。厂领导自有办法。开大会，它就是大礼堂；不开大会，它就是大食堂。开大会时，长条桌子、长条椅子就是会桌、会椅；吃饭时，长条桌子、长条椅子就成了饭桌、饭椅。

杨伟东说他进厂的第七年，也就是1977年，有一天，他吃完饭要走时，发现食堂大门口就像蛤蟆吵坑一样热闹。

我替我师傅描述一下我们食堂(礼堂)门口的情况:食堂(礼堂)有两道大门,两个大门之间有个宽敞明亮的过厅;过厅左边是书籍阅览室,右边是杂志阅览室;过了过厅再往前走,推开大门,就出食堂(礼堂)了,前面不远处是一个热闹的篮球场。我们厂有两处篮球场:一处在食堂(礼堂)这边,另一处在厂门口等班车的地方。厂门口那处篮球场比这边热闹,每天下班时都有一群青工在那儿打篮球。

杨伟东讲,当他拿着饭盒挤进过厅时,发现吵架的人是车间同事达伦和杂志阅览室的“大美人”。

达伦跟我师傅同组,同是“七〇届”铆工;“大美人”可不一般,是我们厂的风云人物。

“大美人”叫邹玲,负责杂志阅览室的借阅工作。她也是1970年进厂,但没有下车间,因为嗓音好,去了广播站。每天早上和中午,广播站除了播放中央和天津的新闻,广播员还会播放厂里的重要通知和各个车间上报的好人好事,有时也会播放职工写的小文章,还会定时播放“每日一支歌”,比如《克拉玛依之歌》《我为祖国献石油》等雄赳赳的工人歌曲。

邹玲不是正经八百的干部,她的身份还是工人,有个词说得特别明白，“以工代干”。邹玲个子高，得有一米七，身材苗条，脸白，细眉，梳着两根小辫子。她眼睛好看，是老百姓最喜欢的“丹凤眼”。她在广播站上班时，青工小子们只闻其声不见其人，没办法跟她接触，只是私下里议论，过个嘴瘾，或者等班车时远远观望，不敢走近细瞅她的“丹凤眼”。打倒“四人帮”后，邹玲离开了“天上”的广播站，调到“地上”的阅览室。自从邹玲调到杂志阅览室，来借阅杂志的工人越来越多。大家心照不宣，说是看书，其实是看人。邹玲的漂亮属于越看越漂亮的那种，特别耐看，让人不忍离开。好多青工在阅览室忘记了时间，快到上班点儿时，邹玲不断催促，青工们这才依依不舍地离开。后来邹玲安装了电铃，离下午上班还有十分钟时，她就一下接一下地摁电铃。有的青工不服气，故意跟她板着脸辩论，我们一点上班，现在还差十分钟呢！邹玲说，路上的时间你不算了？一点钟从这儿走，再到车间，你不迟到吗？有的青工板不住脸了，笑着说，我腿脚快，迟不了到。邹玲不笑，说，你以为你是哪吒呀？青工们说着说着，原本还能板住脸的人，这会儿也板不住了，欢快地笑起来。邹玲依旧不笑。其实，没人真跟“大美人”生气，争辩的目的是多跟她说会儿话，面对面多看一会儿她的“丹凤眼”。后来，邹玲又多了一个“邹电铃”的绰号，但是这个绰号始终没喊起来，绝大多数青工还是愿意叫她“大美人”，喊“邹电铃”有点儿拗口，不好听。有的青工故意跟邹玲“交手”，多少次都惨败而归，背后又叫她“冷美人”。最后“冷美人”也没叫响，青工们总是感觉没有“大美人”朗朗上口，嘴巴上叫着“大美人”时，心里会有一种恶狠狠的美感。

那天，杨伟东以劝架者的姿态站在达伦和“大美人”中间，这才得知吵架原因：“大美人”认定达伦撕了《新体育》的插页。达伦见到救兵杨伟东，委屈地用眼神求救。杨伟东立刻替达伦“拔创”，质问邹玲为何冤枉好人？不爱笑的邹玲瞪了杨伟东一眼，指着达伦说，他本人已经承认了。杨伟东笑道，承认不就完了，那你还吵吵啥？你还想拘留他呀？“大美人”说达伦只承认不小心损坏杂志，不承认是故意撕下来的。杨伟东问，你有证据吗？邹玲当即把撕下来的插页举起来，让大家看看是不是故意的，还特意让来“拔创”的杨伟东看个仔细。杨伟东看见插页边缘是锯齿状的，显然是拽着那页纸，一点儿一点儿撕下来的，再看插页画面，是一名女滑冰运动员，一身红色紧身运动衣，像一道红色闪电在白色冰面上闪过。杨伟东心想，达伦你个小子呀，肯定是你，没错，就是你。要是打羽毛球的、举重的、跑步的、踢足球的，达伦不会看也不会撕，可这是滑冰的……作案人肯定是达伦。就在众人包括达伦、邹玲都以为杨伟东还要继续争辩时，没想到杨伟东从工作服上衣口袋里掏出五块钱，表示愿意替达伦接受罚款。邹玲毫不迟疑地接过钱，让杨伟东和达伦跟她进阅览室，走了两步又转身，挥手让围观的人散开。来到屋内办公桌前，邹玲告诉杨伟东和达伦，不仅要照原价赔偿，为了让达伦吸取教训，还要进行罚款，加在一起正好五块钱。邹玲从抽屉里拿出收据，快速写好后递给杨伟东。杨伟东看了一眼收据，姓名一栏赫然写着“杨伟东”三个字。杨伟东问邹玲怎么知道他的名字？邹玲语气里带着嘲讽，说，谁不知道你呀？铆焊车间的“大锤王”。杨伟东特别得意，松弛地笑道，“大锤王”不敢当，就是个铆工匠。邹玲目光直视杨伟东，姿态犹如战场上的女英雄，铿锵有力地说，你真以为自己技术高超吗？你以为“匠”字谁都能用吗？你要是真能称得上这个“匠”字，那还不得了啦。杨伟东脸上的笑容僵住了，疑惑地看着邹玲。进厂好多年了，还没有人挑战过“大锤王”杨伟东。邹玲依旧没有笑模样，继续质问道，你大锤抡得好，图纸看得懂吗？哦，简单的图纸你还会看，复杂的图纸会看吗？铆工不会看图纸，算什么好工匠？说完，再也不看杨伟东和达伦，抬头看了看墙上带有钻石图案的石英表，立刻下达逐客令，快一点了，你们走吧！我要关门整理杂志了。杨伟东愣了一下，像是听话的小学生，转过身去，木头人一样走出阅览室。达伦瞪了一眼邹玲，赶紧追出去了。在回铆焊车间的路上，达伦小声说，伟东，今天让你破费了，插页是我撕的，本来我想把杂志借走，拿回家好好研究过弯道时两只胳膊摆动的角度，结果……脑子一热就给撕下来了……正好被“大美人”逮个正着……伟东，我回来把钱还你。杨伟东径直向前走，没言语。达伦忽然惊讶道，咦，不对劲儿呀，我怎么觉得“大美人”对你有意思呢？她知道你的名字？还知道你光会抡大锤，看图纸马马虎虎……嘿嘿，有意思哈。杨伟东好像没听见达伦臭鸽子一样的“咕咕咕，咕咕咕”，目光直视前方，大步流星地向前走。

也就是这次吵架之后，杨伟东再和陌生人聊天时，悄悄地把“匠”字去掉了，开始认真钻研图纸了……

3

我师傅杨伟东的“大锤王”绰号，我刚进厂时就知道了。说句实在话，不是每个铆工都能抡得好大锤，胳膊有劲儿也不成，抡两下还可以，抡上半天、一天，好多人就会当场服气。我进厂时是1980年，虽说车间有了油压机、滚板机、剪板机和振动剪，实际上还得时不时地抡大锤，因为有的工件，机器设备用不上，何况杨伟东1970年进厂时的生产状况呢？

铆工组工具箱里常备的有大锤、小锤、大钢尺，其他小工具，比如卷尺、钉冲、小榔头都在个人更衣箱里，有时候随身携带。至于钻头一类的工具，随用随到车间工具室签字领取，用完了再还回去。

每个铆工组都有一个用来单独存放大锤的工具箱。箱子是用铁皮焊的，刷了灰色防锈漆；两米高，两米宽，一米进深。大锤种类多，分得也细，从两磅大锤开始，有三、四、五、六磅的大锤；从八磅大锤开始，便有了跟小磅铁锤不一样的划分，分别是十二、十六、十八和二十四磅的大锤。一般情况下，工具箱主要存放两磅、八磅、十八磅和二十四磅的大锤。平常干活儿用得最多的是两磅、八磅和十八磅的，二十四磅的偶尔会用。铆工抡大锤，主要抡十八磅的；二十四磅的太沉了，用的次数很少。

我进厂一个多月时，遇上抡大锤的活儿了。

铆焊车间除了生产75千瓦和120千瓦电源车，还生产大型水轮发电机组。铆工是铆焊车间的主角，电气焊是配角。

铆工干活儿犹如小孩子堆积木，无论多大的水轮发电机组，也是由厚薄不同、大小不一的钢板焊接成的，成品水轮机组的实际高度能达到十多米乃至二十多米。我第一次见到焊接好还没有涂抹防锈漆的水轮机组时，像是一个没出过远门的小孩子见到层峦叠嶂的大山，手痒痒、脚痒痒，恨不得爬上去，站在最高处喊上几嗓子“我来了、我来了”，肯定比师傅们在澡堂子喊唱要过瘾一百倍、一千倍。

所有水轮机组的钢板需要按照设计尺寸气割成型。气割后的钢板很容易弯曲变形，找平后才能进行焊接；经过油压机、滚板机“走一遍”，也只是找了个大致的水平面。吊车把钢板从设备上拿下来后，平稳地放在操作平台上，工人再用一米长或两米长的钢尺在钢板上“靠”，立刻就会发现肉眼所见的平整板面竟凹凸不平。这时就需要铆工拎着大锤上阵了。根据热胀冷缩的原理，哪儿有凹处就用大锤砸哪儿。要是凹处凹得厉害的话，还需要气焊工用焊枪加热，再用大锤砸。砸完后再用钢尺“靠一靠”进行检验，直到钢板表面没有凹凸为止。

我进厂一个多月后，第一次看见我师傅杨伟东抡大锤：他站在两尺高的大型操作平台上，十八磅大锤立在他身边，从五六十米高的车间天窗投射下来的阳光，照在他一米八五的身上，也照在那把十八磅大锤上。肖大批肖师傅蹲在平台上，猫着腰、侧着脸，用一米长的钢尺"靠"钢板，杨伟东猫下腰，歪着脑袋看一眼，只看一眼；肖大批直起身子，用钢尺的前端点了一下钢板的凹处；已经站起来的杨伟东，右手攥住锤杆子的末端，轻松地拎起大锤，仿佛拎起的是一个鸡毛掸子，然后左手接过去，一把攥住了锤杆子，右手也同时抓住锤杆子的中间部位，双手高高地举起大锤，开始"咣咣"地砸下去。因为锤杆子是用白蜡杆做的，有极好的柔韧性，大锤抡起来时，锤杆子形成了一个夸张的弧度，让人觉得马上就要折了。

杨伟东砸了几下，停住了。肖大批用钢尺再去"靠"，随后扭脸伸出大拇指，算是完成了一个凹处的找平作业。接下来，肖大批继续用钢尺"靠"，杨伟东再接着抡大锤。

趁着肖大批肖师傅找平，我凑上前，悄悄地拎了一下大锤，很重，感觉半个身子都被它向前拽了一下。杨伟东看着，朝我笑了一下。

我问杨伟东,您怎么砸几下,正好就找平了呢?

杨伟东告诉我说,铆工的眼睛就是尺,脑子就是算盘,眼睛跟脑子一合计,算盘珠子就扒拉起来,需要砸几下,心里就有数了。算计不好,多一下,又鼓了;少一下,还是凹。

杨伟东抡大锤技术好、速度快,重要工件都是他亲自上阵,同样一块钢板找平,杨伟东要比别人快上半个小时。"大锤王"的绰号就是这么抡出来的。

那天杨伟东还告诉我,哪天我讲给你怎么抡大锤。不会抡大锤,当铆工的第一关就过不去。

后来我才知道,抡大锤有技巧,不能使蛮劲儿,要是像抡王八拳一样胡乱抡,几下就会把腰闪了;要是按照不正确的姿势抡,用不了半年,腕子上就会鼓出一个尖儿——腱鞘炎找你来了;再胡乱抡上两年,腰椎间盘突出就像鬼魅的小妖精随后而至,纠缠你一辈子,让你痛不欲生。

后来,杨伟东亲自给我做示范:抡大锤得用腰劲儿,通过腰带动大臂;再通过大臂带动小臂,小臂带动腕子。动作一定要自然,有点儿像打网球的动作;不能单纯用胳膊使劲儿,那样一会儿就累了,还容易出现工伤,腰还会残了。生瓜蛋子抡大锤依靠腕子的劲儿,这是最糟糕的动作，一定要顺势而为，抡大锤要借力用力；站姿也要正确，前腿弓、后腿绷，随着抡捶的动作，两条腿的姿势也要随时做出微调……再说一遍，要用巧劲儿，要借力使力。

按照杨伟东的说法，我照猫画虎地抡了几次，效果不太好，腰、大小臂、腕子，还有两条腿，协调不好，有一次还差点儿扭伤膝盖。杨伟东耐心道，慢慢来，不要着急，抡大锤就跟下水游泳一样，游着游着，忽然就会了；又说，得按照正确姿势游，要是瞎游，也能会水，倒是淹不死，可以后就永远改不过来坏毛病了；想了想，又黑着脸叮嘱道，抡大锤一定要按正确姿势抡，记住了！这句话我说一百遍都不多！你要给我死记下来！

铆焊车间的铆工除了“七〇届”的还有老一辈的师傅，他们好多人走路有一个明显的姿势：身子稍微前倾，有些哈腰。张口讲话就像说相声的老李师傅，就是这样的走路姿势。起初我还以为老李师傅踮脚是民间俗称的“水上漂”，后来才知道是抡大锤落下的毛病。杨伟东悄悄跟我讲，这是老李师傅年轻时没有掌握抡大锤的正确姿势落下的毛病——腰椎间盘突出。杨伟东还说，不能责怪老李他们不当心，新中国成立前，好多老师傅在小作坊挣饭吃，比如“三条石”一带的小作坊工厂，一个火炉子，一个风箱，一把大铁锤，街边支起一个棚子，“叮叮当当”地就干起来了，作坊主谁还管你抡锤姿势对不对？更别提有老师傅手把手地教你了。即使有师傅，也不会诚心教你，教会徒弟饿死师傅。那时的学徒都是“偷艺”，没有师傅正经八百地教你！还有的老师傅在黑白铁铺干，那种小铺子太小了，掌柜的跟着徒弟一起干，没有厂房，在路边摆个摊子、挂个幌子。你想，连个厂房都没有，谁还会按照正确姿势抡大锤呢？

我听后，不由得呼出一口大气。再看现在，杨伟东抡大锤，那真是到了炉火纯青的地步，抡出了花样！

有一次五一劳动节，杨伟东表演抡大锤，用大锤“演奏”乐曲。绰号“李锤儿”的老李师傅用小锤和杨伟东的大锤相互配合，两个人用“敲点儿”的节奏，合作演奏《喜洋洋》。要知道，老李师傅敲小锤，抖动腕子就成了，杨伟东抡的可是十八磅大锤呀。杨伟东蹲在操作平台上，双手抓着锤杆子和锤头的连接处，相当于把大锤缩小成小锤。用大锤的重量跟小锤一起来配合敲点儿，一般人做不了，再加上《喜洋洋》的节奏，一阵紧似一阵，节目表演完了，杨伟东像是刚跑完马拉松，也像是刚从热澡堂子出来没擦净身子，全身都湿透了。

4

在杨伟东跟邹玲发生争吵后的第三年，也就是我刚进厂的1980年夏季，初来乍到的我就发现了杨伟东跟邹玲不同寻常的关系。

有一次，杨伟东开着电瓶车带我去钢板库。组里有一个叫张大里的师傅，原本由他负责开电瓶车，可他母亲住院，他请了事假。张大里不在，杨伟东便代替张大里开着电瓶车去取货。

我们厂子占地三百多亩，从厂大门走到厂后门，要是边走边说话，四十分钟都到不了。后门下面悬空一米，有一条铁轨与外界相连，那是运送钢板及其他材料的专用铁路线。钢板库在后院，建在铁轨旁边，为了装卸入库方便，有的大工件需要直接运到我们铆焊车间。我们车间也有铁轨与专用铁路线相连，大工件运到车间后再用天车吊卸；从外面运来的小件，一般放到钢板库，车间生产需要的话，再开电瓶车运回去。

那天在钢板库正巧看见邹玲。她穿着一身蓝色工作服，脚上是黑色绒面偏带鞋，鞋跟稍微有点儿高。她拿着两本书，跟杨伟东打招呼说，这么巧呀，碰见你了。杨伟东从停好的电瓶车上跳下来，大大方方地说，是呀，太巧了。后来我回忆，从他俩的表情上看，哪是“碰巧”呀，嘴巴上说着“碰巧”，可从双方的眼神就能看出来，两人早就约好在这里“碰巧”呢。

那是我进厂后第一次看见杨伟东跟闻名遐迩的“大美人”面对面站在一起。我感觉他们反差太大了。杨伟东高大威武、气势冲天，可他的脸太黑了，怎么形容呢？我那时已经开始写些小文章，脑子里还有些简单的词汇。比如，黧黑，不是；还比如，黝黑，也不是。想来想去，干脆一个字吧，黑。从脖子后面就开始黑，一直蔓延到脸上，再加上他那一口洁白的牙齿，就把他的脸衬托得更黑了。邹玲呢？白。她的皮肤能让你想到奶油，想到凝脂，想到葱根，还能想到《荔枝蜜》里荔枝肉的颜色……从小学课本到高中课本，所有关于白的形容词我都想到了，都觉得不准确，最后还是一个字——白。

十八岁的我感觉他们俩不般配。可我师傅杨伟东压根儿就没意识到他“黑”，他坦然自若地拿过邹玲手中的两本书，翻了翻，随手递给我，让我拿好别弄脏了。那两本书是《机械制造》和《机械制图》。他们两个人又说了几句关于厂子里生产的事儿，尽管我背对着他俩，但早把耳朵当作眼睛“看”过去了，倒是没有发现《庐山恋》里的“辣眼”镜头。

邹玲走了。我禁不住扭头看过去,她的背影跟她的正面、侧面一样好看。我又偷瞅了一眼杨伟东,发现他的脸膛微红,眼睑下垂,因为脸黑,微红得倒是不太显眼。

5

杨伟东看图纸的水平——在我进厂的第三年,也就是杨伟东进厂的第十三年——已经到了不得了的地步。过去,杨伟东能看些简单的图纸,比如,电源车图纸或是水轮机组的某个局部图纸。如今呢,1983年的杨伟东,已经能看得了大型水轮机组的全部组装图纸了。这可是不得了的事儿,总图与分图的图纸要是全部摞起来,得有两米厚,说不定还得再厚一些。每个孔、每条线……机组每个微小的部分,都得有图纸对应。看得明白全部图纸,也就相当于大脑里有了一个清晰的水轮机组的图像。

铆焊车间有个不成文的规矩,不会看图纸的铆工一辈子当不了班组长,也会一辈子被人瞧不起,自己都会不自觉地矮三分。一般情况下,班组长都能看懂图纸,但也只是局部,也就是负责生产哪块儿能看懂哪块儿,有时还得跟车间工程师研究一番。可杨伟东呢,能把总图看明白。除了厂总工程师,年轻工程师也得需要几年或更长时间才能达到这个水准。在没达到这个水准之前,即使是工程师也需要跟同行碰一碰,不在私下交流一番,不敢直接面对生产一线的工人,心里没根就不敢说话,要是被工人问住了,技术人员的脸面没地方放呀。

铆焊车间有三位技术人员。一位工程师姓陈,女同志,体态微胖,高度近视,在车间走路永远低着头,担心被地面杂物绊倒。陈工程师清华大学毕业,五十多岁,很少见她在大庭广众之下说话。还有两位技术员,一位比杨伟东年岁大,一位比他小:年岁大的技术员姓华,"工农兵大学生",所学专业是机械制造;年岁小的姓廖,是自动化仪表专业的中专生,属于不对口分配。华技术员跟陈工程师一样不爱讲话,总是皱着眉头,似乎有着一肚子不解的人间难题,又像是因为始终找不着倾诉对象而苦闷;小廖技术员是个"话篓子",因为总是讲话,嘴边儿永远积着白沫子,白沫子时多时少,好像气象预报图表,多时代表说话多了,少时证明说话少一些。小廖技术员嘴边儿常有白沫子,但嘴唇却总是干燥的,经常爆皮儿,看着让人担心,恨不得把飞起来的皮儿替他揪下来。

随着杨伟东的看图水平飞速进步,三位技术人员在见到杨伟东时呈现出不同的表情。

陈工程师看杨伟东，像是母亲看着亲儿子，也像是亲姐姐看着亲弟弟，每次见到杨伟东，陈工程师总是询问他在看图纸方面还有什么问题；华技术员尽量躲着杨伟东，他比杨伟东大五岁，只要在车间恰巧看到杨伟东把图纸打开，摊在操作平台上，华技术员就会悄无声息地绕过去，有时还会对着杨伟东的背影轻轻地叹口气；小廖技术员技术差、胆子大、火气旺，三年前曾经跟杨伟东有过激烈冲突。

冲突起因是小廖故意刁难杨伟东。那次我在现场。

当时，小廖指着图纸上的一个斜圆孔，挑着眉毛问杨伟东，这个斜孔怎么打？杨伟东抬起头，反问道，你是技术员，应该我问你，你告诉我。小廖后退两步，躲开矮我师傅半头的尴尬，随后像大人看着犯了错误的小孩子，板着脸教训道，不能把“大锤王”的绰号当饭吃，要有真正的技术，铆工要会看图纸，不会看图纸，成不了大气候！杨伟东瞪着人矮话狠的小廖，继续瞪，不眨眼地瞪，一句话不讲。个子又瘦又小的小廖在跟杨伟东对视了一分钟后，忽然扭过头，吹着“梅兰、梅兰，我爱你……”的口哨走了。小廖的背影非常有趣，一个肩膀高、一个肩膀低，不用看他正脸，背影里都带着七个不在乎、八个不行乎的劲头儿。

我至今记得那次杨伟东跟小廖的目光对视，那是一场非常漫长的对视。我在旁边装作没看见，用自制的扁铲和榔头通过敲、铲、推的方式，除掉气割过后钢板边缘的毛刺儿，可我的眼睛却始终瞅着我师傅的侧影。

杨伟东看着小廖，一直看到他瘦小的背影被高大的油压机挡住视线，才垂下眼睑，把手边的图纸慢慢归拢好，一言不发地回组里去了。我没有看见我师傅是什么样的眼神。我想象过无数种，却始终确定不了是哪种。

三年过去了，所有的图纸都难不倒我师傅了。小廖再看见我师傅，也像华技术员那样远远躲开，再没有和我师傅对过眼神。

同样是在1983年，杨伟东跟“大美人”邹玲准备结婚了。也就是说，我不能再喊邹玲“大美人”了，应该喊师母了。可是那天我跟杨伟东在一起时，说话说到了邹玲，我说是呀，师母多好呀。杨伟东立刻笑道，你咋喊上师母了，怪吓人的，以后见面喊嫂子吧，别把她架得太高。我笑着答应了。

这一年，杨伟东和邹玲已经是二十九岁的“大龄青年”了。

杨伟东和邹玲结婚那天,班组师傅还有车间领导全去了。杨伟东还特意邀请三位技术人员出席。陈工程师去了,华技术员也去了,只有小廖没去。

小廖没去是有原因的,他不好意思见人。因为一场事故:他把图纸搞错了,工人提出疑问,他坚持己见,最后致使工件尺寸发生偏差,不仅影响了生产进度,还造成了不小的损失。事故发生后,负全部责任的小廖被调离技术员岗位,去了车间工具室。工具室在车间进门不远处,一间小屋子,有个小窗口;小窗口有个伸出来的台板,台板上有圆珠笔和一沓剪裁好的小纸条;借个钻头之类的小工具,工人写好借条后递进去,就可以把工具领走了。原技术员小廖坐在小小的工具室里,每次来人借工具,他都把脑袋躲在小窗户旁边,谁也看不见他的脸,当然也就看不见他嘴边儿的白沫子了,只能看见一只手把工具快速递出来,拿过小纸条,又快速抽回去,速度快得堪比小猴子的手。尽管动作很快,但他的手还是被人看得一清二楚。听组里老朱师傅讲,小廖那双手过去可是细皮嫩肉的,跟女孩子的手一样白嫩,现在咋就变得这么粗糙了,冬天的时候,手上都是鱼鳞状的白皮儿,怪吓人哩。老朱师傅还说,不用看脸,看他的手就知道心情不畅,可这怨谁呢,还不是怨他自己?水平不高,心气儿太高,这跟头栽得狠呀!

在杨伟东和邹玲的婚礼上,车间领导挨个儿上台发言,陈工程师和华技术员也上台发言了。大家的发言特别有意思,先说上两句祝贺的话语,接着便讲他们与杨伟东在工作接触中的亲身感受。

陈工程师说,杨师傅虚心好学,利用业余时间向我请教看图纸。有一次,我在路上摔倒了,他去家里看我,正赶上下大雨,他蹚着水赶到我家,还把图纸带在身上,顺便问我问题。现在杨师傅看图的水平已经超过我了,作为一个铆工,能达到这个水平,不简单呀。

华技术员上台说,我比伟东大几岁,我上大学前也是工人,我以为上了大学,我就是个有水平的人了,我们俩呀,他当技术员倒适合,我得向伟东好好学习。

听到两个技术人员掏心窝子的话,组里的铆工师傅们都站起来,向朝夕相处的陈工程师和华技术员鼓起掌。车间师傅们特别崇尚技术,不管是对技术人员还是对能看懂图纸、技术好的工人,眼神里跳跃着闪闪发光的“大拇指”。

新郎官杨伟东眼圈红了,有泪水在眼眶里打转儿,他平日话不多,即使非说不可,话也很短。但在那天的婚礼上,他动情地说,这些年我明白了一个道理,要想做好一名大工匠，不能光是埋头干活儿，还得把脑袋抬起来，实打实地掌握技术，才能对得住“大工匠”这三个字。

新娘子邹玲看向丈夫，也是满眼的感慨。

6

杨伟东跟邹玲的爱情故事，后来被我从杨伟东嘴里“抠”出来不少货真价实的“材料”，再加上他们在婚礼上的“自我供述”，基本上能够还原他们之间的爱情过程。

如我所料，他俩开始“搞对象”就是在食堂（礼堂）吵架之后。杨伟东被邹玲质问后，再想到之前被小廖技术员羞辱，就开始利用业余时间向工程师、技术员学习识图本领，还买了好多书自学。

脸皮白净的邹玲拒绝了众多追求者，最后选择跟黑脸膛的杨伟东走在一起。这中间，他俩也经历了许多的高山激流。要是完完全全把他们的爱情故事讲出来，真能讲上个几天几夜。

1985年飘着柳絮的春季，杨伟东和邹玲的女儿杨翼茗出生了。小闺女眼睛好看、鼻子好看、嘴巴好看、耳朵好看，就连脑门儿都好看，唯一的遗憾，也是最大的遗憾——黑。

杨翼茗真是黑，跟我师傅一样黑，哪怕随妈妈邹玲一丁点儿的白都好呀！亲戚朋友还有同事特别遗憾，说这个小丫头不会长，哪怕眼睛、鼻子、嘴巴、耳朵稍微不那么好看都成，把妈妈的“白”借过来点儿也好呀！

还是1985年，这一年，厂里准备提拔当了多年组长的杨伟东担任车间副主任。厂领导找他谈话，杨伟东摇脑袋不干。问他不干的理由？他说，坐了办公室，我这技术算是报废了，还是让我继续干活儿吧，干活儿心里痛快；又说，有个头疼脑热、浑身皱巴的病，抡两下大锤出一身汗，病就好了。后来厂领导尊重杨伟东的个人意愿，让他继续在生产一线做“大工匠”。

还是1985年，杨伟东干了一件大事：经过车间领导同意，他用生产中剩下的不锈钢板废料做了一台单筒洗衣机，放在车间里给工人们洗工作服。这事儿轰动了全厂。铸造车间、金工车间还有其他车间的领导全都找来了，想要杨伟东给他们车间也做一台，服务好车间一线的工人。上级领导同意后，杨伟东带领几个师傅又制作了好几台。这种造价低但特别实用的洗衣机，一时间成为厂子里的热门话题。

别人赞美杨伟东手巧，他永远一句话，过日子的东西要是出去买，我这个铆工的脸皮儿挂不住，能自己做，就自己做。我师傅说得没错。每个铆工家里过日子的东西，自己能做的全都自己做，要是用什么就出去买什么，那可是让人笑掉大牙，不，笑掉满口的牙了。

7

1986年初，我离开了工厂，离开了铆焊车间，但是过年我照样去看望杨伟东，每次去都要逗一逗他们家的“黑丫头”。

像天底下所有父亲一样，杨伟东也把女儿当作贴身“小棉袄”，还是絮了多层新棉花的“小棉袄”。女儿的小椅子、小凳子、小木床，都是杨伟东利用公休日自己做的。我从心底敬佩杨伟东，他聪明手巧，从没学过木工活，只是对着家里的椅子凳子，颠过来倒过去地看，看了好多天，接着就开工了，又是锯又是刨又是打眼儿，最后用砂纸打磨，再刷上淡绿色的油漆，折腾了好几个公休日，做出来的小椅子小凳子，跟在大商场买来的一个样。小孩子们在一起玩，“黑丫头”只要见着小伙伴，就会举着小椅子，眼睛睁得老大，骄傲地说：“这是我爸爸给我做的，我爸爸什么都会做，大飞机、大轮船他也会做。”

记得那年中秋节，我去他们家里，三岁多的小黑丫头站在我面前，有模有样地背诗。她背着小手，摇头晃脑道："云对雨，雪对风，晚照对晴空。来鸿对去燕，宿鸟对鸣虫。三尺剑，六钧弓，岭北对江东……"背第一句，神情是她自己；背第二句，神情像妈妈；背第三句，神情像爸爸。这个小黑丫头呀，有爸爸的聪明，也有妈妈的凌厉。

我说，小翼茗不简单，能背诵这么长的诗，不简单，不简单！

杨伟东接过话头儿，感慨道，我初中毕业，可不想闺女没文化，我得喂她一肚子诗词歌赋。咱们老祖宗的东西就是好，我跟着一块儿背，都觉得有趣。

我问扎着小辫子的小翼茗，你刚才背的诗是哪位诗人写的，能告诉我吗？

小丫头怔了一下，转过脸去看爸爸，用焦急的眼神求助爸爸，快点儿给她正确答案。

杨伟东从自己打的书架上拿下来一本小薄书递给我。这是一本没有书皮、已经有些破旧的书，我看了扉页上已经模糊的字迹才知道，原来是《龙文鞭影》和《声律启蒙》的合编本。我翻看着，小翼茗刚才背诵的那段是《声律启蒙》第一篇"一东"。

这本小册子真是好，通俗易懂，我拿着书本，跟着翼茗一起读。"斜对正，假对真，獬豸对麒麟。"杨伟东说，这编得多好呀，这几个字还不好写呢，我只会读。杨伟东说着，把书拿过来，翻到写有“十一真”的页面，忙不迭地指给我看。

我看了说，师傅不简单，您也开始背诗了？

杨伟东有点儿不好意思，说，你师傅肚子里有没有墨水，你还不知道？

我和杨伟东一起笑起来。

我问小翼茗，你长大了想做什么？我以为她会回答“当诗人，当作家”，哪承想她一开口，吓我一大跳，她说将来长大了要“开坦克”。我又问她，为啥要开坦克呢？怎么不是开火车，开汽车？小翼茗想了想，认真回答说：“开大坦克，威武雄壮。”杨伟东听完闺女的“豪言壮语”，什么都没讲，只是一个劲儿地笑。

坐了一会儿，我起身离开，杨伟东送我。

在街上，杨伟东跟我叹气道，这可咋办，假小子，将来大了，谁敢娶她呀？我赶忙安慰我师傅，孩子小，长大就变了，女大十八变嘛。杨伟东呵呵笑道，我想开了，以后只要咱闺女开心，随她去吧，愿意做啥就做啥。

时间过得真快，皱纹慢慢地爬上了杨伟东的脸，黑得透亮的杨翼茗眨眼间已是十八岁的大姑娘了。她黄金比例的身材随了爸妈，个子得有一米七五，大长腿又长又直，令人艳羡不已。从小立志开坦克的杨翼茗，虽然没有开上大坦克，却开起了大货车。杨伟东两口子倒是开明，支持女儿选择的职业，还是说着那句挂在嘴边儿的话："只要闺女开心就好。"

杨伟东虽然是这样讲的，但还是不放心，他们两口子多次去过闺女上班的运输公司，我陪我师傅也去过。真是开了眼：杨翼茗驾驶的可不是一般的货车，而是有六排轮子、六根轴，十二米长、两米高、两米四宽的重型大货车，需要考取A2驾驶证才有资格驾驶；车头是红色的，鲜艳的红色，车身是黄色的，鲜艳的黄色；这样艳丽的大货车也不比坦克逊色多少。杨翼茗穿着一身蓝色牛仔装，一头长发用白色细绳束在脑后，大长腿走在开阔的停车场上分外显眼。

我指着大货车，跟杨伟东说，跟咱们车间组装的水轮机组一样威武。

杨伟东眼睛里闪着晶莹的亮光。他依旧是那句说了不止一遍的话，孩子喜欢做的事儿就让她做去吧，不管啥职业，她心里高兴就好。她跟我说过，就是因为这个行业姑娘少，她才要去挑战的。

8

2010年春季，二十五岁的杨翼茗结婚了。我接到杨伟东的邀请，参加了杨翼茗的结婚典礼。让我没想到的是，她那一米八五的丈夫白净透亮，还是一位化学博士，俩人站在一起，恍如当年杨伟东和邹玲结婚时的场景。

结婚典礼上，杨伟东把女儿送到女婿身边，面对众人讲话，老话都说“穷养小子富养女”，我的“富养”就是两个字——自信。我女儿特别优秀，哪儿都好，“自信”排在最前面。

女儿杨翼茗抢过父亲的话头儿，当众开起玩笑，爸，还有一句口头禅您没讲，我闺女哪儿都好，就是黑了点儿，对吧？

就像击鼓传花一样，邹玲马上接过女儿的话头儿，欢笑道，我女儿黑是黑点儿，可是黑得好看。白有白的美，黑有黑的俏。

铆焊车间的同事还有其他车间、其他部门的同事，从来没听过“大美人”邹玲当着众人面说笑话，如今见她这样调皮地讲了，大伙儿马上响起雷鸣般的掌声，还夹杂着铆焊车间那些铆工们肆无忌惮的叫好声。

轮到新郎新娘发言时，说话冲劲十足的杨翼茗，说出来的第一句话就把大家逗笑了，我要是不黑、要是不开大货车，我还找不到爱情了。杨翼茗说完，扭头看向她的新婚丈夫，问道，是吧？

新郎官好像接话慢了回家就会挨打一样，马上跟上一句，我喜欢杨翼茗的自信。

我没说自信，我是说我黑，说我开大货车。杨翼茗又问道，除了自信，难道我不漂亮吗？

化学博士“吓坏”了，马上“道歉”，漂亮、漂亮，你的自信和你的漂亮同时存在。

新郎官还特别激动地向来宾抖搂他和杨翼茗的爱情经历。来宾们这才知道，原来这位化学博士是个业余时间喜欢独自旅行的“驴友”，他在去山西的路上搭乘过杨翼茗的大货车，两个人一路聊人生聊诗歌，越聊越投机，最后就走到了一起……

那天参加婚礼的同事们都说，这家人怎么了？一会儿的工夫，结婚典礼变成了相声大会？

我坐在台下，看着杨伟东和嫂子邹玲，还有他们的女儿女婿，想起他给我打电话邀请我参加女儿婚礼时说的话，我这个宝贝闺女终于嫁出去了，我一直发愁，这么黑的丫头谁敢要呀？你猜咱家闺女怎么讲？老爸你就把心放肚子里吧，我保证给你领回来一个白白净净的女婿，还得是有文化的女婿。我师傅在电话里说完，自己率先笑起来，笑得那么开心。

我看着欢乐的婚礼场面，内心也是无限感慨。其实我能猜到杨翼茗心里怎么想：自信自信，就是自己相信；只有自己相信，别人才能相信。

这一晃，那么多年过去了，要是有机会再见到这个喜欢诗歌、喜欢开大货车的黑丫头，我一定得当面问问她对“自信”的全面看法。不管怎么说，我也是看着她长大的“掰掰（伯伯）”，她会跟我说实话的，这孩子心直口快，再说了，她不讲我也饶不了她！

小锤·老李

1

老李师傅的形象有些松垮，他的五官完全丧失理性，一点儿都不“团结紧张严肃”，完全处于自由散漫的“活泼”状态：眉毛距离眼睛比较远，鼻子距离嘴巴比较远，下嘴唇距离上嘴唇也比较远。这样的五官搭配起来，左看右看，就是“乐呵乐呵”。

按照年龄排序，老李师傅在我们铆工七组里排第二位，但他资历老，20世纪50年代初期，我们工厂还在马庄时，老李师傅就进厂当工人了。在铆焊车间，进厂时间早晚也是一种无形的资本，进厂早的工人说话时目光眺望远方、挑着大拇指说“那时候，我们……”，进厂晚的工人就没法儿插话了，只能在旁边缩肩静听，任凭资历老的师傅海阔天空地大讲往事。

干活儿累了，坐在操作平台上喘口气，总能听到老李师傅讲过去的故事。说是那时候呀，在厂子外面的土路上，经常看见拉着骆驼穿着深紫色大袍子的外乡人。瘦骨嶙峋的驼峰上插着一面脏兮兮的三角形黄色小旗子，外乡人有时候就会突然停下来，说着一口谁也听不懂的外埠话。看着他们手脚比画，再看拿出来的东西，才猛然知道他们是卖药材的，外加摸骨测命算前程，还教你如何逢凶化吉。

说起陈年往事，老李师傅感叹说，那时候的厂房呀，刮风漏风，下雨漏雨，比牲口棚子好不到哪儿去。

老李师傅说的不假。我看过我们厂的老照片，除了八面漏风的泥坯子厂房，还有苇席棚子的厂房呢。那时候，马庄一带属于天津北郊区，周围住户零零散散，都是泥坯房子。除了零星的小工厂，放眼望去，全是无人涉足的荒地。1958年，打铁小作坊、黑白铁铺子还有铸造小工厂，在时代背景下合并在一起，成立了国营大厂。人数增多、规模扩大，厂址也开始北迁，最后迁到靠近北运河的北仓工业区。

北仓工业区所在地，曾是一望无际的果园。后来果园面积不断缩小，逐步变成工业用地。厂房内的轰隆声和高耸的烟囱取代了飘香的果园。很多种地的农民，因为征地的缘故进了工厂，成为领工资、领工作服、领“劳保”用品的工人。果园没了，但是关于果园的记忆保留了下来，我们厂子周边的“果园东路”和“果园西路”，就是对

“果园”历史的纪念。

老李师傅关于往事的话说多了，老朱师傅就会在旁边甩一句，说点儿现在的事儿，成吗？过去你又不是大英雄，不就是个看人脸色的小力巴儿吗？有啥讲的？

老朱师傅这样一讲，老李师傅咯噔一下不言声了。

老李师傅有些怕老朱师傅，虽说老朱师傅是“七〇届”的，跟老李师傅没法儿比，差着好大的辈分，但是老朱师傅就敢当面说老李师傅。老朱师傅这个人不光脚臭，嘴巴也“臭”。嘴巴“臭”倒不是口臭，是说出的话不好听。他不仅对外说话不中听，对自己讲话也不中听。另外呢，老朱师傅膀大腰圆，他要是过来用膀子扛你一下，一般身子骨儿的人得打个趔趄，趔趄过后站不稳，还得再趔趄一下，两次趔趄过后才能稳当下来。

老李师傅不想与人争执，倒不是他年岁大了不跟小孩儿一般见识，说到底还是因为技术一般。有技术是大爷，没技术……哼哼，你自己琢磨吧。这在我们车间、我们工厂是真理！

老李师傅不会看图纸，不能独立干活儿，只能干剔毛刺儿、用风砂轮磨焊口之类的辅助活儿，这就让老李师傅丧失了一点儿作为过来人的尊严。我们车间就是这样：欺老不欺小，欺老不欺技术。所谓“欺”，不是动手动脚，绝对没有身体上的伤害，只是在语言上调侃、找乐儿，但过后还能拿话找补回来。被调侃的人，也会用自嘲的方式解除自己的尴尬，在大家的欢笑声中自由脱身。

我进厂那年，老李师傅已经五十四岁了。我跟他干过剔毛刺儿的零活儿，歇腿时聊天，多少了解老李师傅的一些往事。他十四岁时家乡闹旱灾，跟随爹娘从河北武强乡下一路讨饭来到天津卫，在谦德庄一带搭起窝棚住了下来。以前的谦德庄，是不折不扣的“棚户区”。我还是青皮小子的时候，在马路上一边推着铁环跑，一边吆喝着街面上流传的顺口溜，“拾毛蓝，背大筐，一筐背到谦德庄；谦德庄，万达里，梳小辫儿的不讲理”，说的就是谦德庄一带的市井风貌，要是把这个顺口溜儿掰开揉碎地讲，能讲上三天三夜。

老李师傅讲，他爹每天扛着扁担到老城厢，蹲在水铺门前，有人要水了，挑起水桶送热水，送一桶水两分钱，一担两桶四分钱。他娘拾破布头，在墙子河边洗净后晾干，给低档鞋铺送过去，用来打夹纸、纳鞋底子。爹娘两个人白天黑夜不歇脚地忙活，挣的钱也就能喝点儿粥，还是能看见碗底的稀粥。后来他爹不挑水了，去了针市街的竹竿巷，给一家麻袋庄干活儿，缝纫用来装银圆的小麻袋。

除了缝麻袋的活儿，其他零活儿也做，恨不得天天都是大白天，只要天一黑就朝着天空骂大街，骂累了，低头发愁。因为天一黑，就没活儿干了。

年幼的老李师傅刚开始在老城厢一带打杂，什么活计都做过。从南门外到老城厢，有一段挺长的大斜坡，一些拉货的平板车爬斜坡特别费力，年幼的老李师傅就在后面帮忙推车，一直推到南马路上，拉车的人有时就会给他一个窝头，让他饱一会儿肚子。后来，他想去海河边拉纤，想去六号门“扛大个儿”。有一天，他在谦德庄一带转悠时，路过一个算命摊子，一个闭着眼的算命先生操着一口纯正的天津话，对着天空自言自语，转悠个啥，傻小子，“车船店脚牙，无罪也该杀”，别想歪门邪道了，学徒去吧，学徒才是正经活儿！手里攥着手艺，肚皮不受委屈！饥荒年饿不死手艺人。

有一天，我跟老李师傅剔毛刺儿，休息时，我问他后来去哪儿学的徒？

老李师傅听了，没言语。他从口袋里掏出老旧的铁质烟叶盒，又掏出一小沓卷纸，抽出一张，慢慢卷烟；卷好后，用舌头从左到右舔过，然后捏好纸烟，点着火，重重地抽了一口，这才慢吞吞地说出三个字：三条石。

2

要说老李师傅也有绝活儿，他的绝活儿是使小锤使得好，因此得了一个绰号“小锤”，也有人喊他“李锤儿”。喊他“小锤”或“李锤儿”，比喊他李师傅还让他高兴。起先我不解，后来才明白，这是把他的拿手技术给显摆出来了，对于不会看图纸的老李师傅来讲，这就是认可。

老李师傅使小锤使得怎么好呢？这要从两方面来讲，一方面是生产上的，另一方面是生活上的。

先说生产上的。

小锤比两磅铁锤轻一点儿，介于榔头与两磅铁锤之间，也称“大号榔头”。可是叫大榔头太麻烦，叫小铁锤也嫌麻烦，天津人讲话又爱“吃”字，所以师傅们就管这种大号榔头叫“小锤”。这就是一个习惯，就像师傅们把毫米叫作“米厘”一样，也说不出个所以然来。

铆工干活儿离不开大锤，也离不开小锤。比如，“放大样”这项工作就离不开小锤。

过去家庭裁衣服、绱鞋都有“纸样子”，先按照“纸样子”裁剪、包缝，最后才是缝纫、熨烫。铆工干活儿，只不过把“纸样子”换成了“铁样子”。

铆工“放大样”用的铁片叫“样板铁”，是零点五“米厘”厚的铁板，型号有大有小，工件过大的话，就得把几个“样板铁”拼接起来使用。能当“样板铁”的铁板，有柔韧性又不易弯曲，双手抓住“样板铁”的一个边儿，用力抖动起来，能够产生打雷的声响。

工业用的“样板铁”，两面都涂有棕红色的防锈漆。做好后的“样板铁”可以长久保存，以后遇上同一类型的工件，“样板铁”还可以继续使用，既省了工料又省了人力。做“样板铁”会产生下脚料，工人们不会随意扔掉，巧妙剪裁之后做成小喷壶、小水壶、洗脸盆、洗脚盆之类的生活用品。班组里洗手洗脸的脸盆，都是用“样板铁”的下脚料做的，要是班组里有爱养花草的师傅，小喷壶、小水壶也有了用场。

“放大样”时，用一把大号铁剪子在画好的线上进行剪切，剪切完的边缘处带有波浪形锯齿，得用榔头将锯齿砸平了。一般的榔头太轻，两磅铁锤太重，这时候小锤就有了大用处。它够分量又不压腕子，用起来得心应手。

小锤对于铆工来讲，犹如闲人的“手把件”。从某种层面来讲，小锤是大锤的“贤内助”，它们是相互鼓舞、相互激励的“两口子”。大锤要是离开了小锤，没有小锤“打点儿”，相当于一个无人照顾的单身汉。

抡大锤劳累又枯燥，有一把小锤在旁边“打点儿”，犹如酷热天气里的一只小风扇。

我刚进厂时，琢磨着用小锤“打点儿”是不是太重了，用小榔头“打点儿”不是更好吗？后来才知道，用太轻的小榔头“打点儿”，抡大锤的人听不清，车间噪音大，工人相隔一米的距离讲话，只能看见嘴巴动，必须把嘴巴凑近耳朵才能让对方听见。

“打点儿”能够起到把控抡大锤节奏的作用。“嘀，嗒嗒嗒；嘀，嗒嗒嗒”，节奏掌控的关键在于“嗒嗒嗒”；“嗒嗒嗒”快，抡大锤的节奏就会加快；“嗒嗒嗒”慢，抡大锤的节奏就会减慢。

我是初生牛犊不怕虎，跟老李师傅说，我要是不跟“打点儿”的节奏走呢？老李师傅咧开嘴巴，“嘿嘿”笑个不停，也不解释，说，你去问伟东吧，看看他怎么讲。

老李师傅让我去问杨伟东，就是一句玩笑话。后来，在我抡大锤时，老李师傅给我“打点儿”，并且在“打点儿”的过程中，不断尝试“慢”与“快”的节奏，让我亲自感受大锤和小锤的配合，知晓其中的奥妙。通过那次实验，我终于知道了小锤“打点儿”的作用：有节奏地抡大锤不会累，也不会出事故。

从我第一天穿上帆布工作服开始，就总想着站在操作平台上，在众人的目光下抡起十八磅大锤。在我心目中，抡大锤是男子汉的象征，是威武强悍的标志。见我请战态度真诚，还特别强烈，有一天，杨伟东终于答应让我尝试抡大锤，抡大锤之前又讲了基本要领，一再叮嘱我要注意安全，累了不要逞能，跟“打点儿”的师傅说一声，慢慢停下来。

那个月，我们车间接到的任务是生产援助非洲的大型水轮发电机组。只要是跟“援外”挂钩的生产任务，有六个字经常挂在车间主任、生产调度和班组长嘴边儿——时间紧，任务急。这么关键的任务让我上阵，我有些激动，心里面像是有只上蹿下跳的小松鼠。老李师傅准备给我“打点儿”，他趁着没人注意，悄悄拉了一下我的衣袖，小声说，跟我“点儿”走，保你碰个头彩。我笑着点点头。因为之前我与老李师傅悄悄合作过一次，所以心里有谱儿。

至今还记得，我第一次抡大锤、老李师傅给我“打点儿”时，正是北方最好的初秋时节，从铁框玻璃窗往外望去，能看见没有杂质的白云蓝天，还能看见头顶上围绕着天车飞翔的麻雀和野鸽子，还有逐渐围拢上来的我的师傅们。

我站在操作平台上，十八磅大锤立在我身边，眼前是已经切割完毕、剔除干净边角毛刺儿的毛坯件。肖大批肖师傅用钢尺“靠”过毛坯件，已经找到了凹处，气焊工用焊枪在凹处加热……随后我就跟老李师傅干起来了。

老李师傅的“打点儿”非常棒，他能根据时间长短还有我的呼吸轻重，非常科学地调整速度，一会儿快一些，一会儿慢一些，节奏把握得非常精准，这样我抡得非常舒服。老李师傅第一下的“点儿”，也就是那个“嘀，嗒嗒嗒”的“嘀”，是要敲在凹处的，我手里大锤的落脚点，是随着他“嘀”的敲击点位行走的，哪里需要大锤砸一下、两下还是多砸几下，老李师傅心里都有数。

过了一会儿，随着老李师傅的“点儿”逐渐慢下来，我也舒缓地停下来。紧接着，肖师傅用钢尺去“靠”，凹处“涨”起来了，钢板已经完全平整了。

师傅们给我鼓掌，我走下操作平台，杨伟东用拳头照我肩膀头子捶了一下，我也满脸笑容地回了他一拳。铆工之间的赞美从来不是握手，而是用拳头捶对方的肩膀头子，既不会把你捶倒了，也不会捶得轻飘飘，就是要让你感受到男人拳头的力度。

再说生活上的。

老李师傅用小锤敲核桃，核桃皮全部粉碎，核桃仁不受任何伤害，慢慢剥，核桃肉能够完整无损。据说老李师傅曾经在家里苦练砸核桃皮的技艺，为何要练这个技艺？老李师傅说，就是喜欢，解闷儿！

假如说，老李师傅与杨伟东在操作平台上用大锤和小锤合作敲击《喜洋洋》是一个“神话”，那么老李师傅用小锤和铜勺子在大号茶缸上敲击马连良《赵氏孤儿》的选段，那就更令人叹为观止了。

有一次，我们组里的老贾师傅，听着老李师傅敲击马连良的唱腔节奏，忽然用淄博味儿的普通话唱了起来：“老程婴提笔泪难忍，千头万绪涌在心，十五年屈辱俱受尽……”永远默默无闻的老贾师傅，唱着唱着，眼睛里噙满泪水。

那会儿，正是吃完午饭后的休息时间。通常情况下，大家吃完饭，有的抽烟，有的扯闲天儿，过一会儿各自拿着早已备好的木板，放在操作平台上，或是工具箱上，或是其他工件上，甜甜地睡上一个午觉。

但是那天，老李师傅和老贾师傅的亲密合作，让组里的师傅们全都没有了睡意，齐刷刷地看着这两位老者，全神贯注地看着他们共同演绎《赵氏孤儿》。

3

因为实行了“工时制”,不再像过去那样,谁要是上厕所的时间长了点儿,都会有“磨洋工”的嫌疑。定好了某个工件的用工时间,提前完成了有奖励,没有在规定时间内完成,那就得扣工资和奖金。奖金分为月奖、季度奖、半年奖和年终奖。你没完成任务,没人批评你了,后面有奖金“治”你呢,所有人都变得自觉了。自觉了,反倒有了更大的自由度。按照生产进度,自己来调整作息时间,愿意多拿奖金的,你就在保质的前提下往前赶;愿意清闲一些的,就可以勒点儿脚步。

老李师傅喜欢慢点儿,他说自己这把年岁不像年轻人,小年轻们没有结婚成家,必须多攒点儿钱,天天不要命似的向前赶。

老李师傅喜欢去的地方,是厂院后面的废品堆。灰色的大铁门不仅没有阻隔工厂内外的世界,门下与外面相连的铁路反而成了对外面世界最活跃、最奔放的想象。

所谓废品堆,其实是产品下脚料的临时堆放地,铸造车间、铆焊车间、金工车间、锻工车间的废品全都集中到这里,隔上一段时间,灰色的大铁门就会打开,几吨重的大卡车鱼贯而入,在一片噪声中拉走废料。那些废料好像永远也拉不完,不管啥时候去,都会感觉跟以前一样,没有任何变化。金工车间的废料都是平整光滑的,它们在铆焊车间的黑色废料中特别显眼,像夜空中的星星一样闪着光。那时候,我已经开始学习写小说了,我就在心里形容说:“金子肯定是会发光的,只是时候不到呀。”

那年冬天,有一次我跟老李师傅剔完毛刺儿之后,他望着阳光灿烂的窗外,跟我说,去后院晒晒太阳吧,我不爱吃鸡蛋,晒会儿太阳就等于吃了两个鸡蛋。我说着“好咧”,跟着老李师傅走出冰凉的车间。虽然外面零下十五度,但是没有风,在太阳下犹如烤火一样舒服,运送货物的大卡车在厂区大道上出来进去,热闹极了。

我们穿着笨重的厚棉袄,像往常一样,躺在铁轨旁边的小石头子上,立起衣服领子,脑袋枕在铁轨上,望着蓝天白云,还有一掠而过的不知名的各种鸟儿。

我们的话题漫无边际,老李师傅忽然说起他在“三条石”学徒时的经历。

他语调悠悠地说,那可是天津卫工业的……啥篮子?

我知道老李师傅的意思,于是接过了话茬儿,工业摇篮?

老李师傅摆着手说,还是你有文化,对对,工业摇篮。

老李师傅不管说啥，总是喜欢在后面加个“子”，比如，其他师傅喊我“小武”，老李师傅就会喊我“小武子”。老李师傅在姓氏前面加“小”、后面加“子”的叫法，旁人不能多想，稍微一联想就会感觉尴尬，可也没有办法，又不能纠正他，就让他那么随性地叫吧。

你知道“三条石”吗？老李师傅侧过头，问我。

我说，知道知道，上小学时参观过那里的“革命阶级教育展览馆”。

老李师傅又问，知道为啥叫“三条石”吗？怎么不叫“六条石”或是“八条石”呢？

我摇摇头。

老李师傅把蓝色棉帽摘下来，垫在脑袋下面，大概晒热了，他又把棉袄扣子解开，虚乎着眼睛，望着湛蓝的天空，给我讲天津卫乃至整个华北地区民族机器制造业的工业摇篮“三条石”。我们铆焊车间有不少当年“三条石”的老工人，我也特别想要了解这段历史。

老李师傅讲，“三条石”在南北运河的交叉地三岔口一带，当时离李鸿章的直隶总督府非常近。有多近呢？这么讲吧，也就是一支飞箭的距离。

我问，那“三条石”的地名是怎么来的呢？

老李师傅讲，有好多说法。有的说，李鸿章的一位排名靠后、原籍安徽的夫人去世后，要把这位夫人的遗体通过水路送回家乡安葬。当时正逢雨季，天天下雨，还都是大雨，三岔口一带的土路就像千年烂泥塘，别说运送棺椁的车辆走不了，就是人走，都有些费劲儿。没办法，只好修路。最简单的办法就是在路面上铺上厚厚的石板。那时候这一带的路面特别窄，铺上三块大石板，既省时又省力，几天的工夫就搞定了，棺椁顺利运到南运河码头。这条石板路就被当时的人叫作“三条石”，这条无名街道算是有了大名。

老李师傅讲完了却又马上说，这个说法不靠谱儿。

我问，那哪种说法靠谱儿呢？

老李师傅说，三岔口一带的铁匠铺子越来越多，业务越来越忙，可是到了雨季，麻烦事儿来了，下雨天啥事儿也干不了。最后，前店后厂的作坊主们凑在一起商量，准备集资修路，在路面上并排铺上三块石板，也就不怕下雨天了。日久天长，“三条石”的街名也就叫开了。

我也觉得这个说法可能是正确的。

老李师傅说，三块青石板现在就在“三条石历史博物馆”里。你有机会去瞅瞅，石板上面还有车辙印，老深呢！

后来，我听邻居中的老人也讲过“三条石”的故事。“三条石”这一带曾被称作“铁厂街”，20世纪三四十年代，有名的《大公报》对“三条石”做过多次报道。20世纪70年代末，正上小学的我来“三条石”一带玩过，当时那片地区还有“叮叮当当”的打铁声呢。

那天，老李师傅还告诉我，他学徒的铺子叫“福聚兴”，至今厂房、院落还保存完好，改革开放后，天津市政府把原来的“阶级教育展览”撤下，把“福聚兴”厂房原址改造成了“三条石历史博物馆”。

老李师傅说的“福聚兴”，我就更熟悉了。那里曾经是我少年时代参观时高喊口号的地方，“不忘阶级苦，牢记血泪仇”“不吃二遍苦，不受二茬儿罪”，那些口号至今还朗朗上口。

那天老李师傅望着天空说，那时候当学徒没有工钱，只管吃住，说白了，就是个不花钱的用人。当学徒的要伺候掌柜的一家人，早上挑水扫地倒尿盆，冬天劈柴生炉子，还要给掌柜的一家人洗衣服，冬天双手沾凉水，手指头冻得像是大红萝卜，掌柜的连问都不会问一下。

我躺在老李师傅的旁边，相距半个身子的距离，静静地听着他的回忆。身下的石头子，因为有棉袄阻挡，不会硌得慌，晒美了，身子活动活动，还有舒筋活络的效果。

说起往事，老李师傅停不下来。

虽说那时候学徒也有师傅，可师傅啥也不告诉你，你自己得去偷艺，时刻用眼睛瞄着师傅，就这样还学不来。为啥呢？老李师傅喘口大气，接着讲，就说抡大锤吧，这么个卖苦力的体力活儿，都不告诉你窍门儿！不告诉你窍门儿，你也得干，上年岁的黑白铁匠哪个腰没有毛病？还有铸造毛坯件，啥时候续柴加火、啥时候撤火，你上趟茅房的工夫，人家就干完了。

手艺学不来，规矩可大了。老李师傅叹口气道，学徒第一天，就得让你背规矩。

年头儿太久了，老李师傅已经不记得那些学徒的规矩了，只是一个劲儿地感叹。

后来，我在创作长篇非虚构文学作品《三条石》时，专门研究了关于“三条石”的历史资料，终于找到了老李师傅说的“福聚兴”的规矩，也可以称为“全体同仁反省十二要”：你对上级尊敬了吗？你对中层和睦了吗？你对下层爱护了吗？你的心中诚实了吗？你的行为端正了吗？你的言行一致了吗？你的品德良善了吗？你的错误检点了吗？你的过失改正了吗？你对干活儿努力了吗？你对物料节省了吗？你对厂规遵守了吗？必须承认，这个“十二要”的确不错，但主要针对学徒工和工人，不包括作坊主和经理人，这才是根本问题。不过，这都是后话了。

老李师傅说他后来逃离了“福聚兴”。

我问,为啥?

老李师傅叹口气,说,小工厂虽说小,可也要改革变新,作坊主们进了一些机器设备,工人们干活儿时稍微不小心,就被机器卷了手指头。笨重的机器上没有任何防护措施,卷手指头不过是早晚的事儿。

老李师傅说,他那时候每天早晨看见机器,小腿肚子就哆嗦。再后来,看见机器浑身哆嗦,被工头一顿臭骂,还挨了不少的耳刮子。日本人被打跑后,老李师傅终于咬牙离开了“三条石”,后来兜兜转转,去了位于马庄的黑白铁铺,最后迎来了天津解放。

4

我1980年10月进厂,几个月后就迎来了我成为工人后的第一个春节。从正月初三早上开始,我就蹬着一辆深紫色大弯梁的坤车,挨家挨户给师傅们拜年。坤车是从“委托店”里买来的旧车,二十块钱,划价后以十九块钱成交。买旧车,还要买一辆旧坤车,是因为坤车价格便宜,可就是这十九块钱,已经相当于我两个月的工资了。作为学徒工的我每个月工资十一块钱。

除夕早上,我和师傅们还在一起干活儿,吃完午饭才分开。两天以后就去拜年,是不是有些刻意?我可不这样想，我认定这个拜年仪式一定要有。我至今还记得那天早上，我穿着绿军褂、绿军裤、黑色皮鞋，没有戴绿军帽。有的学徒工还戴着一顶绿军帽，我们这群学徒工走在一起，像是一群面容稚嫩的军训学生。

老李师傅在20世纪70年代末搬离了棚户区谦德庄，住在南门外一个叫五福街的逼仄的院落里。什么叫“一间屋子半间炕”？老李师傅的家就是这样。

李师母面容慈祥，驼背。她坐在床边，不眨眼地看着我，充满疼爱，像是看着出远门几十年后回来的孩子。

我从其他师傅的聊天中，知道了老李师傅家的大致情况。李师母不是武强人，是盐山人。当年，她跟随爹娘逃荒来到天津卫，因为小小年纪就开始干重活，导致脊椎骨扭曲变形，后背越来越弯。李师母也怀过孕，但因为身体缘故导致习惯性流产，上了年岁后，身体越发孱弱，两口子多次失望之后放弃了要孩子的念头。随着老两口的年龄增大，老李师傅就把养老的希望寄托在了武强乡下的亲侄子身上。

我们铆工组有个“互助会”，每个月发工资时，大家从自己的工资里拿出五块钱，集中给一个师傅，下个月再给另一个师傅。组里十二个师傅，一年下来正好轮换一次。这就意味着每个师傅一年当中会有一次拥有六十元“巨款”的机会。20世纪80年代，这六十元对于普通家庭来说，不敢讲是笔大钱，但绝对不是小钱，完全能够给家里添个大件家具，或是做成一件大事。

可是老李师傅呢？他没把钱花在自己家里，而是给了乡下的亲侄子。他把乡下的亲侄子当作自己的亲儿子，每个月的工资除了少部分留给老伴儿将来养老，其余的他全都给了亲侄子，没给自己留一分钱。熟悉的街坊邻居还有车间里的同事，偶尔提醒老李师傅，万一侄子将来……老李师傅急忙拦住人家的话头儿，不让人家讲下去，随后说一句“信人不疑，何况他是我亲侄子呢，他还能骗我不成”。老李师傅这样一讲，劝说的人也就只好闭嘴，人家自己乐意的事儿，旁人瞎掺和啥呢？

我早就见过老李师傅亲侄子的照片，后来在老李师傅退休前的一次拜年中，终于见到了他亲侄子本人。小伙子倒是规矩，站起来自我介绍道“免贵姓李”，随后又说“我叫李桂强”。老李师傅让亲侄子李桂强坐下来，眼神中带着得意但又谐趣道，你还说免贵姓李，你是我亲侄子，可不就得姓李呗。说完，老李师傅率先大笑起来，那种笑是我在车间里从没见过的，开心爽朗，无拘无束。但是李师母没有跟着大笑，因为驼背，我看不清她的面容，她的双手总是在摸摸索索的。

李桂强是一个穿戴体面的乡下青年，当时应该二十多岁，他没有留着乡下青年常见的“二茬儿”头，而是留着跟城里青年一样的长发，还留着和日本影星高仓健一样的长鬓角。望向陌生人的时候，他的目光没有躲闪、没有犹疑，坚定刚毅，肢体动作却又特别柔和。

老李师傅看了看他亲侄子，然后又看了看我，说，小武子呀，你劝劝桂强，本来他在县文化馆学习画画，多好的文化人呀，可他走火入魔了，跟着乡下一个文物贩子到处走，用高价去买庄户人家挂在墙上的年画。你说说，那些脏了吧唧的破年画有啥用？

李桂强没有争辩，像他亲叔一样，也用求助的眼神看着我，可能之前老李师傅已经向李桂强炫耀过我会写小说。李桂强忽然说，武大哥，您会写文章，又是记者，您给我亲叔讲讲，我没有乱花钱，那些年画都是好东西。

我一下子脸红了，手脚有些发抖。

我哪是作家、记者呀，不过是编辑部退稿信来得多，车间师傅们看见印有“编辑部”字样的信封多了，以为我会写文章，时常逗趣地喊我“作家”，也有喊我“记者”的。师傅们常常把作家与记者混淆，认为这两个称呼是同一个职业。经常有师傅跟我讲，把你发表的文章给我们看看，你谦虚个啥呀？每次遇到这种情况，我都会以各种理由搪塞过去,因为我还没有发表过文章。如今李桂强也这么恭敬地喊我“作家”,喊我“记者”,把我的冷汗都给喊出来了。

我连忙摆手,真诚地说,我不懂年画,再说了,你年岁比我大,我应该叫你大哥才对。

李桂强似乎不想在他叔叔面前错过任何争辩的机会,他借着跟我解释,其实是想让他叔叔听个明白,能够真正地理解他。原来,李桂强不是买年画,而是买年画刻版;他跟着的人也不是文物贩子,而是过去刻年画版的老艺人。

李桂强继续叫着“武大哥”,用比较专业的话讲起来,武强的年画可有名哩,装饰性特别强,还特别夸张,色彩鲜艳。题材嘛,天、地、人全都有,色彩基调没离开红、黄、蓝三原色,还有就是黑和白。至于制作嘛,有三道工序,就是绘、刻、印。

我理解李桂强咋想的,也就故意让他多说说,于是问道,我们天津卫有杨柳青木版年画,你知道吗?

全国年画有名的地方我都知道,有我们武强,还有杨柳青,还有安徽宿州、山东潍坊、四川绵竹和河南朱仙镇。李桂强说到这儿立刻兴奋起来,“年画”两个字,犹如扎进他身体里的一针强心剂。假如之前李桂强还稍微有些腼腆的话，现在“年画”两个字让他完全松弛了下来，侃侃而谈……

这一次，李桂强说的，老李师傅听进去了，这才认定亲侄子没有乱花钱，是在做一件有文化的大事。

老李师傅的眼珠转了转，似乎还是不放心，声音不自觉地低下来，说，桂强呀，这事儿……赚钱吗？

李桂强耐心地说，这不是钱不钱的事儿。

老李师傅不解，问，那是嘛事儿呢？

李桂强说，这事儿比赚钱还要有意义。

老李师傅没再问下去，但有一个明显变化，他的眉头子皱得没有开始时那么紧了，已经松弛了许多。

因为我见过李桂强的缘故，以后我和老李师傅说话时，老李师傅总会扯到他的亲侄子李桂强。那个远在河北武强县的小伙子，便会经常“出现”在我的眼前。

后来老李师傅退休了。他退休后第一年，我照例去他家拜年，没想到再次见到了过年来看望叔叔的李桂强，还有他新婚的媳妇。新媳妇也是武强人，是教美术的小学老师。聊天中才知道，两个人是因为酷爱年画走到一起的，这一次来天津卫，李桂强准备带着媳妇去杨柳青看看。

亲侄子娶了媳妇成了家，老李师傅显得特别兴奋，脸上荡漾着掩饰不住的笑意，平日里本来就分散的五官，现在变得更加分散了。过了一会儿，他似乎想起来什么，踩着凳子，从柜子上面拿下来一个纸质圆筒；又把桌子上面的水壶、茶杯、茶碗放在厨房的灶台上，把桌子擦干净，小心翼翼地打开纸质圆筒，一张老李师傅手拿小锤的年画呈现在眼前。

老李师傅告诉我，这是亲侄子李桂强给他画的。

年画上老李师傅的形象已经被艺术地夸张了，变成了一个大头娃娃的造型，那个让老李师傅的自尊心得到异常满足的小锤，变成了一个风筝的造型，"大头娃娃"用一根线牵着，飘在天空中。

李师母比过去更老了，背更驼了，话也更少了。她对于"老头子变成年画"的事儿高兴不起来，只是拉着李桂强新媳妇的手，坐在炕边，不眨眼地看着，嘴巴翕动着，好像要说啥又不知说啥。

后来我才知道，李桂强这次带着新媳妇过来，除了去杨柳青研究武强年画和杨柳青木版年画之间的同与不同，还有两件大事要办：一件是他俩旅行结婚；另一件是签字画押，将来老李师傅两口子"百年"以后，他们俩负责料理后事，老两口的房子交给李桂强继承。

过了两年，我离开了工厂。很多年后，在参加杨翼茗的婚礼时，我从众多师傅的聊天中得知，老李师傅的驼背老伴儿去世后，他的两条腿又得了严重的静脉曲张，手术结果非常不理想，不能自己走路，必须有人扶着才能勉强走上几步。李桂强从武强乡下搬过来，照顾不能独立生活的亲叔，媳妇则留在武强照顾李桂强的爹娘还有年岁不大的孩子。

李桂强在天津卫也没有闲着，他和许多有志于年画研究的人们，举办了许多关于年画的学术交流讨论会及展览，已经是一个小有名气的策展人和年画专家。老李师傅拉着去看望他的杨伟东的手说，将来让我亲侄子李桂强给咱们组里每个人制作一张年画，你看咋样？杨伟东毫不迟疑地说，当然好了，我们等着。

5

我还忘了讲一件事，我在学徒刚半年时有些发飘。发飘的原因是，我学徒才短短半年，已经能用“样板铁”打喷壶了。我师傅杨伟东到处跟别人讲“我徒弟小武会做喷壶了”，我是1980年进厂的所有学徒工中第一个能够独立打喷壶的人。小喷壶比大烟筒难做，大烟筒上下尺寸一样，可喷壶带“梢儿”，尺寸稍有误差，就不能咬口儿，画样板时尺寸要计算精准。

我能够独立打喷壶的"光荣事迹"在车间传开后，有一天我跟老李师傅去后院钢板库取材料时，忘记说到什么事情了，我用开玩笑的语气说，怎么样，李锤儿师傅？这句话的语气特别轻佻，我把儿化音加重放大，任何人都能听出来是找乐儿的语气。

我至今还清楚地记得，老李师傅睁大眼睛看着我，他的五官因为睁大眼睛导致相互间离得更远，他先是吃惊不解、迷惑惊异，随后又是尬笑，接着表情收缩，好半天才慢慢恢复原状。在短短十几秒的时间里，老李师傅的表情像是走过了好几个世纪那样漫长。

我离开工厂那么多年，只要想到老李师傅，就会想到当时还是学徒工的我以不恭敬的口气喊他"李锤儿师傅"时，他脸上瞬息万变的表情。当时他什么也没讲，只是看着我，最后把目光转向远方。那种无法形容的复杂表情，至今我还在琢磨，还在品味，老李师傅当时是怎样的心境？

还有一件事，也简单说说。

李师母得病去世不到三年，老李师傅也因糖尿病引发的多种疾病去世了。原本打算，老李师傅留下的房子肯定由李桂强继续居住。可是风云突变，街道来人了，理由堂皇，这是"公产房"，不是"私产房"，李大爷没儿没女，死后房产要归还国家,你一个侄子没有权利继承。李桂强立刻拿出亲叔写的字据,当即被身材高大的女街道主任扒拉开,看也不看,强硬命令道,快走,不走的话,我找“派所儿”把你抓走,蹲监狱。女街道主任继续“普法”,只有儿女才能住,你个侄子算老几?你有城市户口吗?你的名字在李大爷户口本上吗?你想占国家的便宜,没门儿!快走!女街道主任一连串的话语,把爱好年画的李桂强完全击倒了,他像是看见年画中戴着倒缨帅盔、身披锁子甲或鱼鳞铠甲的秦琼、尉迟恭,正在举着威武的金瓜锤走过来……他已经没有任何还击之力,蒙头蒙脑地带着铺盖卷、拉着媳妇的手,屁滚尿流地逃回了武强。

许多年后,五福街一带拆迁改造,盖起了大片的居民住宅和商业设施。已经发家致富的李桂强再次光临天津卫,没有讨价还价地租下了五福街上一家两百平方米的底商,搞起了画廊生意。

李桂强在展览武强年画的同时也搞年画销售,他还经常在他的画廊里举办座谈会、洽谈会之类的艺术活动。透过明亮的玻璃窗,人们经常看见身穿华服的秃顶老者、脚穿布鞋的中年汉子及戴着花色鸭舌帽的女子,在艺术气息浓烈的画廊里,深入探讨武强年画与杨柳青木版年画的历史渊源,还有如何传承、创新、发展年画艺术的话题。

有一次在街上,我遇见了肖大批肖师傅。闲聊之中肖师傅说,他偶然进过李桂强的画廊,看见了李锤儿和老伴儿的画像,尽管使用了年画中的夸张画法,但他还是一眼认出了画中人。

我问肖师傅,画得像吗?

像,要不怎么能一下子认出来呢?肖师傅随后又感慨道,老李的那把小锤儿像风筝一样在天上飞哩!

剪板机·白胖李

1

“白胖李”是李光明李师傅的绰号。

天津人讲话有“吃字”的习惯，渗透在生活所有的缝隙中，要是不讲透了，外埠人理解不了。比如，把“派出所”简称为“派所”；把“合作社”简称为“合社”；营业面积大的“合作社”，加上一个“大”字，叫“大合社”……这样的“吃字”习惯，在20世纪90年代前的天津卫地面上“海了去”啦。注意，“海”字的这个用法也很有讲究，天津人把“多了去”说成“海了去”，说话不仅“吃字”，有时候也会改字，因为天津坐落在渤海边上，形容某件事情震撼，经常带有“海”字，算是因地制宜了。所以“白胖李”这个绰号，经常被简称为“白李”，叫起来简洁明快，不拖泥带水。李光明和杨伟东、老朱、肖大批、达伦他们一样，也是“七〇届”的初中毕业生。

从见到李光明李师傅的那天起，我就固执地认为，他是我们铆工七组最白、最漂亮的师傅，同时也是屁股最大的师傅。

李光明发胖前的样子，我是从他的工作证上看到的。一张一寸的黑白照片，照片上的李光明“三七开”偏分头，白净的脸配上双眼皮大眼睛，文气腼腆。但是眼前的李光明与照片上的形象判若两人：他的双眼已经不再明亮，又因眼皮下垂，永远是没有睡醒的样子。那张工作证上的照片，不用猜测，肯定是他上中学时的影像。

一张一寸的证件照，当然看不见臀部，我不知道那时候李光明的臀部是什么样子。如今李光明的臀部像极了大猩猩的屁股，再加上抡大锤导致的腰肌劳损，他走路的姿势跟大猩猩更加相似。李光明的双腿还有些弯曲，脚上的“大头鞋”偏向一边，可能是系紧鞋带后双脚不舒服，所以李光明的“大头鞋”永远呈开放式，“鞋舌头”犹如炎热夏季里狗的舌头，自由散漫地向上翻卷着。整个人特别像是刚从战场上逃下来的溃兵。

李光明走路的姿势略显笨拙，说话也不利索。师傅们每天下班后不一定去澡堂子洗澡，只要不加班，全都着急回家，洗澡过于耽误时间，怎么也得推后一个小时。不过干了一天活儿，洗漱不能省。打来一桶热水，每个人往自己的大铁盆里倒上点儿；班组里有水龙头，“哗啦哗啦”地加上点儿凉水。冬天冷，不敢大洗，也就是洗把脸、洗个手;到了夏天,光膀子洗,捎带涮一下脚丫子。

下班后洗漱的这段时间,是师傅们斗嘴皮子的时间,今天拿这个"涮"一下,明天拿那个逗一下,每个人都有份儿,区别只是次数的多少。找乐子的话题不宽泛,找乐子的对象集中在媳妇的娘家人身上,或是一些旁系亲属,七大姑、八大姨,反正肯定不会是直系亲属。好多师傅还没结婚,连对象都没有,拿不存在的媳妇的娘家人或是旁系亲属找个乐子,谁都不会往心里去。乐子找完了,洗漱也完了,把铁盆里的脏水朝远处用力一泼,再把铁盆摞好了,麻利地穿好衣服,一溜烟地回家了。

轮到李光明被开玩笑、被找乐子的时候,他一句反击的话也说不出来,嘴巴大张着,一双无辜而又无神的大眼睛委屈地看着调侃他的同事们。每当李光明的精神陷入绝境的时候,组长杨伟东都会来一嗓子"好了好了,快点儿洗,回家了",找乐子的人也就适时闭嘴了,算是给李光明解了围。

"白李"李光明也看不懂图纸,这是他不被旁人重视且被调侃的缘由之一。说他是笨蛋一个也不准确,"白李"也有自己的拿手绝技。

李光明的绝技是开剪板机。

1980年我进厂的时候,车间已经遍地机器,但不是每个工人都能熟练操作所有机器。李光明对剪板机情有独钟。之前说过,铆工的工作就像小孩子搭积木,按照图纸把积木搭建成需要的样子。小孩子搭积木,积木都是一成不变的固定模样;可是铆工手里的“积木”,需要剪剪裁裁,经过加工后才能得到图纸上的样子。剪板机是铆工“搭积木”时的好帮手之一。

剪板机是“门”字形状的机器,工作台面分成前后两个部分,前面是平滑的台面,后面并排着十几个圆形滚筒,天车或是环链电动葫芦(简称“电葫芦”)把大件钢板或小件钢板放在滚筒上,操作的工人借助天车和滚筒之间的作用力,将钢板慢慢地向前推动,移到平滑的台面后停下来,天车离开;要是操作“电葫芦”吊的话,那就更加省事儿,工人手握自动悬空的操作板就可以轻松完成。接下来的程序,就看工人的操作技术了。

用剪板机剪裁钢板,犹如战士用步枪射击,绝不是“三点一线”瞄准了就能打中靶心。神枪手要与手中的枪有一个慢慢熟悉的过程,要像亲密的伴侣,熟悉对方一颦一笑的内在含义。操作剪板机也是这个道理:当按下开关、沉重的切刀向下切割的瞬间,尽管钢板已经被压住且顶端被顶在了切刀前面的钢质挡板上,但还是会产生一个向后的作用力,要是掌握不好剪板机的性能,切割下的钢板就会比原先预计的尺寸短一点儿,至少要短上一“米厘”，虽然这个误差在质量允许的范围之内，但肯定要在后面的焊接操作中，用焊接宽度来“找补找补”，说不好这一“找补”就会出现预料不到的新问题。

在剪板机上干活儿，需要两个工人协助。这就需要搭配一个听从命令的好助手。

我在学徒的两年时间里，并非总是亦步亦趋地跟着杨伟东，很多时候也跟其他师傅一起干活儿。我跟李光明多次上过剪板机，目睹过他工作时的耀眼时刻，那一瞬间，我根本想不起来他还有“白胖李”这个揶揄人的绰号，更是忘记了他平日里的溃兵模样。

“上”剪板机前，李光明多次叮嘱我，让我一定要注意他的手势。当所有工作程序完成后，李光明还不放心，又再次嘱咐我，一定要看他的手势再启动开关。他则从侧面、后面和前面三个方向，仔细查看钢板和顶板之间及两侧的缝隙，用钢板尺反复测量，最后才喘口大气，稳了稳神儿，重新回到剪板机的正面，然后朝我挥手。我激动地启动开关，随着切刀“咣当”落下，李光明立刻用卷尺进行测量，从他得意的表情我能猜出来，尺寸肯定是正正好好，绝对不差毫厘。那一刻，我感觉李光明的腰板明显挺直了。

开剪板机切钢板这个活儿，看上去技术含量不大，但要想尺寸正好却需要考虑好每个细节，稍有不慎，误差就会向你“招手”，并且一巴掌“拍”过来，让你没有后悔的机会。

我直来直去地向李光明表达自己的想法，能不能告诉我使用剪板机的窍门呀？

本以为李光明会跟我吹嘘一番，借机把他经常被调侃的形象矫正一下，没想到他却淡淡地说，没啥大不了的，就是一种感觉，还有平时的经验，只要多用心琢磨就成……嗐，没啥大不了的。

我觉得没有那么简单，猜测是他谦虚，于是继续诚恳地求教。李光明看着我，欲言又止，但还是岔过话头儿，说起了别的事儿。我私下里揣摩，这里面一定有事儿，以后找机会再问。

2

李光明的媳妇高欣敏在一家生产鼓风机的工厂上班，是一个长相俊俏、性格泼辣的女子。我没有参加李光明的婚礼，那时候我已经离开工厂了，他也没有邀请我。后来听说，他媳妇高欣敏在婚礼上严厉警告李光明的同事，你们背后喊他啥我都不管，当着我的面要是喊他外号，别怪我不客气。再后来见到铆焊车间的师傅，闲谈之中说到李光明的老婆，都摇着脑袋说，“白李”老婆不得了,嘴茬子比玻璃碴子还厉害!

当年我去李光明家拜年时,他还没有结婚,我虽然没有机会领略“嘴茬子比玻璃碴子还厉害”的李师母高欣敏的风采,但我见识过李光明充满文化气息的家。

李光明家比其他师傅家都要宽敞,在和平区重庆道上,过去老百姓称“下边”。我记得,上了几级台阶进到一个宽大的方厅中,方厅是两家共用,光线不太明亮,要是阴天的话,肯定要点灯。方厅左右各有一间屋子,李家住右边那间。左边那间屋子,门鼻儿上挂着一把大锁,屋门上方的玻璃窗挂着粉色纱帘,没有一点儿声响,大概没人居住吧。方厅中间有一个木质楼梯,直通二楼,楼上什么情况,我就不知道了。

在当年,李光明家的居住面积算是非常大了,有六十多平方米,屋顶很高,地面是暗红色的木地板,旁边还有一个小门,可能是储物间。这间大屋子被一排书架隔开,形成了两个区域。

那个充当隔断的木质书架,深深地吸引了我。我感觉比区级文化馆的书架都要好看。喜欢读书的我迅速瞄了一眼书架上的书籍,有《青年近卫军》《静静的顿河》,有《红楼梦》《屠格涅夫中短篇小说选》,还有许多硬壳的精装书,具体书名不记得了。家里有这么多的书,这在其他师傅家可是绝对没有的！后来我才知道，李光明的父母都是大学教授，教授家肯定书多呀，但不知道他爸妈教什么专业。

李光明见我痴迷那些书籍，小声告诉我，他爸妈还有好多书没地方放，都堆在床铺底下了，又指了指那个小储物间，说那里面也有不少书。李光明有一个妹妹，在市里的京剧团唱戏，不在家里住，住京剧团。书架上面最明显的位置，有一张李光明妹妹带妆的青衣剧照。尽管那时候我已经开始学习写作，可是搜肠刮肚也找不出更加新奇美丽的形容词，最后只能在心里说一句“漂亮，真漂亮”。

我在车间的那几年，没见李光明发过脾气，遇到挑衅的人和糟心事，他都是“嘿嘿”笑着，转过身子，撅着大屁股，慢腾腾地走了。去了他家后我才明白，他从小在一屋子书的环境中长大，没有戴副眼镜说“北京话”就已经不错了，怎么会跟人家吵嘴打架呢？可是我错了，李光明真要是发起脾气来，比疯牛还要厉害，比秃鹫还要凶狠。我离开工厂的前夕，亲眼见过一次李光明发脾气，可以用“惊天动地”来形容。

李光明“发疯”那事儿，跟他妹妹有关，也跟人见人烦的车间技术员小廖有关。

李光明唱京戏的妹妹叫李红。有一次，李光明急性阑尾炎发作住院做手术，让妹妹给车间打电话请假，总是打不通。后来才知道，原来那两天车间外线出现故障，直拨电话打不进来，转交换台又总是断线。李光明担心被当作旷工处理，叮嘱李红来厂里送病假条。杨伟东带着李红去了车间办公室，交上病假条。李红谢过之后就急忙往回走。哪承想，因为走得急，李红把脚给崴了，她抱着脚坐在厂区大道旁的台阶上，叫天天不应，叫地地不灵。正好技术员小廖路过，双脚立刻被这个美丽的女孩子给“绊住了”，再也走不动了。那时候小廖还没有因为工作出错被“下放”到车间工具室，还在昂着脑袋走路。小廖从没在厂子里见过这么美丽的女孩子，长得比全厂闻名的“大美人”邹玲还要漂亮，小廖立刻走过去，用“北京话”询问缘由。在一问一答中，唱戏的李红那软绵的说话腔调让小廖更着迷了，几句话就把小廖变成了桂顺斋柜台上的“核桃酥”。得知女孩子脚崴了之后，小廖一路小跑着，从车棚子里飞速推来他新买的“飞鸽”自行车，小心翼翼地扶着李红坐到自行车后座上，立刻奔向我们厂附近的一家中医院。小廖忙前忙后地挂号、缴费，经过简单的物理治疗还有药物敷贴，李红感觉脚不那么疼了，能够慢慢走上几步路。小廖坚持用自行车把李红推到公交车站，又扶着李红上了车，跟司机师傅说了好话，亲自上车给李红找好座位后，才依依不舍地下了车，又站在路边儿，对着窗口热烈地挥手告别，一直看到公交车没了影儿，他才吹着《年轻的朋友来相会》的口哨回到车间。当然了，脑瓜儿机灵的小廖绝对不会白忙活，在给李红挂号、拿药的间隙，留下了京剧团的地址和电话号码。

自从“英雄救美”之后，小廖开始对李红进行疯狂地追求。

小廖是技术员，在车间办公室打外线电话很方便，不像工人去办公室打外线电话，还得跟干部赔笑脸、说好话，他不仅可以随便打电话，还可以捂着话筒悄声打。到了礼拜天，小廖骑上擦得锃亮的“飞鸽”自行车，横跨四个区，去京剧团找李红。别看李红长得漂亮，说话嗲声嗲气，其实在感情上还是一张“白纸”，平日里没有任何社交，跟男性更是没有交往，她把所有时间都花在了排练和练功上，因为住在宿舍，所以即使是礼拜天也不回家，照样待在练功房里。小廖礼拜天去京剧团找她，每次都能顺利找到正在练功的李红。小廖也不多言，坐在旁边的一把红色塑料椅子上，面对一整面墙的落地大镜子，不眨眼地看着李红练功。李红好言让他走，好不容易休息一天，不要在这里浪费时间。可是小廖不走，坚持坐在旁边看，李红也就不好意思赶他走，毕竟人家热心帮助过她。

小廖去得多了，团里就有人把小廖当作李红的男朋友，小廖并不纠正。一传十、十传百，最后传到了李红父母那里。李教授夫妇坚决反对女儿在目前阶段搞对象，要求女儿把精力用在业务上。为了斩断情缘，李教授夫妇俩去京剧团暗访，有个礼拜天正好碰上了小廖。

小廖每次去京剧团都要精心打扮。那时候街面上已经流行西装，这种时髦衣品，大多是做生意的人穿。街上遇见穿西装的人，大家还会多看上几眼。小廖每次去京剧团都要穿上板正的蓝色西装，扎上红色领带，还用"摩丝"在头发上抓几把，让头发立起来，这样显得个子高一些，可就是这"抓几把"，把头发抓成了鸡窝状。

李教授夫妇见到聚精会神地看李红练功的小廖，从小廖的眼神里立刻明白了怎么回事。李红大大方方地介绍是朋友。小廖见是李红爸妈，立刻大献殷勤，满脸带着谄媚的笑容。李教授看不惯这样打扮的青年，随便问了几句，得知小廖跟儿子一个单位，当即气坏了，这个李光明，学习不好也就罢了，怎么还成了呆瓜，竟给妹妹介绍起对象了？老两口毕竟是教授，没有当着小廖的面发火，回到家里立刻审问刚刚下班回来的李光明。

之前，李红始终没有跟小廖讲过，她哥哥是铆焊车间的李光明，只是简单说有家人在厂子，任凭小廖如何追问，李红始终没讲，后来小廖也就不问了。

李光明得知小廖竟然在跟自己的妹妹“搞对象”，完全不敢相信。可是爸妈把小廖的样貌说得清楚，再问妹妹李红，李红只是点头说“认识”，不承认是恋人关系，紧接着又把小廖“英雄救美”的过程讲了一遍。李光明知道小廖的德行，立刻断定这小子是借助做好事来纠缠妹妹，这样想来，原本白净的脸膛红涨得像下蛋的母鸡。

第二天上班，李光明早点没吃、衣服没换，三步并两步地到车间办公室找小廖。小廖这才得知李光明是李红的哥哥，惊讶得说不出话来。李光明第一次用手指着别人的脸说话，他明确地告诉小廖，不要没事去找李红，她还年轻，要把大好时光放在实现“四个现代化”上面。小廖压根儿瞧不起“白李”李光明，如今得知李红是他妹妹，也就只好违心地笑脸相迎，将来要是结婚的话，李光明就是自己的大舅哥，心里看不起他没关系，表面上绝对不能得罪大舅哥。

小廖嘴上老实地应着，转脸继续去找李红，他像一贴药力强劲的狗皮膏药，死死地贴在李红身上。为了形成既成事实，小廖明目张胆地跟京剧团新来的门卫说“找我对象李红”，随后大摇大摆地走进去。他还提出要在中秋节去李红家看望伯父伯母。这些事儿被李光明知道后，再次找到小廖，让他不要缠着李红，早点儿离开李红。小廖终于按捺不住心里的嫌弃，他借口要上厕所，扭头就走，并且故意撞了李光明的肩膀。李光明忍住气愤，跟在小廖身后，继续劝说，你可不要影响李红的前途。

小廖和李光明前后脚进了厕所。

小廖一边撒尿，一边斜着眼睛，对李光明说，自由恋爱，谁也管不着！李光明说，我妹妹根本没跟你恋爱，是你自作多情！小廖“哼”了一声，看也不看李光明，身子用力抖了几下，甩下一句话，你说有屁用，你又不是我亲爱的李红，躲开躲开。李光明气坏了，身子不动，继续挡在小廖面前。小廖说，好狗不挡道，躲开！李光明气坏了，他推了小廖一把，没使多大劲儿就把小廖推倒在地，小廖单薄的身子躺在肮脏的小便池旁，工作服上沾了尿渍。这时候，又有人进厕所来，看着小廖的窘态，欢笑道，廖技术员，你这是练的哪门子功夫呀？小廖终于挂不住脸了，猛地站起来，低下身子，用脑袋向李光明的肚子撞过去。因为距离太近，小廖使不上劲儿，李光明纹丝不动。老实的李光明完全被气晕了，他终于挥起巴掌，狠狠地打了小廖一个大耳光。

李光明在厕所掌掴小廖的事儿传遍了车间。大家原本就对傲慢的小廖有很大看法，知道事情的原委后，对“窝囊废”李光明的举动都表现出了亢奋的赞赏，完全就是一边倒,支持李光明的“正义之举”。

毕竟是一个车间的同事,不管事大事小,总要有个结束,最后陈工程师和华技术员“联袂出场”,耐心地给李光明和小廖劝和。可能是小廖还想继续跟李红来往,也就没有再跟李光明较劲,“厕所打架”这事儿稀里糊涂地就了结了。

“白胖李”进厂多年,因为一个干净利落的掌掴动作,着实高调了一次。有一段时间,叫他“白胖李”的人少了,喊他“李师傅”的人多了。

3

李光明和小廖打过架后,慢慢地,李光明又恢复了“白胖李”的身份,重新回到了过去不被重视的境遇。但是半年后,李光明再次高调起来。原来,李光明要参加“职大”考试,这在已经上了十年班的“七〇届”工人中,他是头一个,震惊了车间所有人。

20世纪80年代,社会上兴起学习之风。上大学可不容易,“三十比一”或是“二十比一”的大学录取率,让绝大多数人无法走进高等院校。我就是1980年高考落榜后走进铆焊车间的。我还记得那年九月份,我一个人坐着公交车来到八里台,站在天津大学、南开大学对面的便道上，望着校园大门上方写着“欢迎新生入学”的红色条幅，站了好长时间，眼睛里噙满泪水。

国家要实现“四个现代化”，仅仅依靠这么少的大学生不成，于是“第二教育”犹如雨后春笋，在社会上风行起来。市里有广播电视大学，每个区都有职工大学，还有各种五花八门的办学机构。“第二教育”的公办学校，都是经过市第二教育局严格审批的，入学要参加全市统考，毕业后国家承认学历，按照“大专”对待。

李光明想偷摸地参加考试，考不上大家也不知道，不会栽面子。可没想到，参加“职大”考试需要一系列手续，需要加盖单位公章，没有单位的考生也要到街道居委会盖公章。这样的话，李光明无法隐瞒，只得跟组长杨伟东讲，随后又跟车间主任讲。班组和车间全都鼓励他，厂里也给他盖了公章。不过大家都没当回事儿，料定李光明考不上，白交考试费。

可是没想到，李光明竟然以区里第三名的统考成绩，考上了区“职大”。当他拿着录取通知书找到车间主任时，李主任非常高兴，连声道喜，说了好几句“不得了、不得了”。

李光明激动地说，谢谢主任鼓励，不过还有一件事，上学我得请假。李主任蹙眉不解，问，请啥假呀，你不是业余时间上学吗？李光明笑脸解释，不光是业余时间，也得占用上班时间。

20世纪80年代的“职大”分为两部分：一部分是完全“脱产”的；一部分是“业余”的，也称为“业大”。其实，所谓的“业大”，也不完全是利用业余时间上课。“业大”上课时间是这样安排的：一个星期上五次课，晚上两次，每次两节课；星期天上半天，四节课；另外两次安排在工作日的两个半天，每个半天也要上四节课。

那时候社会上的学习风气好，无论是标语还是口号，总能听到一句话，“要把‘四人帮’耽误的时间抢回来”。每个区级图书馆、文化馆都办起了学习班，尽管这些学习班不发文凭，但是依然人满为患。有写作班、英语班、裁剪班、模特班、绘画班、朗诵班……你能够想到的学习内容，都有学习班热情地等着你，在向你热烈地招手欢迎。

李主任听完李光明的解释，倒也痛快，我现在答应你，请事假上学去吧。李光明愣了，说，事假？应该是公假吧？李主任问，为啥给你公假？李光明说，车间给我盖公章了，厂里也给我盖公章了，证明同意我去上学，同意上学就应该给公假。

李光明的话把李主任给惹火了，李主任当即拍了桌子，“啪啪啪”，连拍了三下，一下比一下响亮。

李主任体形彪悍，光头，处理问题干脆利落，态度极为强硬，点火就着，绰号“李瞪眼”。一般情况下，“李瞪眼”还算温和，可是不要惹恼他，一旦惹恼他，让他瞪眼了，那就没有好结果了。

李光明一连串的反问彻底惹恼了“李瞪眼”。

“李瞪眼”怒吼道，你这是跟我玩迷魂阵呀？给你盖公章倒盖出麻烦来了？李光明又来了一句，主任，那天开车间大会你传达的上级文件你忘了？你亲口传达的要尊重知识、尊重人才，对吧？“李瞪眼”喘口大气，质问道，你是人才，是吗？那你怎么不会看图纸？李光明毫不退缩，说，我这不就去上学了吗？上学就是为了将来能看懂图纸，更好地为车间生产服务。我报考的可是机械制造专业，机械制图也要学。“李瞪眼”怔了一下，把李光明扒拉到一边，斜着身子，大踏步地走出办公室。

许多职工都看见李光明从主任办公室回来后，坐在组里的长条木凳子上，眼神发呆，嘴巴半张，像是丢了鸡仔的吓傻了的母鸡。

组里的师傅们纷纷安慰他，事假就事假呗，那又怎么了？主任也有难处，都去上学了，都给公假，车间生产怎么办？大家又给他描绘灿烂前景，将来毕业后拿到了文凭，再当上车间技术员，那可就是胡传魁的队伍——鸟枪换炮了。

在组里师傅们的劝说下，李光明的情绪慢慢平复下来，他接受了这个不可改变的现实，也不再去想月奖、季度奖、半年奖、年终奖了。

4

“白胖李”李光明开始了在“职大”的学习生活，组里的人说到李光明上学的事，没有直接表态的，私下里会说两句，这个“白李”的“脑路”有问题，已经二十七岁了还没有搞对象，又去上个“职大”，有用吗？难道四年以后毕业、已经三十一岁的李光明，车间真就让你当技术员了？在讲完这些怀疑的话之后，便是“呵呵呵呵”的笑声。

谁也没有想到的是，“白胖李”在上“职大”期间，认识了一个非常聪明的女人，也就是他未来的老婆高欣敏。

李光明结婚时我已经离开工厂，我是在和其他师傅的聊天中知道他婚后的情况的。天津人的婚礼有一个环节，要“如实招来”“坦白交代”怎么把媳妇“骗到手”的。李光明是个老实人，在婚礼上面对众人的“拷问”，一五一十地讲起来，每个细节都讲到了。其实，“坦白交代”这个环节，就是一个乐乐呵呵的过场，完全可以潦草地讲上几句，然后继续下面的环节。可是李光明是真想讲，即使别人不让他讲，他也要主动讲，因为这场恋爱是李光明有生以来最骄傲的事儿，不在婚礼上拿出来显摆，还要等到什么时候？

在“职大”上课时，高欣敏的座位在李光明的前面。李光明跟女性接触少，上课好长时间了，班上女生长什么样他都不知道，叫什么名字就更不知道了。李光明生性腼腆，他从来不跟车间里的电焊女工、气焊女工开玩笑，女工们要是跟他开玩笑，他也从不接茬儿，只是“嘿嘿”一笑，然后转身离开。

有一次下课后，学生们都走出教室，或去厕所，或在操场抽烟、聊天，李光明依然沉浸在对课程内容的回味中。这时候，高欣敏回过头，对李光明说，我明天上课来不了，老师留什么作业，你告诉我一声。李光明怔了一下，低着头，没言语。他长这么大，还从来没有跟女性这么近距离地说过话，近得都能感受到对方口腔里的气息。高欣敏见李光明没反应，语气加重了，你耳朵聋了？李光明被高欣敏的气势吓傻了，下意识地说，没聋呀！高欣敏看着抬起头来的李光明，忽然笑起来，随口来了句，真没见过你这么“贝儿”的人。李光明不知道“贝儿”是什么意思，于是小心询问。高欣敏说，这个“贝儿”呀，可不是亲嘴的意思，它是傻笨傻笨的意思。李光明当即脸红了。高欣敏转过身子，在一张纸条上写下她的单位地址还有单位的电话号码，头也不回，从肩膀上面回手扔给了李光明。李光明双手接住飘飞的小纸条，心脏怦怦地跳。

第二天上完课，已经中午十二点了，李光明骑上自行车，直奔高欣敏上班的鼓风机厂。虽说已是晚秋时节，蹬了半个多小时后，李光明满头大汗、水淋淋的样子，仿佛还在盛夏一样。

高欣敏见到李光明，惊讶道，你打个电话不就成了？李光明从书包里拿出写在白纸上的作业题目，还有另外一本书，双手递到高欣敏的手上，同时大胆地望着身穿蓝色工作服、把长发卷在工作帽里的高欣敏。

李光明在几年以后的婚礼上，面对着亲朋好友和同学同事，细致地描绘道，我望着高鼻梁、丹凤眼、高挑个子的高欣敏，觉得这个人将来就是我的老婆！娶不到她，我就打一辈子光棍儿！

李光明把自己能想到的一切美好词汇还有坚定追求的信念，全都一股脑地讲了出来。只不过，刚与高欣敏接触的李光明还不知道，高欣敏还是一个乒乓球打得极好的女子！

泼辣伶俐的工厂女工高欣敏，喜欢上了有些傻、有些憨但待人诚恳的李光明，后来两个人恋爱、结婚，有了女儿李小萌。

李小萌不仅继承了妈妈的聪明，还把妈妈打乒乓球的本事继承了下来，五岁时就在妈妈的辅导下，坐在乒乓球台子上，一头汗水地玩着乒乓球；小学一年级就穿上运动衣、运动裤、白球鞋，站在乒乓球台子后面，有模有样地挥起了乒乓球拍子；小学五年级，李小萌在全市中小学乒乓球大赛小学组中拿到了好名次。

很多年以后——应该是2014年——我再次见到李光明师傅，不是私下里，而是在电视上。

刚刚退休的李光明和妻子高欣敏、女儿李小萌，三口人一同出现在电视荧屏上。我把电视音量调大，身子坐直，看看这是一个什么节目，听听那么多年没见的李光明李师傅说些什么。原来这是一档家庭节目，是讲父母怎么教育孩子的。

已经二十五岁的李小萌，出落成了一个漂亮的大姑娘。这孩子很会继承父母的优点，皮肤颜色随了爸爸，白白净净的，长相和身材随了妈妈。这时候的李小萌已经多次参加全国大赛，还在各种比赛中拿过好名次。

主持人问李光明，你们是怎么教育孩子的？

李光明刚要讲，突然意识到了什么，马上去看媳妇。主持人看出端倪，立刻笑道，那就让妈妈先讲吧。

我记得师母高欣敏比李光明李师傅小三岁，按照工厂女工五十五岁退休计算，高欣敏也退休两年了。我没见过年轻时的高欣敏，但现在依然能够看出来，她年轻时是个大美女。

在小萌小的时候，我们做得多，说得少，给她做榜样。高欣敏停顿了一下，接着说，每天晚上我们一家三口人都有事儿做，我和孩子爸爸学习，孩子看画册，以后孩子大了，让她看书。那时候我们就有一个规划，不能因为打球而放松学习。

主持人问李光明，您和爱人都是车间工人，你们——你们学习什么？

李光明看着年轻的主持人，想了想，说，我给你讲个故事吧，听完你就明白了。

李光明说，当年在我们车间，技术不好的工人抬不起头，技术好的第一步就是能看得懂图纸。我是铆工，铆工就是搭积木的人，不会看图纸，你还搭什么积木？我从上"职大"那天开始，就学习识图，在课堂上学习，回到家再接着学……

年轻的主持人，看上去跟李小萌年纪相当。她听得认真，李小萌也认真地听着，她好像也没听爸爸讲过这些事儿。

李光明接着讲下去，不要以为看懂图纸很简单，非常难，一个水轮机组的图纸摞起来得有两米多厚，要是想能看懂整个图纸，不下狠功夫绝对不成。要想得到别人的尊敬、实打实的尊敬、不打折扣的尊敬，那就必须先从看懂图纸开始，只有看得懂图纸，才能独自干活儿……才能成为一个真正的铆工匠……

好多年没见，李光明李师傅已经成为一个稳重的人，说话很有条理，这时我也才知道李光明成为继杨伟东之后，我们铆工七组里第二个能够看得懂复杂图纸的工人。

人的自我认可，需要走出关键的第一步，有了高欣敏对他的赏识，又有了可爱的女儿，李光明的自我认知也在发生变化，再加上考上了“职大”，他对自我的认可也就更进了一步。虽说最后李光明没有成为车间技术员，退休前还是一名工人，但那又怎样？他已经昂起脑袋走路了！

更令我惊奇的是，我忽然发现李光明原先明显下垂的眼皮，已经不再下垂了，这时候我也终于看清了被下垂的眼皮遮挡了那么多年的眼睛，原来竟是那么好看。

女儿李小萌，貌似随了母亲高欣敏的眼睛，其实更像爸爸李光明的眼睛，还有爸爸眼睛后面的无限内容。

5

看了李光明在电视上讲他学习识图的事儿，我猛然想起离开工厂前与李光明的一次对话，明白了李光明要掌握看图本领的目的。

离开铆焊车间的前一年，也就是1985年，我记得那是一个极为寒冷的冬季。有一次我跟李光明干活儿，休息时再次向他请教如何开好剪板机，这里面到底有什么秘诀。这个问题我曾经多次请教过李光明，他总是欲言又止，似乎藏着不好公开的秘密。

面对我的再次请教，李光明眨着下垂的眼皮，左右看了看，声调忽然低了，说，其实呀，他们做得都比我好，不就是一台机器吗？时间长了，窍门儿都能掌握，只不过、只不过是……大家给我面子，只要说到开剪板机，大家就把我给抬出来表扬，杨伟东还总是带头拍巴掌，大家也就配合着这么讲，这么夸我。说到底呀，还不是满足一下我的自尊心？他们要是总那么没有情面地打击我，我还不得扎进茅坑里死了？

那时候，我望着面容平静、表情略带羞涩的李光明，完全怔住了，竟是这样的吗？但转念一想，这是不是他的谦虚呀？

这，完全有可能。

卷尺·贾淄博

1

我进厂那年，老贾师傅五十五岁，是我们铆工组年龄最大的师傅，他比“李锤儿”李师傅还大一岁。

老贾师傅是个闷葫芦，不爱讲话，眼珠有些发黄。我报到的第一天，组长杨伟东给我领到班组里，我主动跟师傅们打招呼，只有老贾师傅没有回应我。他连看我一眼都没看，让我心里很不痛快，但他是师傅，还是老师傅，我刚到第一天，不能有任何不快的表现，依旧对他笑脸相迎、毕恭毕敬。

老贾师傅不搭理我倒还可以理解，我是新来的嘛，但他也不理睬其他人，让人感觉他像一个身怀绝技、剑走偏锋、大隐隐于市的独行侠。后来才发现，我的猜测是个天大的笑话，老贾师傅不仅没有任何绝技，就连一般的技术都不具备。杨伟东给他派的活儿都是没有技术含量的小活儿、散活儿。比如让他用风砂轮打磨小件活儿，或是到钢板库领料，或是谁都不愿意干的没有任何技术含量的剔毛刺儿。从来没看他着急过，他总是一个样子——慢吞吞地走路、慢吞吞地干活儿、慢吞吞地说话——好像一壶永远烧不开的水。

老贾师傅与众不同之处，还在于他的穿衣风格。我是十月份进车间的，很快就迎来了北方的冬季。

再看老贾师傅，一件黑色棉袄，不穿，披着；看不见他的右手，永远缩在袖筒里。这样的姿态，要是从背后看，两个袖子一个长一个短。最奇怪的是，无论干活儿还是吃饭，始终看不见他的右手，只有左手在外面悠闲地晃荡着，好像右手借给了别人，始终没有归还。

之前讲过，我从成为学徒工的第一个春节开始，正月初三早上要去每个师傅家拜年。拜年前肯定得要地址，师傅们跟我客气——"别跑了，过几天就上班了，好好在家歇歇"——之后，还是把家庭地址写在纸条上给了我。唯独老贾师傅，不说客气话，也不告诉我地址，只是一个劲儿地摇头，仿佛吃了鸡脖子，而且面无表情，转身就走。我心里别扭，又不能说出来，作为一个学徒工，一个看不见的整体氛围告诉我，你不可以彰显自己的情绪。杨伟东看出我的郁闷，在没人的时候拍了拍我的肩膀，语气轻松地说，别在意，老贾……嗯，时间长了你就明白了，他人不坏。

时间长了，老贾师傅的情况，我断断续续地知道了一些。

老贾师傅是淄博人，他一个人在天津，住在小西关。老贾师傅从不邀请同事去家里做客。全组只有杨伟东去过他家，再就是车间工会主席去过。最初我以为他是个老鳏夫，后来知道他有老婆有儿子，娘儿俩住在淄博乡下。我猜测，他独来独往，可能是因为他浓重的淄博口音，再加上声调低、语速快，不重复讲几遍，根本听不懂他说啥。

只是，老贾师傅的右手依旧像个谜题一样，让我猜不出来。我也不好去问其他师傅，这会显得我这个徒弟像个“包打听”，所以我只能在心里猜测。

刚进厂的学徒工，就像初来乍到的小猫咪，对周边的一切充满好奇，但是又不敢乱说乱动。

2

卷尺，俗称“盒尺”。

每个师傅的工作服上衣口袋里都有一把卷尺，它是铆工干活儿时离不开的“手把件”。家庭卷尺一般两米长，铆工的卷尺要长一些，有三米的，还有五米、七米五的。铆工干活儿时普遍用三米长的卷尺。

起先我没把卷尺放在心上，这么个小东西算啥呀？它连小锤也比不了，跟十八磅大锤比起来，就像蚂蚁和大象，更别讲跟油压机、剪板机、天车这样的大家伙比了，用天津街面上的话讲，“搭不上飞子”呀，这话的意思就是“跟不上趟儿”。

但是老贾师傅却把小卷尺“玩”出了一番新天地，这个不起眼的“小家伙”，给老贾师傅挣了脸面。

我们组里的师傅，就像梁山上的一百单八将，没有或大或小的本领，无法在山上立足。比如梁山泊上排第一百零五位的郁保四，啥本事都没有，但是身高一丈、膀大腰圆，有把子蛮力气，最后抢来了一个扛中军帅旗的职位，捎带脚地还得了一个吓人的“险道神”的绰号，没根没底的郁保四这才在山上待踏实了。你说，没点儿本事怎么能行？大到江湖上的梁山好汉，小到工厂里的铆焊车间，没本事绝对不成！

老贾师傅抡不了大锤，没力气；玩不了小锤，没灵气；看不懂图纸，没文气。可他能把小小的卷尺“玩”得出神入化。量尺寸时，握在他左手里的卷尺，亮光一闪，犹如一条发光的长蛇，“嗖”的一声“飞”出去。要是量两米长的工件，他这一甩，正好能甩到两米；要是量一米五的工件，他能甩出去一米五一，不多不少，只是多出那么一点点;当他蹲下身子进行丈量时,都不用来回伸缩卷尺。那一刻,老贾师傅身上有一股侠气在飞扬。

老贾师傅甩尺的姿势,只能用“盖了”来形容。我私下里照猫画虎地也甩卷尺,别说精准地甩到恰好的尺寸,甩都甩不出去。有一次没甩好,还把卷尺给甩飞了,差点儿被路过的电瓶车压碎了。

老贾师傅杂技般“玩”卷尺的手艺,成为我想要破解的关于他的第二个谜题。

我没有想到,车间“大肚子”老闫,非常轻松地给我破解了老贾师傅身上的两个谜题。

老闫绰号“大肚子”,是铆焊车间的检验员,负责我们这一“跨”的产品检验工作。

什么叫“跨”呢? 我们车间呈矩形,两溜粗大的水泥立柱,把车间纵向分成“川”字。车间南北两边没有门,北面是一溜儿办公室,冬季阳光从高大的天窗照射进来,坐在办公桌前的干部们,后背和双脚都是暖融融的;南面是小型仓库,存放备用的生产材料。车间东西两面有六扇大门,中间两扇大门之间,有一条铁轨理直气壮地通行。平日不开大门,只在每扇大门中间开一个小门;工人出入车间走小门,只有在进大件货物时,才把两扇大门“吱扭吱扭”地打开。赶上冬天打开大门,寒风“呼呼”地吹,车间温度瞬间降低，像是到了冰封大地的北国。按照建筑特点，车间被划分成四个“跨”，每个“跨”有一个段长负责生产协调，四个段长共同面对一个铆焊车间的领导——车间主任。同样，每个“跨”都有一名检验人员。

我所在的铆工七组位于“第一跨”，老闫负责我们这个“跨”的检验工作。

老闫是车间四名检验员中年岁最大的，手腕也是最高明的，他把那帮铆工中的“坏嘎嘎儿们”“调理”得老老实实的，见了他的面，没有一个不讲规矩的，离老远就会喊着“闫师傅、闫师傅”，然后一路小跑地颠过来，再把一支“大前门”递上去。一般情况下，老闫不会马上接过来，他会故意迟钝一下，让“坏嘎嘎儿们”脸上的笑容再凝结一下。即使把烟接过去了，也不会马上抽，打火机在他面前恭敬地燃烧着，他仿佛没看见，慢悠悠地把烟卷别在耳朵上，然后才开始说事儿。刚开始时，铆工们面对检验老闫的姿态有些尴尬，时间长了也就习惯了。即使老闫不抽，他们也要把打火机掏出来，递烟、微笑、点火，一步都不能少，只要少一步，老闫就会“调理”他们。

老闫对我那些师傅们特别严厉，对像我这样的学徒工却非常友好，对我更是特别温柔，每次见到我，他就笑眯眯地把自己的大肚子挺上来，让我用拳头去打。我不敢打，他说打不坏呀，你试试呗？我悠着劲儿——确实也用力了——打了一下、两下、三下，果然梆硬梆硬的，感觉里面装的不是肠子、肚子、心、肝、肺，而是上学时体育课上用的硬沙袋，那一刻，我感觉老闫的肚子里藏着一个不可预测的复杂世界。

水轮机组不是大火箭、大飞机，也不是精密仪器，图纸在设计中明确规定有正负差。有的师傅想要落个好名声，就会选择作假。我不好讲是我们铆工七组里哪个师傅，反正这种情况发生过，但是作假也在正负差之间，不会“出大格”，否则会酿成事故。

我作为刚入厂的学徒工，检验师傅检验工件时，经常会派我做一件事，让我到前端“把”尺。在检验师傅的命令下，我拽着卷尺前端或皮尺前端，走到工件前面，把前端折弯处紧贴在工件前方，这时候，检验师傅就把尺拽直了开始丈量。要是有“小动作”的话，就是在这个时候。什么是“小动作”呢，就是不把折弯处紧贴工件，而是用手指捏着尺的前端。在“小动作”的配合下，能够“准确”地达到图纸上要求的标准尺寸。也就是说，工件可以小上一“米厘”，或是大上一“米厘”，标准尺寸可以“自由支配”。可这些小伎俩，哪里瞒得住身经百战的检验老闫呀！

老闫在检验尺寸时，他会对着手拿卷尺前端的人大声喊，别用手捂着，把寸头亮出来。然后，他一边丈量，一边看着前端拽尺的人，一旦被他发现做了“小动作”，他将在工作权限的范围内，将自己的权力无限放大，不把你“整死”誓不罢休。不用多次，一次过招下来，就再没人敢跟检验老闫要小聪明、玩小动作。

有一次检验老闫告诉我，你的这些师傅都是大好人，可有时脑子一糊涂，也会要点儿小聪明，你可千万别学他们那点儿小伎俩，要学他们的大方向。

检验老闫继续说，误差只要在图纸的许可之内，我不会难为大家，但是绝对不能作假。

检验老闫接着说，老贾这个人别看技术不咋样，可他从来不作假，一次都没作过。

我小声问道，那……谁作过假呢？

老闫给了我一个“小脖溜儿”，再问，我打你！

随后，老闫讲了老贾师傅的故事：一个是“手把件”卷尺，另一个是老贾师傅的右手。

3

市场上买来的普通卷尺，软了吧唧的没有韧性，像是喝玉米粥时搭配的咸黄瓜。老贾的卷尺不一般，那是他自己加工过的。卷尺所用材料是柔韧性极好的进口不锈钢,非常薄,比纸还要薄;他还在卷尺前端铆了一个不锈钢材质的扁圆形钢珠,这样就加大了卷尺前端的重量,用力甩的时候,能够有一股子往前“冲”的力量。老贾手里这个锃光瓦亮的卷尺已经用了十多年。没事儿的时候,老贾练习甩尺,据说曾经把左胳膊都练肿了。经过多年的苦练,老贾终于掌握了甩尺的力道,那把卷尺也是越用越顺溜儿,终于成为老贾的绝技,想哪儿打哪儿,伸缩极为迅捷,犹如蛇信子一样。

老贾为啥要用左手呢?老贾可不是左撇子,他用左手是因为右手有残疾,他的右手大拇指被车间振动剪“剪”掉了。那次工伤事故,跟“卷毛孙”孙在庭有关系。

老贾1970年带的徒弟是“卷毛孙”孙在庭。刚带徒弟时,老贾私下里跟老闫念叨过,我带啥徒弟呀,我自己还教不了自己哩。老贾是被“赶鸭子上架”的。有一次,老贾带着孙在庭在振动剪上干活儿,刚上班的孙在庭认真好学,问得特别详细,兴奋得总想亲自上手操作。老贾不想耽误生产,只好一边操作,一边耐心讲解。他第一次带徒弟也有点儿兴奋,便分了心、散了神儿,一下子出了工伤事故……当时蹲在旁边的孙在庭吓傻了,大喊大叫起来,像个小猴子似的在地上蹦,把地上的尘土都给蹦起来了。受伤的老贾没有慌张，他看了看没有任何血迹、一片白茬儿的断指，用一只手把工作服解开，把穿在里面的“十斤白”衬衣的扣子解开，撕下一条长长的布条。这时候，露着白茬儿的断指处突然开始流血，很快变成“泉水”，越来越猛。老贾麻利地把断指裹好，车间保健站的柳大夫跑来了，还有好多师傅也都围拢过来，很快一辆电瓶车也开到老贾身边，大家扶他坐上去。还有人高喊，“厂办”小汽车来了，开到车间外边了！尽管老贾第一时间被众人送去医院，但是断指没能接上，因为切割得太过整齐，哪怕连着点儿筋骨、肌肉都成……当老贾知道不能接上断指后，依旧没有慌张，眼神跟平常一样，肢体动作依旧慢吞吞的。他让医生把断指给他，又让哭得稀里哗啦的孙在庭把饭盒刷干净了，低声叮嘱道，拿碱面刷，多来两遍。孙在庭刷完，双手颤抖着把饭盒递给病床上的老贾。老贾把已经颜色发黄发皱的断指放在饭盒里，转头对孙在庭说，守着我做啥？快回去，干活儿去！一个萝卜一个坑，两个萝卜走了，得四个萝卜来顶坑。孙在庭嘴巴嗫嚅着，贾师傅，您这萝卜和坑……算得不对呀。老贾瞪起眼睛，猛地坐起来，差点儿把输液的针头给带下来，厉声道，快走，快走！

检验老闫跟我讲，老贾在医院住了一星期就嚷着出院，出院后第一时间就找到车间主任。“李瞪眼”还没等老贾张口，立刻说，老贾你放心，肯定算工伤，你啥都不用说，我会给你做主的！老贾慢吞吞道，李主任，你想反了，我是求你别给我定工伤。“李瞪眼”怔住了，问道，你是正话反讲吗？老贾难得一笑，说，咋这么费劲儿？我就是正话正讲，我是想呀，别给咱车间添堵，别给厂子添堵，断个指头不挡吃喝！

检验老闫停顿了一会儿，继续跟我回忆十年前的往事。

老闫说，“李瞪眼”虽然厉害，但办事公道，他还是觉得不给老贾算工伤，对不住老贾！再说，怎么跟厂长讲呀？这是违反政策呀！厂长都把“上海”牌小轿车派过来了，亲自安排司机师傅送老贾去医院，这……怎么跟厂长讲呢？老贾嘿嘿一笑，说，是我自己违反操作规定，这板子不拍我，拍谁呀？说完，转身走了。“李瞪眼”望着老贾的背影，眼睛瞪得更大了，他第一次看见老贾走得这么快，一点儿不像平时走路那副慢吞吞的样子。

这事儿已经过去那么多年了，如今回想起来，检验老闫依旧感慨道，老贾退掉“工伤”这事儿，当时车间里存在三种声音：一种声音是赞叹，说老贾人好，不给组织添麻烦，不要国家补贴，高风亮节；另一种声音，说老贾是个大傻瓜,不折不扣的大傻瓜,有工伤证明捏在手上,这不得吃厂子一辈子呀,“铁帽子王”了,以后谁还敢惹你呀;还有一种声音,说老贾肯定还有后手,这家伙就像早年来天津卫“憋宝”的“南蛮子”,可是……不对呀,这家伙是淄博的,北方的,还不能叫“南蛮子”,该怎么称呼他呢?

4

我跟组长杨伟东去过老贾师傅家里。我没在组里讲,老贾师傅也没讲,我师傅杨伟东也没说。我们三个人没有商量,却又像提前商量好了似的。

去老贾师傅家,是因为他干活儿时把腰给扭伤了,动不了,卧床在家。按照条文规定,职工生老病死、红白喜事及直系亲属出现重大问题,车间工会都会安排专人去家里慰问,慰问的人还会拎上一兜儿苹果、香蕉或是二斤鸡蛋;职工每个月都交工会会费,除了组织看电影、劳动节联欢之类的活动,探望生病职工也是工会会费支出的重要项目。

铆焊车间早就形成了一个规矩:看望老职工,车间工会主席彭大爷去;看望年轻职工,车间工会委员谢大姑去。师傅们非常有意思,许多时候是以亲戚名义互相称呼的。年岁大的男同志,叫“大爷”;年岁小的叫“掰掰”。

女同志比较简单，结了婚的一律喊“大姑”，没结婚的喊“姐姐”。车间工会主席彭大爷已经五十岁出头了，可以喊他“大爷”了；谢大姑呢，其实刚刚三十岁，但结了婚了，就得喊她“大姑”。

这天，彭大爷找到杨伟东，说他本来要去看望老贾，可正忙着组织全厂职工“尊重知识、尊重人才”演讲的选拔工作，时间紧、任务急，他和谢大姑全都脱不开身。杨伟东说，知道了，不就是让我代你去看老贾吗？彭大爷拍着杨伟东的胳膊，“哈哈哈”地笑起来。彭大爷有一张开阔的大嘴巴，笑起来的时候，不仅能看到他的二十八颗牙齿，还能看见他嘴巴里深红色的大舌头和若隐若现的小舌头。

转过天是礼拜天，我蹬着自行车去西马路跟杨伟东集合。杨伟东在路边食品店买了一兜儿国光苹果和一兜儿鸭广梨，放在自行车的前筐里，朝我摆手，我们俩继续前行。

越往前走我心里越是不安，开始头皮发麻。说老贾住在小西关，怎么真到了“小西关”了？

在天津卫老辈人的嘴里，有许多关于地名的深度演绎。比如，小王庄、老城里、老地道外，这些地名都是具体存在的地名，但要是用一种特别的语气讲出来，就会代表不同的意思。举例说:“你就闹吧,早晚把你拉去小王庄。”这句话要是咬着后槽牙讲出来,这里的“小王庄”就不是地名了,而是“挨枪子”的意思,因为早年间,天津卫枪毙人的法场在小王庄。“人家是老城里的,明白吗?”这句话要是用舒缓的语调讲出来,这里的“老城里”就不是地名了,而是“规矩人家、老实孩子”的意思。“你知道我哪儿的吗? 告诉你,我老地道外的。”这句话用豪横的语气,再加上跷起大拇指讲出来,“老地道外”也同样不是地名了,而是“我可是混混儿,你敢惹我吗”的意思,因为早年的“老地道外”是混混儿、“杂八地”们豪横的天下。

杨伟东带着我穿大街、走小巷,自行车在坑坑洼洼的地面上“蹦着走”,不一会儿工夫,我的屁股都要被颠散了。杨伟东还是不搭理我,骑着他的“二八加重红旗”自行车,继续弯曲前行。

迷糊之中,我感觉天色忽然暗下来了,一抬头,不知道什么时候竟然来到了一堵灰色高墙下面。

高墙的墙砖看上去有很多很多年了,墙砖已经斑驳,似乎用手指就能把砖抠碎了。高墙旁边,是低矮破旧的平房,有青砖的,有红砖的,还有青砖、红砖混合的。房屋与高墙之间,看上去能够并排过去两个骑自行车的人,其实过不去，因为每家房屋旁边还有一间用碎砖头搭建的小屋，那是放蜂窝煤、煤球和木柴的地方，同时也是住户生火做饭的小厨房。住在胡同里的人家，基本上都是这样的房屋标配。

快到尽头时，又有一个拐弯，原来是一个死胡同。杨伟东终于停下来，扭头对我说，到了。

我蒙住了，到哪儿了？怎么到了绿色花朵盛开的村庄了？眼前全都是绿色的花。地上有，墙上有，屋门上也有。一个旧塑料小花篮，被钉在屋门上，小花篮里面是勿忘我，蓝、紫、白的各色小花虽已枯萎，成了干花，却也依旧好看、夺目。

杨伟东一边拍着屋门，一边喊“老贾，老贾，我来了”，说着话，推门进去，我也跟在后面。外面亮，屋里黑，一时间啥都看不见。但是我依然能在昏暗的氛围中，看见窗台上、墙壁上、桌子上有好看的花，还嗅到了花的香气。

老贾师傅拉了拉床头边上的灯绳，屋顶上的白炽灯亮起来，我才看清屋里的情况。面积也就是九平方米左右，屋顶矮，顶棚上面糊着报纸，大概时间太久了，报纸已经发黄，看上去很脆，只要一碰，就会像“十八街麻花”一样，散落成一地的碎纸屑。老贾直挺挺地躺在床上，抬手向我们打招呼。

杨伟东坐在床铺旁边的小凳子上，用手摸了摸床板，说，太硬了。

硬板床，好得快。老贾师傅说，原来有褥子，我给撤了。

我根本坐不住，好奇屋子里的花，还有奇形怪状的“花盆”。除了正规的花盆，还有用酒瓶子、罐头瓶、饭碗、水杯做的小花盆……压根儿想不到的东西，都能成为老贾师傅家里的花盆。

杨伟东笑道，你都成花匠了，嗯……卖油郎独占花魁。

我在心里埋怨杨伟东，这话是哪儿挨哪儿呀。

老贾师傅难得一笑，说，你看外面那铁丝网，不种点儿花咋办？

我顺着老贾师傅的目光向外看，目光穿过屋门上面的小玻璃窗，正好能看见灰色高墙上面的铁丝网。杨伟东见我眼神诧异，告诉我外面那堵高墙是监狱的外墙。

我愣住了。

杨伟东笑起来，说，刚才来时你没注意呀？听说过老天津卫的口头禅吗？

我赶忙点头说，听说过，听说过。

我当然听说过“小西关监狱”。小时候经常听街坊老人们说，“好好做人，做坏事不得好报，早晚得去小西关”，说话者还要配上一些夸张的动作，比如，眉毛一挑、嘴角下坠，这个表情和话语，含义非常明显，意思是诅咒你蹲监狱，除了骂对方“你个挨枪子儿的，早晚得去小王庄”，“早晚得去小西关”也是街面上恶毒的诅咒。

我走出小屋子，站在高墙下面，刚才进屋前看见好多绿色的花，这会儿细看才发现都是竹子，有富贵竹、米竹、紫竹、观音竹、招财竹、文竹、凤尾竹、龟背竹……老贾师傅大概考虑到高墙下没有阳光照射，所以养的都是喜阴的竹子。花盆跟屋里的一样，也都是罐头瓶之类的，摆放在用木条搭起来的架子上。

我进屋又坐了一会儿。临走时，杨伟东嘱咐老贾师傅好好休息，不要急着上班，不养好了去上班，再犯病还不得接着歇假？还不如一次性休息好了。老贾师傅似乎还有话要讲，身子直了直，想要坐起来。杨伟东按住他，不让他动，随后笑道，不就是惦记你那些花吗？放心，大家伙儿不会不管的。老贾师傅这才松口气，点点头。

老贾师傅在家里养花，在组里也养花。组里的窗台上有花盆。每盆花需要多长时间浇一次水，老贾师傅都在花盆上写好了说明，字迹很是笨拙，像小学一年级孩子写的字。刚开始时,有的师傅嫌弃花盆碍事,后来有一次厂工会评选最美班组,老贾养的那些花成为"奇兵",为班组争来先进荣誉,原本以为事情过去了,没想到厂工会发了奖金,车间工会也不甘落后,第一时间追加了奖金。在分配奖金前,杨伟东召开小组会,说,谁要是嫌弃花盆碍事,现在可以举手,奖金就不给你了。没有一个人举手。杨伟东又说,既然大家都要奖金,那以后谁要是再嫌弃这些花,就把今天的奖金退回来,当作咱们组的公费。再次鸦雀无声。那次,组里每个师傅都分到了惊人的十二元奖金,本来大家一致同意要给老贾师傅二十元,没想到,他当时没言语,收到钱后,却主动把多出来的八块钱上交组里,当作集体资金。这事儿让老贾师傅在很长时间里昂着脑袋走路,享受着大家对他的敬仰。

那天,我和杨伟东离开老贾师傅家,继续穿行在灰色高墙之下。骑着骑着,杨伟东忽然停住了,脚尖踩地,扭头对我说,天津卫有句老话叫"欺老不欺小",你听说过吗?我说,没听过。杨伟东说,你有学问,从字面上也能搞明白,可在咱们组里我给改了,叫"欺小不欺老",老师傅咱得敬着点儿,技术好的敬,技术不好的也得敬。对于小年轻的,我的意思就得严一点儿,就得"欺一欺",你没意见吧?

我赶忙把双手举起来，做出“投降”状，连说“没意见，没意见”。

杨伟东笑起来，然后继续骑车前行，但还不忘“欺一欺”我，接着说，有的老话说得好，“饭前不训子，睡前不训妻”“打人不打脸，骂人不揭短”，这些老话咱们得记着。可有的老话说得不好，哦，哪天再跟你念叨念叨，不好的老话咱也得改一改。

我们离开灰色高墙，来到了街面上。

我回头小声道，监狱怎么挨着住户这么近？

杨伟东说，这话不能这么讲，这一块儿是先有的监狱后有的住户，是住户的房子越盖越接近监狱，监狱可是“站”在这儿一百多年了，过去叫“习艺所”。天津卫这地方呀，年岁越大越喜欢，天津卫的好多事儿都在全国抢了先，就连监狱也是近代史上的第一！

杨伟东接着说，怎么样，不服不行吧，天津卫厉害吧？咱这地方呀，就像一个青橄榄，别着急吃，你得慢慢咂摸，越咂摸越有味儿。

5

铆工组的每个师傅，你只要细心交往、真诚求教，再配上诚恳的目光，就会得到他们掏心窝子的回馈，你就能发现他们每个人都不简单,用街面上的话讲“人人都有两把刷子”。

老贾师傅不光是个养花专家,养啥活啥,肚子里还有好多好多书本上没有的知识。老贾仅在我们厂子五十年代开办的“职工夜校”学习过,我虽然是高中毕业,可随着接触的不断深入,我感觉自己除了比老贾师傅多认识几个字,许多地方都比不过他。当我把自己的心里话讲给老贾师傅时,他嘿嘿两声,然后自嘲道,啥学问呀,一肚子的羊杂碎。

我喜欢跟老师傅聊天,天上一脚,地下一脚,没有任何章法。许多有趣的话题已经想不起来是怎么扯起来的,但是他们脑子里的那些杂学,够我学习一辈子。

老贾师傅平日里不爱说话,那是没碰到他感兴趣的话题,碰到他感兴趣的话题,又只有我跟他两个人的时候,他的话就会多起来,特别是我跟杨伟东去他家看望过他之后,他跟我之间的话题更加宽泛,对我也更亲切自然了。

记得有一次,说到孔子的名字“丘”,老贾师傅问我,除了孔丘,你还知道“丘”字的其他意思吗?我不解,问还有什么意思?老贾师傅说,有个地名叫商丘,对吧?盘古开天地……哎呀,夏商周……商朝的时候,商丘是埋死人的地方。“丘”嘛,早先的意思是坟地。

老贾师傅说完这话,又嘿嘿笑道,你说这个孔老二孔圣人,咋起个“丘”当名呢?孔圣人的字还不错,仲尼,反正比“丘”好。

还有一次,说到沈阳的地名。老贾师傅不紧不慢地说,中国的地名有意思,可不是乱叫的,这里面学问大了。咱们老祖宗说过,山北为阴,水北为阳。沈阳有条河叫浑河,老早那会儿浑河叫沈河。沈阳在沈河的北边,这才叫的“沈阳”。

我认真地听着,在老贾师傅讲这些事儿之前,我还真没想过,也不懂这些事儿,书本上也没见过。在车间那些年,只要见到检验老闫,就听他讲工厂和我们铆焊车间的往事;只要跟老贾师傅在一块儿干活儿,我就听他的杂学。

有一次,说起当年技术员小廖讥讽杨伟东看图纸那事儿,说着说着,老贾师傅气鼓鼓地说道,小廖那家伙为啥不得人心?仗着自己是个技术员,上下左右看不起干活儿的工人,说起工人时,总是把“那帮五大三粗的家伙们”挂在嘴边儿。

我尴尬地笑了笑。我现在也是一名工人,说不定干到退休也还是一名工人,也就是小廖挂在嘴边儿的“那帮五大三粗的家伙们”。

你知道“五大三粗”说的是哪“五大”哪“三粗”吗？老贾师傅说完，不等我回答，忽然动了感慨，目光悠悠地说，小廖这么败坏咱干活儿出力的人，咱要是回骂他，怎么也得明白他这话的意思，是不是这个理儿？

我一个劲儿地点头，心头涌上一股激动的热流，感觉周身都在发热。我真没有想到，老贾师傅是这样思考问题的。这话说得有道理，人家骂了你，你连骂你的意思都搞不懂，你还咋还击呀！我立刻露出认真倾听的神情。老贾师傅讲给我后，我才知道，“五大”指的是“四肢和脑袋大”，“三粗”指的是“腿、腰和脖子粗”。

老贾师傅面对我敬佩的目光，发黄的眼珠里闪烁着平日里很少见到的灼热光芒，随后他得意地夸赞起自己，说，我跟孔夫子可是老乡呀。

我不解道，孔夫子在曲阜呀？

老贾师傅狡黠地笑道，淄博也在山东哩，我们是邻居哩。随后，他又马上告诉我，他在淄博老家的儿子考上了大学，学的是考古专业，毕业后去了省里的考古队。我问老贾师傅，怎么从来没听您说起过？我一直以为他儿子在乡下务农。老贾师傅自豪又谦虚地说，他是他，我是我，用儿子来显摆自己，没啥意思。我本想让老贾师傅讲讲他大学生儿子的情况，可他这样一讲，我也就不好再张口问了。我心里有点儿小小的舒心，我没有考上大学，只要听到别人上大学的消息，心里就会酸酸的不好受。老贾师傅不讲，也正合我的意，听多了人家上大学的事儿，我心里别扭着呢。

那几年，我还从老贾师傅那里了解到了我们工厂所在地——北仓工业区的“前世今生”。事后想起来不可思议，不言不语的老贾师傅居然了解得那么清楚。

北仓工业区，一个有历史、有传说的好地方。它在元、明、清三个朝代都是官府大型粮仓所在地，粮食的库存量非常大，有数百万石。朝廷选择在这里建粮仓，是因为靠近北运河，通过京杭大运河运来的粮食在此装卸非常方便。储存在北仓的粮食，运到皇城去时，大船走不了，要改成小船运输，先运到通州，上岸后再用马车运进皇城。到了雍正年间，北仓的粮仓改成仓库了，不像过去那样用苇席垛存储粮食了，青砖垒砌的仓库留有出气口，也不再为老鼠和其他小兽的糟蹋而烦恼。

朝廷选择在北仓一带建粮仓，除了这里水运发达，跟“风水”也有关系。这一带建有规模宏大的娘娘庙，据说从空中俯瞰娘娘庙，就像一只展翅飞翔的凤凰。那时候北运河上常有上千艘运粮船，不是诗人的人看见了也禁不住要吟唱两句。再后来到了20世纪50年代,海河上游建起了防潮大闸,运河的水运功能逐渐消失,粮库就都没有了。再后来,北仓这一带又改成了种植水果,方圆百多公里范围内,一年四季飘着水果的香味。

我激动地跟老贾师傅说,咱们厂子原来还有这么一段历史?

老贾师傅乐呵呵地看着我。那一刻,我感觉他像一个哄着小孩子睡觉的老爷爷。

6

日子久了,谁家的事儿也瞒不住,每年的各种填表,犹如探照灯一样,把职工家的大事小情全照亮了,再加上老贾师傅的儿子要入党,外调人员来我们厂调查,老贾师傅的儿子也就“大白于天下”了。

原来老贾的儿子是大学生呀,你咋还瞒着大家呀!老贾儿子好,有出息呀!真是给老贾长脸呀!

老贾师傅听着此起彼伏的夸赞声,始终没有过多的表现,但是布满皱褶的脸上绽放着焰火一样的笑容。

几年后,老贾师傅退休返回原籍,跟老伴儿、儿子、儿媳生活在一起。他儿子后来离开了考古队,调到淄博市博物馆工作。

很多年以后，当我因为创作需要前往淄博采风时，参观了淄博市博物馆。在观看“西汉齐王墓陪葬坑”时，我惊讶地发现，这个陪葬坑犹如缩小版的“秦始皇兵马俑”。那一刻不知为什么，我忽然想到了几十年没见的老贾师傅，想到了老贾师傅谨慎、内敛、克制的模样，还有他养花时不急不躁的背影。

老贾师傅酷爱养花源于家传。听说他爹娘过去都是巧手花匠，专门给大户人家侍弄花草；老贾师傅他爹除了侍弄花草，还给大户人家当过“蛐蛐儿把式”。老贾师傅继承了爹娘的手艺，不过他是给车间班组侍弄花草，有了真正意义上的用武之地。

我离开工厂很多年后，有一次去位于小西关的人民医院看望住院的朋友，离开时在院落里看见一座青砖炮楼，我好奇地走过去看了看，原来是天津监狱拆迁时特意保留下来的历史遗迹。天津监狱拆迁后，市政府在原址建起人民医院，保留了一座青砖炮楼，钉上了一个铜牌，上面标注了相关的历史说明。

我站在这座依旧坚固的小炮楼前面，凝视了好久好久。四十多年前，骑着自行车跟着杨伟东看望老贾师傅的景象，在我眼前不断地闪回：灰色高墙下，老贾师傅种在“花盆”里的竹子，还有老贾师傅家里墙上、桌上、地上的鲜花,以及老贾师傅神出鬼没的右手。

还忘了说一件事,老贾师傅的大名叫贾建章。这个居住在天津卫的山东人、笑称自己是孔夫子老乡的贾建章,他的名字里是否也有我猜不出来的秘密呢?

油压机·达伦

1

在铆焊车间工作的几年里，我和达伦师傅始终是客客气气的，碰面时龇龇牙、咧咧嘴，脸上呈现出清晰的笑容。可是我跟达伦师傅干活儿时出了一次事故，他当即勃然大怒，全没了往日的笑容，用“暴跳如雷”来形容都不为过。达伦师傅是唯一一个跟我发过火儿的师傅。当时他气哼哼地去找杨伟东。杨伟东没有批评我的失误，也没有批评达伦的暴怒，只是摆手让我们俩先走开，全都冷静一下。事后，杨伟东跟达伦说了什么我不知道，跟我讲的是“下不为例，这次就算是一个教训”，随后又说“给达伦赔个礼去”。尽管我向达伦师傅承认了错误，可从此之后，我们之间有了“过结”。有半年多的时间，只要见到他我就远远地躲开，尽量不跟他对眼神。因为对眼神的话，我是徒弟我就必须主动跟他打招呼。那段时间我心里特别别扭，可又没办法。杨伟东也不再让我跟达伦一起干活儿。

可是，有一件事我们俩谁都躲不开——打水。

我们组里有两个打水工具，一个是用于喝水的铝皮大水壶，另一个是用于下班洗脸、洗身子的铁水桶。铝皮大水壶放在包着铁皮的长条木桌上，谁要是渴了，用手提提水壶，有水，就倒进茶缸子里；没水，又赶上心情好，就提起来去锅炉房打水。

自从我来后，没人告诉我，徒弟就应该主动去打水，可好像有个声音在我头顶上响，催促我，你应该去干这个活儿。于是，我主动承担起了这项看似平常却又很费力的任务。

平日里，我经常抓住壶把摇一摇，没水了我就去打。冬天好一点儿，喝水少；夏天喝水多，体力劳动，出汗多，喝水勤。铝皮大水壶打满热水后非常沉。要是右手提着大水壶，左肩膀必须向左倾斜，同时右胳膊还必须高抬起来，只有保持这样的斜身姿态才能正常走路。假如双肩平行，我胳膊的力量根本提不动大水壶，还要依靠腰部力量。即使这样，还得不断地倒手，右手提完，左手再提。从班组到锅炉房得有五百米的距离，越是快到班组了，左右手的倒换频率就越快。

夏天下班后洗脸洗身子有时用凉水，可冬天必须得用热水。用大铁水桶打热水，需要两个人用扁担来抬。大铁水桶得有五百“米厘”高,满满的一桶水得有七八十斤,水桶自身的重量也得有十来斤。我上班的第一天,就主动成为固定的打水人,其他师傅轮流跟我配对打水。

每天离下班还有半小时,我就开始做打水前的准备。要把干活儿的工具收拾好,规整地放进工具箱里,还得再去厕所方便一下。这就过去了十五分钟,然后就要和一位师傅去锅炉房了。要提前一会儿去,因为得排长队。四百多名工人,除去不着急回家的下班后去澡堂子洗澡,剩下的工人都在班组完成洗漱。每天得有两百多人在固定时间段使用热水。

自从我跟达伦师傅闹了别扭,打水成了让我怵头的事儿。

轮到达伦师傅跟我配对打水了。打满热水后,我把扁担伸进提把儿下面,有意把提把儿靠我这边一点儿,这样担起来,我就会多承担一点儿重量。达伦立刻摆手,把提把儿放在扁担中间,然后示意我上肩。我只好听他安排。

我在前,他在后,我们担着大铁水桶慢慢走。水桶里放进去了三根筷子,用来压水,不让水面晃荡。即使这样也不能快走,稍微走快些,就会把热水给晃荡出来。搞不好，还会烫了脚后跟。

走到半路，达伦在后面跟我说，你说那天的事情怨谁？

我没回头，马上答，怨我。

达伦又说，以后咱俩谁都不要再提这事儿了。

我赶紧应了一声，立刻感觉压在心里的石头，好像被一只无形的大手给搬走了。我全身都松弛了下来。

2

虽说那次事故已经过去了好长时间，但只要想起来，我心里还会一惊一乍的，知道“脑袋大了”是什么感觉，就是因为那次事故。

那天，我跟达伦师傅去干活儿，第一道工序是把钢板“蹚平”一下。钢板在运输、吊运过程中，极有可能发生碰撞，这是免不了的。碰撞后，钢板表面会有凹凸。所以，在把钢板吊上操作平台、按照图纸进行焊接组装之前，必须在油压机上“压”一下，再去滚板机上“蹚”一下，这样才能做到大致平整。切割和焊接之后，要是还有凹凸的地方，再用气焊和大锤联合找平。

据说达伦的油压机技术是铆工七组最好的。他能在凹凸不平的钢板上准确找出“重点”，也就是在哪里用油压机给劲儿，可以起到事半功倍的效果。不是说所有的凹凸面都需要用油压机找平，这里面的窍门儿一两句话说不清楚，必须通过实际操作才能明白，还得经常琢磨总结，才能形成工作经验。

当天车把钢板吊装到位后，达伦跟我讲，你开机器我来指挥。我怔了一下，嗫嚅道，我，我不会呀，大伙儿不都说您“玩”油压机“玩”得最好吗？达伦笑道，不是开机器好，是知道压哪儿、给多大的力，这才是“玩”油压机的关键。我长舒一口气，原来是我理解错了。

我们车间有两台油压机，一台八十吨，一台四十吨。那次事故出在四十吨的机器上。

油压机呈“门”字形结构，机器旁边有一个操作杆，类似汽车挂挡的操作杆，比汽车上的大一些。我那十八岁的小嫩手，攥不住操作杆顶端的大圆球，刚刚握上去像是握着炸弹一样慌张。

达伦笑着告诉我别害怕，一定要看他的手势来操作。他的手指头向下，我就把操作杆向下推；他要是攥了拳头，我就要立即停止推动。要跟他的手势保持绝对一致。

两米宽、三“米厘”厚、五米长的铁板，已经平躺在油压机的“嘴”里了，油压机的“大牙”是一个圆柱形的钢柱，

“嘴”和“牙”已经严阵以待,就等着达伦师傅用手势下达命令了。必须得用手势,车间噪音太大,说话听不清,说话指挥容易误事,用手势指挥最安全。

达伦看了看我,随后把一根两米长的钢尺放在钢板上,来来回回地“靠”,选择好了方位,拿开钢尺;我们俩合力把钢板向里面轻微推动,钢板重达千斤,但是底板靠近外面的地方是一排圆滑的滚筒,只要在后面给上足够的力量,两人完全能够推得动,最后让钢板稳稳地停在需要“牙”咬住的地方。

达伦猫着腰、歪着脑袋,眼睛不眨地斜看着钢板表面,同时伸出右手,慢慢做出向下的手势。

我感觉心脏跳动突然剧烈起来,推上电闸,油压机响动起来,仿佛一串滚雷袭来。我攥住操作杆上端的大圆球,慢慢向下推。圆柱形的“牙”慢慢向下“咬”去……就在快要接近钢板时,达伦突然攥起了拳头,我赶紧止住操作杆。这时候,“牙”与钢板之间只有微小的距离了。

达伦向我招招手,我走到他跟前,把耳朵凑到他嘴边儿。他再一次提醒我说,向下推动操作杆时,一定要慢,握紧了,手腕子不要抖;又接着指导我说,不怕一次压不到位,多来几次都成,可是千万不要推大了。力度小了,可以多来几次。力度过了可是不好找补,麻烦着呢。

达伦絮絮叨叨好多遍，我像磕头虫一样连声答应。

巨大的钢板在油压机下面就像一张大饼。我能看出来，达伦师傅脸上露出了满意的笑容。显然，他对我掌握操作杆的力度非常满意。我也渐渐松弛下来，心脏不再那么剧烈地跳动。

就在钢板被“调理”得差不多了、我也松弛下来时，也不知道怎么搞的，我往下压得有些大了，达伦师傅用钢尺“靠”后，本来已经平整的钢板表面，又出现了凹点。达伦没有着急，他走过来耐心地告诉我，别着急，慢点儿，马上就好了。随后，达伦师傅继续给我打手势，我再次攥住操作杆，心里想着，慢、再慢……可是忽然间，不知为什么，我大脑一片空白，握着操作杆的右手，好像脱离了大脑的指挥。在我大脑短路的瞬间，我猛然听见达伦高喊了好几声，停！停！停！

我感觉自己睡着了，在达伦师傅嘶哑的叫喊中，我猛地睁开眼睛，发现平台上面的钢板边缘，因为中间部位受到过大压力而翘了起来。

我呆住了，两个小时的找平工作白干了。我知道，要想给翘起来的钢板重新找平，还得找天车工，把钢板吊回到滚板机上再去“蹚”一下，这样的话，没有一天时间恐怕完成不了。

达伦愤怒到了极点。他把钢尺使劲儿地摔在地上。钢尺的前端戳在粗糙的水泥地面上,一个微小的水泥颗粒迸起来,正好迸在他的眼皮上,当即流出血来,瞬间越流越多。大概因为发痒,达伦摘下手套,用手抹了一下。这一抹不要紧,血迹铺展开来,他的脸变成了狸花猫的脸,也像戏台上关公的脸。

我看见达伦的嘴巴不停地动,但因为车间噪音大,完全听不见他讲什么。我跟在达伦师傅身后来到班组。达伦看也不看我,冲着跑到组里来的杨伟东喊了起来,不干了！不干了！

杨伟东看着我,脸上露出惊诧的表情。达伦师傅脸色惨白,犹如褪毛后的鸡皮。

当时,我想死的心都有,太笨了！笨到家了！

事故发生后,没有一个师傅问我,也没有一个师傅在组里说起这事儿。但我知道,组里的全体师傅都知道了,师傅们只是照顾我的脸面,才没有问我罢了。

3

我刚进厂那年,达伦二十七岁,长相要比实际年龄大上七八岁。他的头发不属于“自来卷”,属于“潦草卷”,因为特别稀疏,看上去很像大火烧过之后侥幸留下来的一簇簇野草。

达伦师傅脸长、牙长、双臂也长，就是腿短，身体不成比例，但他是车间乃至全厂滑冰滑得最好的工人。有一次，其他车间的工人中午休息时在篮球场滑“轱辘鞋”，达伦师傅路过看见了，嘴巴一撇道，小孩儿玩意儿，大老爷们儿哪有玩旱冰的？滑，就得去冰场。

说起来，我还要感谢滑冰。因为那次事故，我跟达伦师傅“闹掰”了；因为滑冰，我跟达伦师傅又和好了。

我的中学同学小李，上学时跟我坐前后桌。小李外号“鼻涕官”，大概是鼻窦炎的缘故，总能听见他鼻子里发出“哧溜哧溜”的声响。别看“鼻涕官”小李学习不好，在玩的事儿上却很有心得。小李玩单杠、双杠、跳鞍马……都有模有样，他还喜欢滑冰。

有一天，“鼻涕官”小李来我家，说要带我学滑冰。我喜欢滑冰，因为我滑“轱辘鞋”滑得还不错，自我感觉滑冰也一定好；又因为达伦师傅说“滑轱辘鞋是小孩儿玩意儿”，我就想着尝试滑冰。如今小李找上门来，我正好可以跟他学。小李听后高兴坏了，拉着我的胳膊说，要么咱俩前后桌呢，想法总能想到一起。

滑冰要买冰鞋，可是新冰鞋太贵了，要一百多块钱一双。我学徒两年，每个月工资十一块钱，出师第一年也才二十一块钱。小李告诉我买旧的吧,新手买旧冰鞋没人嫌弃。我被小李说动了心。

我对新事物特别好奇,总想着去尝试。就说穿衣服吧,我看见人家穿“喇叭裤”,我也想穿,可是没钱买。我姐手巧,买来棕色条绒布,硬是给我做了条裤腿一尺二的“喇叭裤”。可我哪儿敢穿到车间去,只在星期天歇班时才敢穿。看见街上的小青年戴着“蛤蟆镜”,我去眼镜店问价,二十多块钱一副,带有外文商标的更贵,四十多块钱。我问有便宜的吗?卖眼镜的小伙子说,你要不买带外文商标的还不如不买,戴出去多寒酸呀。姐姐能做“喇叭裤”,可是做不了“蛤蟆镜”。这一次,我不想在买冰鞋上再打退堂鼓。

第二天晚上,小李又来我家,继续给我做思想工作。

冰鞋买旧的不栽面子,在冰场上滑起来,谁还会蹲下身子看你的鞋?你滑得那么快,他要是蹲下来看,你栽面子的同时,他的脸也别要了,还不得把他的脸划得稀里哗啦的。小李一边讲一边比画。

我感觉小李的话有道理。可是往哪儿去买旧冰鞋呀?小李见我发愁,眼珠一转,马上告诉我说,你现在就去我家,我给你看一双冰鞋。

我家和小李家离得不远。来到他家,他从柜子里拿出一双旧冰鞋给我看。那双旧冰鞋真是旧了,鞋帮子破了,鞋带都快要断了,我感觉这双冰鞋扔在垃圾桶里都没人要。

看见我撇嘴,一脸的嫌弃,小李马上避重就轻,换双新鞋带,不就新了吗?我说,鞋带好换,鞋帮子怎么换?小李再次转移话题,你呀你呀真是不懂行,买冰鞋看哪儿?看冰刀,你看鞋帮子干嘛!

小李唾沫横飞,我问过行家了,这个冰刀值四十块钱。我当即说没这么多钱。小李再次灵机一动,说,咱俩一人出二十块钱,合买下来怎么样?你一个礼拜,我一个礼拜,咱俩轮流坐庄。

在小李的热情鼓励下,我找了个星期天,拿着存折取出二十块钱。那时候,我每个月都要存五块钱。那是我妈逼着我存的,她说现在就开始存钱,娶媳妇用,早点儿存,心里有底,不会到时候“抓瞎”。那二十块钱是我背着我妈偷偷取出来的,相当于我两个月的工资,终于跟“鼻涕官”小李合伙买下了那双旧冰鞋,成为那双旧冰鞋的“二分之一主人”。

轮到我是这双旧冰鞋主人的那个礼拜,我带着冰鞋去上班,下班后拐个弯儿到西沽公园。公园里有个人工冰场。花五毛钱门票,滑一个小时。虽说时间短,可我刚开始练习，时间长了也没用，滑一个小时，脚踝就已经疼得不行了，时间再长也滑不了。

连着两天，我天天下了班去滑冰。不是自夸，我滑冰的感觉还不错。起码能够在冰上站住脚了，不会身子一动就摔倒，还能战战兢兢地向前滑一小段距离。我要充分利用拥有冰鞋的每一天，不然的话，可就亏大了。

没想到，那天中午吃完饭，达伦主动跟我说话，问我下班后去哪儿滑冰？我一时愣住了，好长时间我俩不说话了，他突然主动跟我讲话，我有点儿反应不过来。我知道达伦师傅是个滑冰高手，可从来没跟他沟通过，出了事故后，更不会提这事儿了。如今他主动找到我，显然是看见了我书包里的冰鞋。我立刻告诉他，我去的是西沽公园的滑冰场。

达伦扑哧笑了起来，说，去人工冰场滑冰的都是小闺女儿，男人都得去冰上滑。我说我不敢去，怕掉进冰窟窿里。达伦笑得更夸张了，嘴里的长牙完全暴露出来，明晃晃地露在外面。他说只要进了“三九天”，冰上就没有危险，你别去桥底下就成，去人多的地方，安全着哩。我说哪天跟您去冰上滑。他笑道，还哪天？今天吧，下了班我带你去。

下班后，我跟着达伦师傅从厂门口的自行车棚子里推出自行车,又用打气筒给车胎打足气,随后我俩并排蹬起来。达伦告诉我,咱俩一趟道,正好路过子牙河,就在那儿滑,你去西沽又绕道儿又花钱,咱这叫不走冤枉路,还省钱。干活儿要动脑子,玩儿也要动脑子。

我们俩骑了不长时间,快到一座大桥时,拐弯儿往坡下骑,一下子就到了河边,看到了宽阔的河面,不,是闪着亮光的冰面。达伦师傅告诉我这是子牙河,多美呀,天然大冰场。

我住在和平区,每天下班都会路过子牙河,以前也看到有人在河面上滑冰,只是没有在意。达伦带着我把自行车停在岸边,他一边锁车,一边对我说,早回家也没事儿,吃完饭哪儿也去不了,天黑了也凉了,还不如趁着这会儿工夫练练腿脚,回家吃饭也香。

达伦师傅说得在理。

我们每天下午四点下班,夏天还好,太阳高照在天空,回到家天还亮着,还可以做其他的事儿。冬天下班,骑在半路上,天就暗下来了,回到家哪儿都不想去了。

我们俩从堤岸上下去,那一刻我完全惊住了,吹着寒风的子牙河冰面上,大闺女、小媳妇、老头子、小伙子,多大年岁的都有。岸上的路灯还有冰面上的反光,把人头攒动的冰面照得异常清楚。我背着拥有"二分之一自主权”的旧冰刀,亦步亦趋地跟在达伦师傅身后。他告诉我,咱俩都是跑刀,得找“跑刀圈”,离开人家的“花刀圈”。

冰面上特别滑,我走得小心谨慎,不时地也会主动滑一下。达伦师傅却如履平地,一边走还一边跟人打招呼。我非常奇怪,问他咋这么多熟人呀?达伦笑道,都是周边工厂的,时间长了,混了个脸熟。

我们在“跑刀圈”外边开始换装备。我很简单,把棉手套垫在冰面上,坐下来,把脚上的鹿皮棉鞋换成冰鞋就好了,依旧穿着我的一身蓝色工作服。我有两身工作服,一身是干活儿时穿,一身是上下班时穿。我特别喜欢那身蓝色工作服,小翻领,三个明口袋,上衣口袋里插一支钢笔。这身蓝色工作服还有一个特点,男式的腰部也有点儿往里“掐”。过去男式女式工作服全都一个样子,又肥又大。如今女式工作服腰部往里“掐”,男式的也稍微“掐”一点儿,千万别小瞧了腰部的这点儿“掐”,显得人特别精神。我曾经穿着这件工作服去相过亲,对方还是一位个子高挑、颇有气质的机关干部,她跟介绍人还夸赞过我的工作服好看,这就更让我信心百倍,从此就把工作服当作我的“逛服”,只要出门办事就穿上它。

我站在冰面上,看着达伦师傅的装备,惊呆了。

达伦师傅打开大号灰色“马桶包”,从里面拿出捆扎整齐的毛衣毛裤，还从侧面拿出一顶毛线帽。他把身上的“短大”脱掉，潇洒地扔在冰面上，一屁股坐上去，没用几分钟就换好了滑冰的行头。最逗的是，他的毛线帽子后面还有一个红色的“小尾巴”。能够显示身体轮廓的黑色毛衣毛裤，侧面各有一条红线，是那种鲜红色的红线，即使天黑也能看得清楚。他又从另一个兜子里拿出冰鞋，只见冰刀闪闪发亮。达伦师傅告诉我，他有磨冰刀的工具，到时候我的冰刀钝了，他可以帮我磨冰刀。我知道，在外面磨一次冰刀要花费五元钱，有时还要再贵一点儿。

达伦师傅看我在冰上的站姿，就知道我是啥水平，他没有多讲滑冰技巧，只是叮嘱我不要挡着跑外圈的人，人家滑得快，别挡道。这一点我知道，初学乍练的，一般都在大圈中间慢慢练，反正也跑不起来，不要打扰别人，这是滑跑刀的规矩。

我又问达伦师傅，换下来的东西放在冰上，成吗？达伦笑起来，放心吧，滑冰的人都规矩，不会丢的。

我直着腰，支棱着双手，慢慢地滑到中圈位置。我没有马上滑起来，而是来回转身，紧盯着达伦师傅跑圈。我原地转圈的速度，比不过达伦师傅跑圈的速度，他在跑圈的人群缝隙中轻巧地腾挪，如入无人之境。因为爱文学，我能从头到尾背诵高尔基的《海燕》,我觉得达伦师傅就是一只在白色大海上展翅飞翔的海燕。那会儿,完全想象不出他是一个在车间里抡大锤的铆工匠,让人感觉他就是专业的滑冰运动员。有一点特别奇怪,达伦本来是一个腿短胳膊长的人,可在冰场上却看不出来他腿短,即使穿着能够显现身体轮廓的紧身毛衣毛裤,也完全看不出来。

我笨拙得像只大企鹅,在不太宽敞的中圈地带慢慢地滑,身子特别僵硬,姿势像个木偶人。达伦师傅之前告诉过我,不要想着一口吃个胖子,要慢慢找在冰面上的感觉,还要找冰刀跟冰面接触时的瞬间感觉,只有跟冰鞋、冰面完全熟悉了,再按照滑跑刀的姿势去滑,不知道什么时候,你就突然能在冰面上翱翔了。

我滑了一会儿,就感觉脚踝疼,腰也疼。我站在那里,一边看达伦师傅各种奇妙的姿势,一边琢磨着滑行时的感觉。没想到,一个年轻小伙子凑过来,笑着问我是不是刚开始练习。我说是呀。他说他也是刚开始。我看了他的姿势,倒是没有说谎。

我和小伙子有一搭没一搭地说着话。他跟我年龄一般大,但他考上了中专,学财会专业,学校就在子牙河附近。小伙子长得一表人才,他说虽然没考上大学,但是中专也有优点，毕业就能分配工作，上班就是干部身份。

看得出来，小伙子在得知我糟糕的高考情况后，更显得兴致勃勃，精神头也更加高涨。但是我已经情绪不好了，可以说非常沮丧，甚至没有心情继续滑冰了。我特别向往大学生活，可是高考落榜后，所有的理想全都一下子飞走了，真像海面上的海燕一样飞走了。到车间以后，心倒是踏实了，可是今天这个小伙子的一番话，又让我的心情复杂起来，情绪瞬间低落。

天，完全黑了下来。不知不觉，已经过去了一个小时。

达伦师傅滑到我身边，一边用随身携带的毛巾擦着脸上的汗水，一边问我找感觉找得怎么样，还问我那个跟我聊天的小伙子是哪里的。我实话实说，他发觉我情绪低落，但是没说什么。

过了一会儿，达伦师傅换完衣服，忽然停住了，看着我说，铆工匠不比干部差，你要是把手艺学好，以后过日子就知道了，咱们这行当名字不好听，可过起日子来，坐办公室的人比不过咱们。他们手笨，两只手就是两个鸡爪子，嘛也干不了！

达伦师傅倒是没夸张。组里的师傅手都巧，过日子的家伙什没有买的，都是自己做的。

达伦师傅把他那顶带着红色“小尾巴”的帽子，小心翼翼地折叠好，细心地放进“马桶包”的夹层中。又对我说，有个词叫作“心灵手巧”，这四个字还可以颠倒来用。“手巧”的人，绝对不会是大傻子，我说得对不对？你回家琢磨琢磨去，干好咱这个行当，不用求人。铆工这行当，好汉不愿干，赖汉干不了。你要是愿意干，还能把它干好了，你就是一条顶天立地的好汉。

我望着冰面上重新恢复上下班装束的达伦师傅，他的长牙在冰面的反光下显得更长了，他那稀疏的头发被冷风吹得更凌乱了。他不戴帽子，多冷的天也不戴，滑冰让他看上去并不健壮的身体有着特别耐寒的素质。我琢磨他的话，的确有道理。

和达伦师傅骑了一段路，我就挥手跟他告别了。他住在河西区，我住在和平区。

我上下班要路过繁华的和平路，到了和平路也就离家不远了。

和平路上永远热闹，路灯下的街道，永远人来人往；高高的百货大楼亮着灯，不管从多远的地方看过去，都是那样灿烂夺目。我对和平路太熟悉了，在我小学时代和中学时代的记忆中，市里所有重大活动都离不开和平路。上小学时，我曾经拿着小板凳坐在路边，等待着西哈努克亲王访问天津，快到中午时，那个跟我们长相一样的西哈努克亲王才来,他的车队走得太快了,还没等我喊完“欢迎欢迎,热烈欢迎”这几个字,他的车队就已经过去了;上初中时,我和同学们举着小旗子,高呼着“打倒四人帮”的口号,跟着游行大军浩浩荡荡地走过和平路。现在我是一名工人,还是继续走在和平路上,虽然晚上寒风劲吹,但我感觉后背已经冒汗了。

4

因为没有搞对象,回家早了也没事儿,所以我总是想着法子去玩儿。

我们厂周边有几条大河,只要出了厂大门,我就喜欢去河边玩。冬天跟达伦师傅或其他同事,到结冰的河面上滑冰;夏天更是离不开河了,下班后去河边游泳、钓虾米。

我愿意住宿舍,可是不符合住宿要求。我们这批进入工厂的高考落榜生,住哪儿的都有。有的住在二号桥,有的住在小海地。冬天早上七点上班,我们厂又在北边,啥都别说了,西北风早早地等着你呢。那时候天津卫平房多,街道上没有任何高楼阻挡,到了郊区,风力更是强劲,骑自行车没有两个多小时到不了。我住在百货大楼一带,冬天早上去上班,骑自行车也得一个半小时。厂里有班车，上车地点在河北区金钢桥，要想坐班车，得倒最早一班的公交车，是早上四点半。可是班车又有时间限制，过了那个点儿，班车就走了，没有骑自行车自由方便。厂里大部分工人，特别是青年工人，很少有坐班车的，基本上都骑自行车。工资挣得少，也没有多少存项，就也看不到骑摩托车的。

我想住集体宿舍，冬天骑一个半小时，浑身上下全都湿透了，内衣内裤像是水洗过，又不可能从里到外换上一身新的内衣内裤，等到静下来，身上犹如裹了一层冰凉的铁板。

达伦师傅结婚晚，也爱玩儿，他告诉我一个秘密，看到宿舍有空床，你就可以住上一天，当然你要找住宿舍的好哥们儿，让他们帮你提前问问，万一人家出去玩儿，回来晚了，那可就麻烦了，再说了，不打招呼住人家的床铺也不礼貌。我通过这个办法在集体宿舍住过好多次。反正那么多房间，一个房间有上下八个铺位，只要你想住，总会有一张空床铺等着你。

夏天四点下班，离天黑还有很长时间，当然不会老老实实地在宿舍睡觉，也睡不着。我们下班后就去附近的北运河玩儿。

北运河离我们厂特别近，骑着自行车说着话，一会儿就到了。20世纪80年代的北运河,有着特别宽阔的水面,堤岸是长满了青草的长长的缓坡。河水清澈,在夕阳的照射下,用四个字形容特别恰当——波光粼粼。经过一天的阳光暴晒,柔缓的河水带着一股甜味儿。偶尔碰到当地农民从大堤上走过去,他们知道我们是周边工厂的工人,羡慕地看着我们,看一会儿就走了,只留下欢声笑语的我们。

我们有时候不游泳,在河里钓虾米。把细绳子捆在罐头瓶子的凹槽处,在瓶口处抹上面团,或在瓶子里放一小块猪骨头,然后牵着细绳子在平整的河边慢慢走。走过来、走过去,再把罐头瓶子提起来,瓶子里面就会有不少小虾米和小鱼。把小鱼放回河里,把小虾米放进带来的小水桶里。就这样来来回回一个小时,能钓上来小半桶的小虾米。有的小虾米可不小,跟小手指一样长。

长期住宿舍的职工,都备有一个小煤油炉。我们把钓来的小虾米在煤油炉上用油炸了,再把中午多买出来的饭菜拿出来,就可以坐下来喝一杯了。厂里有规定,不能在宿舍喝酒。其实只要别喝大了,别耍酒疯,厂里领导都睁一只眼闭一只眼,不可能每天都来检查。工人们也都自觉,也就是小酌一杯,很少有大吃大喝的,也不会把自己喝醉,明天一早还得上班,喝醉了醒不过来,那可是会耽误大事儿的。

有一次,爱玩儿的达伦师傅也住宿舍,正巧我也在,我们几个学徒工跟几个师傅算是配上对儿了,下班后一起去了北运河。有的游泳,有的钓虾米,还有的在河边踢足球。回来后,金工车间的一个师傅,从柜子里拿出一瓶“尖庄”,几个人连呼“好酒好酒”,有拿茶杯的,有拿专门用来盛菜的小饭盒的,还有的实在没辙了,拿瓶盖儿当酒盅,就这样坐在宿舍里喝起来。那是我平生第一次喝酒。以前过年时,父亲只让我抿一点儿酒,或用筷子在酒盅里蘸上一点儿。就是那么一丁点儿酒,都会让我剧烈地咳嗽起来。这一次,我用瓶盖儿一下子喝了一半,咳得我脸红脖子粗。达伦师傅笑得不成样子,嘴巴完全咧开了,我第一次看见达伦师傅笑得那么狂放,有点儿忘乎所以。

那天,我在不知不觉中,喝掉了两个或三个瓶盖儿的酒,脑袋完全晕乎了,在半梦半醒之间,我就把心里的别扭事儿讲了。

前些日子,我同学小李说走了嘴,原来他介绍给我的那双旧冰鞋是他二哥的,他二哥原本要卖二十块钱,通过小李一番折腾,不仅帮他二哥实现了卖旧冰鞋买新冰鞋的愿望,没花一分钱的小李,还光明正大地成为这双旧冰鞋的“二分之一主人”。小李说他二哥夸赞了他好半天，说他聪明能干，将来混世界肯定是顶呱呱的好手。小李得意忘形之后，看见我脸色不好看，这才猛然意识到自己说走了嘴，又忙着解释说，他说着玩儿的，让我不要当真。

其他几个人笑我太蠢，但达伦师傅却说，只要喜欢就不要考虑别的。人呀，这辈子别在钱上较劲，钱是王八蛋，花了再赚。他用茶缸子呷了一口酒，又接着说道，这人世间好多的事儿，千万别琢磨，越琢磨越别扭。

我问大家，我还跟小李玩儿吗？其他人都说不要搭理这个坏小子。唯独达伦师傅说，别别别，还要跟他继续来往。我不解，我只要见他，心里就生气就别扭，还要跟他来往，那不得每次见面都生一回气？达伦师傅坚定地说，错错错，你只有经常见到他，才不会再犯类似的错误。

达伦师傅举着茶缸子说，人呀，可以吃亏，可以明明白白地吃大亏，还可以主动吃亏，但不能被人玩儿、被人耍，这点你可要记住了。

我捏起瓶盖儿，再次一饮而尽。奇怪的是，这次我竟然没有咳嗽，一声都没有。

5

我调离工厂后，跟师傅们联系少了。那时候没有电话，有事儿或去家里，或去信，感觉有些麻烦，渐渐地也就没有了来往。

20世纪80年代末期，我结婚成家后，因为多种原因，开始不断搬家，三年左右就会搬一次家，后来搬到了河西区。有一天早上，大概是公休日，我刚出门，惊讶地看见了达伦师傅。这才得知达伦师傅也住在这个小区，这还不算，我们竟然还在一排，只不过中间隔了一条小道。因为达伦师傅有事儿，我们匆匆告别。那会儿我家刚装了电话，我就显摆地把电话号码告诉了他。

没过多长时间，有天早上我被敲门声惊醒，一边问是谁一边开门，没想到竟是满头大汗的达伦师傅。我赶紧请达伦师傅进屋，问这么早来有何事？达伦师傅没有进屋，不好意思地说他想借个电话用，有特别紧急的事情需要联系，时间太早了，实在不好意思。我抬头看墙上的挂钟，的确是早，才五点来钟。虽说是夏天，但也太早了。

电话在我卧室，我让达伦师傅坐下，为了礼貌，我去了另一间屋子。

不一会儿工夫，达伦师傅喊我，他站在客厅中央，说电话打完了,一连声说着感谢的话,然后匆忙走了。

我已经毫无睡意。坐在客厅里,脑子里闪过一个念头:要是以后他经常来打电话,可咋办呀?我后悔自己多嘴,显摆什么呀,这不是给自己找麻烦吗?

几天以后的傍晚,有人敲门,打开门,又是达伦师傅。我心里一紧,莫非又要借电话?虽然心里这么想,但还是装作若无其事的样子,热情地让达伦师傅坐下来,喝杯水说说话。

达伦师傅摆摆手说,刚下班,还没回家呢,不坐了。一边说着话,一边从蓝色书包里拿出一大桶可乐递给我,抱歉地说那天早上那么早打扰我,心里不落忍。说完,他放下可乐,忙不迭地走了。

我坐在椅子上,看着桌子上犹如小炮弹一样的可乐。那时候,一大桶可乐五块钱,还是市面上的稀罕物。好多人请客送礼,或是吃饭宴请,桌面上摆着的不是雪碧就是可乐。

自从他给我送完可乐之后,我再也没看见过他,我和达伦师傅做了三年邻居,他再没来过我这个曾经的徒弟的家,我也没有去过他这个曾经的师傅的家。

三年后我又搬家了。那天,我想去达伦师傅家打个招呼,犹豫了半天,最终没有上去。

我转过身往回走，忽然在心里骂自己，因为是在心里骂的，不会有人听见。可是骂着骂着，我就骂出了声，我站在楼下，冲着一棵高大的松树，一边喊着自己的名字，一边怒骂道，你才离开工厂几年呀，你怎么就变成了这个德行，变成了讨人厌的骚样子！你忘了那句老话了吗？一日为师，终身为父！

钢直尺·肖大批

1

肖大批是我们铆工组师傅中个子最矮的。有多矮呢？一米五八。跟想象中的《水浒传》里的武大郎差不多。但是，肖大批身材比例好，该长的地方长，该短的地方短，显得比胳膊长腿短的达伦师傅还高。达伦师傅只有在滑冰时才能掩盖缺点，可是人这一辈子不能总是猫着腰在冰场上滑冰呀，人生的大部分时间还是在平地上，所以肖大批赢得了平地上的胜利。

肖大批不显矮，还因为身子瘦溜儿，人瘦显高。可一旦跟别人并排站在一起，人瘦显高的优势就荡然无存了，高就是高，矮就是矮。每天早上，组长杨伟东布置生产任务，大家站成一排的时候，肖大批的矮就会凸显出来。

肖大批本名肖显能，因他签名潇洒，比车间“李瞪眼”李主任签批请假条还有领导范儿，所以最后得了一个绰号“大批”。“肖大批”这个绰号，听上去特别生动，很快落地生根，代替了他的本名。肖大批叫得顺嘴儿，肖显能叫得拗口，有时候肖师傅自己都下意识地自称“肖大批”。别人听他自己都这样讲，更觉得他就应该叫肖大批。

每个铆工都有绰号，大家背后叫，当面也这么叫。也有个别情况，无法当面喊出来。比如“臭脚”这个绰号，实在没法当面喊，只能私下里叫了。老朱师傅知道自己有个难听的绰号，偶尔耳朵“扫”到了，虽说听得有些扎心，但老朱师傅掉头就走，从来没有恼过。要是因为喊你绰号你跟人家来脾气，那你的人缘儿也就不用说了。

肖大批是个福将，结婚早，他老婆给他生了个大胖儿子，肖大批上班下班都乐得合不拢嘴。他把儿子的“百岁照”揣在工作服的上衣口袋里，没事儿的时候拿出来瞅上两眼。后来他还到处显摆说，儿子“抓周”时，不抓糖果不抓金钱，众多的金银财宝看也不看，一路爬过去，抓住了放在最远处的一枚围棋子，还是黑棋，一把攥在小手里，大人怎么掰都掰不开。最后儿子被惹急了，一把将黑棋子放进嘴里，惹得众人一片惊叫声。那会儿聂卫平正驰骋在中日围棋擂台赛上，席卷中日两国的民情风暴，成为街谈巷议的热门话题。肖大批目睹了儿子“抓周”场景后，激动地喊起来，我儿子将来是第二个聂卫平！听到的人，啥都不讲，只是嘻嘻地笑。肖大批严肃道，你们等着，你们等着，到时候你们不笑，全都直眼儿！又说，有白棋子，有黑棋子，我儿子抓的是黑棋子，这是要执黑先行呀！

跟肖大批聊天时，只要提到他儿子，他就立刻滔滔不绝，仿佛一个久经沙场的说评书的老艺人。假如对方几句话过后，还没有提到他儿子，他就开始着急了，努力把话题往自己儿子方面拽，然后快速地拿出儿子的照片跟同事说，这小家伙……这小家伙多哏儿呀，别人家孩子“叭叭话”先喊妈妈，他可好，先会喊爸爸。嘿嘿，嘿嘿。

每当肖大批讲到儿子开始变得喜洋洋时，总会有个师傅站出来煞他风景，慢悠悠地讥讽道，大批，你这话可别让彩莲听见，听见了她可打你的尖屁股。肖大批听了，瞪起眼睛，狠狠地骂上一句“扫兴，真扫兴”，抓起手套，一路快走，干活儿去了。在他的身后是欢快的笑声。

我没有参加肖大批的婚礼，我来车间时他已经结婚了。虽说他结婚比其他师傅早，但是要孩子比较晚。

春节去给肖师傅拜年时，我见过他的老婆——我应该喊“师母”的窦彩莲。窦彩莲说话时的眼神、走起来的动作像谁呢？我想了好半天，忽然想起电影《李双双》里的李双双。窦彩莲不漂亮，但是有着一股讲不出来的迷人劲儿。她能把自家老爷们儿管理得有板有眼，还能让男人觉得被管着特别幸福，也会让旁人看着舒服，觉得他们夫妻之间特别恩爱有趣。这种尺度的拿捏是很难的，窦彩莲没有刻意为之,完全是水到渠成。

有一次,肖大批连续两天加班,因为第二天赶上公休日,窦彩莲便骑着自行车来车间看望丈夫。虽是秋天,可是骑了两个多小时自行车、穿着大翻领花衬衫的窦彩莲来到车间时已经满脸汗水,前胸、后背全都洇湿了,整个人变成一个不小心掉进热水里的肉包子,暄腾腾、水淋淋的。

窦彩莲见到肖大批后,一屁股坐在长条木凳上,一边用手抹着脸上的汗水,一边对肖大批命令道:“倒杯水,怎么没眼力见儿呢!”肖大批满脸通红,赶紧颠颠地倒水,双手把茶缸子端过去,小心地放在包着灰色铁皮的木桌子上。茶缸子与窦彩莲搭在桌子边上的左手的距离十分恰当,窦彩莲抬手正好能够拿到。

窦彩莲在海河边上的一家副食店当售货员。她爸爸是一家食品调料厂的车间主任,据说是一位做酱菜的高手。我们经常能看到肖大批吃上花样翻新的酱菜,五香疙瘩头、酱八宝菜、辣萝卜条等,肖大批还跟着老丈人在家里学做咸菜,回来后在班组里广泛教授、大力推广。比如,腌制五香疙瘩头时,肖大批不紧不慢地讲着,先用盐水将芥菜疙瘩浸泡十个小时,晾干水分,从中间一刀切开,再用黄豆、猪皮、大料跟芥菜疙瘩一起放入锅里,再倒入酱油、老抽、盐和糖……关火后,别着急拿出来,还要在原汤中浸泡一天再拿出来晾晒。组里师傅们按照肖大批的方法去做，果然好吃得不得了，大家议论道，这肖大批退休后可以做个小买卖了，这小子可是找了一个好老婆，不仅娶回来一个女人，还捎带脚地“娶”回来一门手艺。这家伙，真有福！

师傅们还从肖大批的话里话外得知了一个“秘密情报”。听说他老丈人解放前干过地下党，冒着掉脑袋的危险，给革命者传递过绝密情报，为解放天津做出过贡献。只是因为文化水平低，又没有继续革命的思想觉悟，后来只做到了车间主任。

得知肖大批这个“秘密情报”后，师傅们又给肖大批起了另外一个绰号“高干子弟”，还顺着“羊城暗哨”的叫法，管肖大批的老丈人叫“天津暗哨”。可谁都没有想到，肖大批听到这两个绰号后，脸色惨白，愤怒至极，当即就跟同事翻了脸，高声说，你们喊我嘛都成，不能“祸害”我家里人！大家看着急赤白脸的肖大批，感觉他说得有道理，所以“高干子弟”这个绰号没人叫了，又因为无法经常见到肖大批的老丈人，也不会经常想起“天津暗哨”，时间一长，给肖大批强加上去的两个额外绰号，也就逐渐被人遗忘了。

大家后来才明白，肖大批那么怕老婆，要是让老婆知道了老丈人的绰号,还不得拧着他的耳朵死命地教训他呀?

2

肖大批的绝活儿是使用普通得不能再普通、简单得不能再简单的钢直尺。这件工具简称"直尺",在日常工作中,没有哪个师傅说"钢直尺"。天津卫的老少爷们儿说话有"吃字"的习惯,大多数情况下都会"吃"掉中间那个字,可有时也会"吃"掉第一个字。所以说"钢直尺"时,就把"钢"字给"吃"掉了。

铆工在生产中用直尺的地方不太多,测量尺寸时,师傅们喜欢用卷尺,随身携带、得心应手。用直尺用得最多的地方,是用它检验钢板平面是否平整,还有焊缝高度高出平面多少,也就是师傅们常挂在嘴边儿的"靠"。

"靠"的办法非常简单:把直尺侧立在钢板面上,歪头看过去,借助另一面射来的亮光,能够清晰地看到钢板表面哪里凹、哪里凸。看到凹有多深、凸有多高,再决定下一步怎么办。

直尺有四种规格,最长的有一米。肖大批的绝活儿就落在这样一把毫不显眼的一米长的直尺上。肖大批"绝"就"绝"在,他用直尺"靠"一下或是"靠"两下,最多"靠"三下,就能发现主要问题。他还知道,这块钢板要是上油压机“调理”一下，多长时间能够完成；要是用气焊加热、用大锤砸，又需要多长时间。就是依靠这样简单的“靠”，多少工时能完成，肖大批的脑子里就有了个大概。我跟所有师傅都干过活儿，知道每个师傅的情况，肖大批肖师傅的这个绝技，达伦师傅、组长杨伟东还有其他师傅都比不过他。

肖师傅发现问题时，有着牛气哄哄的神态；解决问题时，有着居高临下的大将风度。这是他工作中的高光时刻，与他平日拘谨的动作、始终微笑的脸庞形成巨大的反差。

肖大批在指导气焊工人加热、找平钢板时，怎么看怎么像是一位技艺高超的裁缝。为什么要跟裁缝相提并论呢？好裁缝做衣服量尺寸，要牢记七个基本尺寸——衣长、胸围、肩宽、袖长、腰围、裤长、臀围。裁缝在量这七个尺寸时，一边量着一边就记在了脑子里。要是遇上身材特殊的顾客，还需要丈量更多的尺寸。高超的裁缝在量尺寸时，还能同时跟客人说话聊天，等客人走了，再把七个基本尺寸甚至更多的尺寸，准确无误地写在纸上。优秀的裁缝绝对不能量一个尺寸、写一个尺寸，那样的话会被同行笑死了。最关键的是，绝对不能写错，怎么能让顾客再来店里重新量尺寸呢？那样的话，店铺就要往门板上张贴“经营不善”的黄色纸条了，说是“经营不善”，其实大家都懂，那就是“黄了”，也就是店铺“歇菜”了。

肖大批“靠”完所有凹处，站在钢板旁边，用直尺前端“点”需要加热的部位。气焊工加热完，他再“点”，旁边的铆工看准着落点，开始抡起大锤敲击，敲击几下，完全听从“指挥者”肖大批的安排……这个过程完结后，肖大批继续凭着刚才“靠”的记忆，“点”其他凹处。一块钢板即使有十几处凹陷，他都能凭借记忆准确无误地把“点”找出来，那个“点”一定是凹处的最低点。肖大批肖师傅的这个“靠”活儿，貌似简单，可要是遇上脑子笨的师傅干这个活儿，那就是大麻烦，需要来来回回地“靠”，不仅耽误时间、消耗工时，还会把自己和配合干活儿的气焊工累得满头大汗。气焊工都希望跟肖大批一起干活儿，理由非常简单，省力气，舒服、养眼，再打个比方吧，就像大热天太阳穴上抹了清凉油，美、爽、乐。谁干活儿不想既能完成任务又轻松快速呢？

我跟肖师傅干活儿时，也想把他这门技艺学来，问他有啥窍门儿？肖师傅嘿嘿一笑道，没啥窍门，就靠死记硬背。又说，我这人脑子不转轴，反应慢，但是死记硬背来得熟，我琢磨着干脆把自己的长处发扬光大，让别人一辈子赶不上我这个长处。

我一惊，看上去不起眼的小个子肖大批，原来还有这样的“脑回路”。从那以后，我也尝试过死记硬背，用直尺“靠”完后，脑子里记着那几个点，来来回回地记，可是等我站起身子，再看眼前的那块钢板，就这么一站一起，已经完全傻眼了，虽说知道几个大致方位，可是准确的“点”却找不准了；不能在准确的“点”上加热、不能在加热后的准确点位上进行锤击，也就无法让钢板表面快速达到需要的水平效果，还会把钢板搞得一团糟，再想恢复到原状，也不是不成，可那就成了一件特别困难的事了，就像那次我跟达伦师傅用油压机找平钢板时出现的事故一样，想要再“找补”回来，麻烦着呢。

肖师傅跟我掏心掏肺地讲过，人这一辈子呀，你要是没点儿拿人的真本事，人家表面上跟你客客气气的，可转过脸去，就是另外一副嘴脸了。谁好谁孬，谁的心里没有一杆秤呢？大家都在一口锅里盛饭，人家只不过是看破不说破罢了。要想让别人对你明里暗里都服气，怎么办呢？那就“抓”好自己的长处，揪住不放，玩了命地发扬光大。让别人在一件事上永远赶不上你！人呀，你只要有一个“点”好，你这辈子就成了。

肖大批跟我掏心掏肺的时候，他的两道浓眉看上去犹如两只跳动着的黑色小精灵。

其实细看肖大批，他一点儿也不丑，越看越俊俏。浓眉毛、高鼻梁、黑亮的大眼睛，还有大小适中的嘴巴。师母窦彩莲看上肖师傅，还乐意嫁给他这个平民小个子，不是没有道理呀。

肖大批的思维特别清晰，用组里其他师傅们的话讲——“肖大批，脑系好”。

3

每个师傅除了有干活儿上的绝技，还有生活中的爱好。达伦师傅喜欢滑冰，肖师傅喜欢玩器械。我跟所有人显摆过我师傅们的手艺，不管什么东西，我的师傅们只要能够自己做得来，就绝对不会出去买。出去买生活用品，在他们看来是一件丢人现眼的事儿。比如说哑铃，师傅们都是自己做。

有一天，不知道肖师傅从哪里找来一块青砖，那种颜色特别像天津卫“沙窝萝卜”的颜色。青砖完好无损，有棱有角，没有任何磕碰，感觉像是砖厂刚烧好的。那天下班洗漱后，肖大批把自己洗脸用的涂抹着防锈漆的铁盆，在水池子里结结实实地涮洗干净，又打来一盆透亮冰凉的清水，把青砖泡在铁盆里。我笑问，肖师傅，您这是要把青砖当金鱼养呀？肖大批拍着我的肩膀，戏谑道，你也学会耍贫嘴了？我回道，还不是跟师傅们学的。肖大批

“嘿嘿”地笑了起来。肖大批爱笑，从没看他皱过眉头、耷拉过嘴角。笑起来的肖大批，眉毛更浓更黑了。

肖大批指着青砖对我说，泡一天一夜。我问，泡砖做啥？又不是腌腊八蒜。肖大批摆手说，等我研究好了，你就知道咋回事儿了。我笑了笑，转脸就忘记了。

第二天下班时，肖大批把青砖从铁盆里拿出来，用干布擦干净，笑吟吟地对我说，今天我加班，晚上不回家了，我住宿舍，明天早上你再来看这块砖，变了。

我早把肖大批研究青砖的事儿忘了，他这样一讲，我才想起来，当即来了兴趣。

转天早上，我特地早来了一会儿，倒要看看肖大批能把一块青砖“研究”成什么。果然，肖大批因为住宿舍，早上也来得早。见到我，立刻得意地笑起来，说，我就知道你得早来，你心里存不住事儿，我也是这么个人，不把想做的事儿做好，睡不好觉。

肖大批把手里的蓝布书包放在桌上，从书包里拿出那块青砖。我当即惊呆了，原本一块普通的青砖，如今已经大变模样：青砖稍长的一侧，已经被凿空了，形成了一个抓手；抓手周边是弧形的，看上去特别圆润。

肖大批把右手伸到凿空处，抓住扶手，开始表演起来：或把青砖向上举起，或平伸到前方，然后再做扩胸动作。

做完这些动作，他才告诉我，这块砖已经不是砖了，现在叫“花砖”，有着和哑铃同样的作用。说着，又来了一个“蹲马步”，身板儿挺得直直的，把“花砖”捣出去；在捣出去的过程中，小臂配合腕子，还要做出旋转的动作。肖大批“捣花砖”的姿势非常好看。

我看得入了迷。

肖大批说，我还要再凿一块“花砖”，捣两块“花砖”，两条胳膊都能锻炼。

我尝试了一下，半蹲身子，可才捣了两三下，立刻腰酸腿疼，尤其是双腿，已经绷不住劲儿了，我赶紧直起身子，“呼呼”地喘。

肖大批在旁边说，你得练呀，这身子骨怎么抡得了大锤？以后娶媳妇了，腰没劲儿也不成呀。

那会儿我还不明白“腰”跟“娶媳妇”有啥关联，只是继续摆弄着肖大批用了半个白天外加一夜时间雕刻好的“花砖”，羡慕得不得了，一个劲儿地夸赞说是艺术品。

肖大批撇嘴道，这算啥艺术品呀，我小时候的街坊中，能够雕刻“花砖”的人遍地都是。

肖大批还告诉我，他小时候也住在老城厢，听老辈人讲，清末民初那会儿，老城厢有个绰号叫“刻砖刘”的人，不仅能在青砖上雕刻花鸟鱼虫，还能呈现立体的效果，这还不算，有的还能呈现半立体的效果。

那叫什么来着？对了，叫“透雕”，那才是真本事呢，我这个呀……雕虫小技。

车间里，上班的工人陆续来了。

肖大批赶紧把“花砖”藏起来，他说他刻得不好，让大家看见了，又该损他了。在我眼里，这样的雕刻已经非常不错了，他咋还认为不好看呢？我捉摸不透师傅们，他们手巧得让人叹服，却不张扬，唯恐被别人嘲笑“吹大梨”。

后来干活儿休息时，我问肖大批，那块“花砖”是用什么工具雕刻的？肖大批告诉我，就是一把凿子、一把小榔头，只要掌握好要领，不是难事儿。雕刻“花砖”是刻砖中最简单的手艺。

肖大批太爱玩儿了，除了“捣花砖”，休息时还玩“单腿转”。

铆焊车间的西门外有一座乙炔站。气焊有时也叫气割，气割需要把两种气体混合起来：一种是可燃气体，乙炔；一种是助燃气体，氧气。乙炔不仅有呛人的气味，遇火还有爆炸的危险，所以乙炔站周边不能有其他建筑。一座孤零零的小屋子，还有一圈冰冷的铁栅栏，乙炔站常年有工人驻守。

距离乙炔站两百多米,有一块面积很大的空地,长满了犹如地毯一样的绿色野草。空地上有一个铁架子,悬吊着一根粗大的麻绳,绳子末端绾成一个圆圈。玩的时候把一条腿伸进圆圈里,一只手抓住粗麻绳,然后快速跑起来,借助离心力,人能够飞得老高老高的。师傅们给这个“大玩具”起了一个绰号“单腿转”。铆工师傅特别有意思,不仅要给每个人起个绰号,还要给厂里的所有东西都起个绰号,他们常挂在嘴边儿的话是“没有外号不富呀”。

肖大批带我玩过“单腿转”。别看他个子不高,腿也不长,可他是组里师傅中能够把自己“飞”得最高的。每次玩儿完之后,他一身大汗,满脸通红,仿佛襁褓中的婴儿。

爱玩儿的肖师傅,逮蛐蛐儿也是一把好手。我跟他逮过蛐蛐儿。下班住宿舍,晚上来到厂里,只要往犄角旮旯里走一走,随时随地都能逮到蛐蛐儿。猫下身子,侧耳听着蛐蛐儿叫,哪儿叫得欢去哪儿。用手电筒一照,再用特制的纱网罩一扣;一手握着纱网罩,一手拢住开口处,就把蛐蛐儿给逮住了;再放进提前折叠好的纸筒里,一会儿工夫就能逮住十几只蛐蛐儿,回去再鉴别哪只蛐蛐儿能“咬”,剩下不能“咬”的,就送给小孩子玩儿去了。

肖师傅跟我说过，人又不是机器，哪能天天傻干活儿？还得玩儿呀，玩儿高兴了，干活儿也带劲儿。是不是这个理儿？

我觉得肖师傅说得有道理，本来工作就够累了，每天八小时下来，身子骨像是“脱骨扒鸡”，累得骨头缝都要裂开了，要是再不找些乐子，转天还怎么接着干活儿呀？

4

肖师傅给我介绍过对象，更准确地说，是师母窦彩莲给我介绍过。

自从窦彩莲在班组见过我之后，就跟肖师傅说，你们组里的小武好。后来又从肖大批那里知道我经常收到印有“编辑部”字样的大信封，对我的印象就像是踩着一个凳子，更是“高”看我好几眼，她不止一次对肖大批认真地说，小武那孩子将来肯定能当记者。

我们车间的职工信件，每天有规定的发放时间。快到吃午饭时，工人们站在锅炉房前面的空地上，等办公室干部把大笼屉从热灶上抬出来。就在大家等着拿饭盒的那会儿，办公室干部开始发放信件，手里拿着一沓信件，看一下，高喊一声，工人们听到有自己的信，就会高声答应一下，然后挤过去接。每当喊到我时，办公室干部还会特意加上一句“编辑部寄来的”。那时候我写得多、寄得多、退得多，因为经常接到印有“编辑部”字样的大信封，很快我就成为车间的“新闻人物”，好多师傅见我便说“把你发表的东西给我们看看”，自尊心很强的我立刻敷衍道“写得不好”，想把这个话题快点儿搪塞过去，后来我就把通信地址写到家里，不敢再写到车间了。至于“当作家、当记者”这事儿，之前也讲过，工人们把所有会写文章的文化人统称为“记者”。车间工人这样讲，街坊邻居也这样讲，在大家的印象中，“记者”是所有文化人的代称。

窦彩莲给我介绍的对象，是她父亲厂里的女工。相亲地点在肖师傅家，南市食品街附近一条窄小脏乱的胡同里。食品街是天津的著名景观，在十字形的街道中，汇聚了天津本地和全国各地的美食。20世纪80年代，外地人来天津卫，都要去食品街吃顿饭，饭后再买上一盒“十八街麻花”或是“崩豆张”“果仁张”之类的天津小吃带回去，这才算是到了天津卫。

我本来不想去相亲，学徒两年才刚出师，工资刚刚涨到二十三块，手头没有任何存款，母亲逼我为娶媳妇存的钱，也都被我偷摸取出来买了书，如今又要搞对象，肯定会增加花销，怎么也得请人家看场电影吧，还不都是花钱的事儿。

肖大批害怕老婆窦彩莲,他用央求的语气跟我说,相个亲,对不上眼没关系,你要是不去,我们那口子你还不知道?你也见过她,多厉害呀,她不得把我撕碎了扔垃圾箱里!

我被肖师傅描绘的后果吓坏了,我见识过师母窦彩莲的“英姿”,也就缩着脖子答应了。

到了公休日那天,我到了肖师傅家,师母窦彩莲拿着一个扫炕笤帚,站在院门口,一边掸着身上的土,一边热情地迎接我;把我领进屋,马上端来水让我喝;窦彩莲还特意告诉我,这是专给我沏好的“麦乳精”。

窦彩莲热情道,趁热喝,凉了喝闹肚子。说着话,又把摆放在托盘里的花生米、瓜子拿出来摆在我面前。托盘里的花生米和瓜子分别放在托盘的两端,中间用一溜儿糖果分开,泾渭分明,煞是好看。师母窦彩莲看上去大大咧咧,其实是个细致的人,摆放小零食都那么讲究。

窦彩莲上下打量着我,用手拍着大腿说,你做得对,搞对象见面,就得男的先到,懂理儿的孩子。男的只要讲理儿,啥事儿就都好办。说完,转脸看了看旁边的肖大批。

肖大批委屈道,我没讲理儿吗?你是咱家领导,你心里不清楚?

窦彩莲眼睛一瞪,道,我这话的意思,是你还得继续努力,听不懂吗?

肖大批脸红了,赶紧去院子里的小厨房。小厨房很矮,需要猫下身子烧水,大半个身子露在外面。尤其是屁股撅在外面,犹如传说中的鸵鸟。

女方来了。

窦彩莲喊着"小徐真漂亮",拉着小徐坐下来。

我觉得小徐特别面熟,长得像谁呢?像日本电影《望乡》里的女演员栗原小卷。虽然小徐漂亮,但是穿着非常朴素:上身是带点儿掐腰的蓝色便服,小翻领里面露出印着小花朵的浅色衬衫,下面是一条绿军裤,脚上是一双条绒偏带布鞋。

小徐在我爸厂里上班三年了,人长得好看,工作干得也好。她现在在腐乳车间,不怕脏,不怕累。窦彩莲拉着小徐的手,跟我介绍起来,说着说着,又像发现新情况一样,声调高起来,哟哟哟,你瞅瞅小徐这孩子的手,又白又嫩的,都能掐出一嘟噜水来。

窦彩莲看向我,你知道咋回事儿吗?

我红着脸,摇摇头。

经过窦彩莲的解释我才知道,腐乳车间是高温车间,冬天车间都得有四十多度,夏天更高,得有六七十度。工人每天都要在高温环境下跟豆腐打交道,所以男女职工的脸皮都挺白的,一双手也是又白又细又嫩。

我拿眼睛扫了一眼小徐的手,触电一样闪开,果然跟窦彩莲说的一样。那会儿我想起中学课本里的一句话"指若削葱根",把这句话用来形容小徐的双手,特别精确。

小徐从进门那刻起始终不说话,只是不住地笑。这一点可不像我们车间里的女工,我们车间的电气焊女工,无论丑俊,都是大嗓门,也难怪那些女工大嗓门,车间噪音大,不扯着脖子讲话,对方听不见。日久天长,全都练成了大嗓门。

我在窦彩莲的鼓励下,简单地介绍了自己,还特别说了自己喜欢写作。窦彩莲立刻接住我的话头儿说,小武这孩子将来肯定有大前途,肯定能当记者。现在咱可就说好了,你将来当了大记者,可不能欺负我们小徐,更不能当那个忘恩负义的陈世美。

我觉得自己的脸被窦彩莲说红了,肯定比红布还要红。这才刚见面呀,连话都还没讲、手都还没牵,怎么就陈世美了?

小徐依旧红着脸,还是不说话。

窦彩莲对小徐说,你得说句话呀,说说你的情况。

长得像栗原小卷的小徐，不说话就是十足的大美女，可她一说话，我当即就没了想法。小徐操着一口纯正的带有严重“齿音字”的天津话。这让我大失所望。我除了上班时间跟师傅说天津话，其余场合均努力地讲“北京话”。

那时候天津人有说“北京话”的情结，这种情结弥漫在社会的各个层面。天津卫有上进心的父母，都希望自己孩子讲“北京话”，会在各种场合教训不讲“北京话”的自家孩子，教训的时候还会搭配着严厉的表情。我父母都是山东人，我是受到山东话和天津话“两面夹击”长大的孩子，天津话、北京话说得都不好，但不像小徐“齿音字”那样严重。

那次跟小徐见面后，尽管相互留下了地址，说好了要写信，但我没有主动写信。“栗原小卷”毕竟是女孩子，也不会主动给男方写信，所以我们的姻缘在见过一面之后，就这样远逝了。

后来听肖大批讲，窦彩莲得知我没看上的原因后，在屋里转磨磨儿，一个劲儿地骂我“倒霉孩子”，天津人不讲天津话，难道非得讲“北京话”？

那会儿天津民间好多人把“普通话”和“北京话”完全混淆了，认为说“北京话”就是说“普通话”。

肖大批得知我不中意小徐，表情也很痛苦，他带着遗憾的表情跟我嘟囔道，小徐人多好呀，又温柔又好看，打着灯笼都难找呀！你怎么就嫌人家说话不好听呀？小徐比你嫂子强百倍呀，不，强千倍，难怪你嫂子说你“倒霉孩子”呢，我看也是。

肖大批望着脑瓜顶上轰隆隆的天车，像是想起什么，强硬道，将来我就让我儿子讲天津话。天津人干吗不讲天津话？“北京话”那是在课堂上说的，过日子不就得讲本地话吗？

肖大批盯着我的眼睛，又说，天津卫老娘们儿去菜市场买菜、买虾、买鱼，第一句先问“是本地的吗”，不是本地的还不买呢。你怎么就非得找个说“北京话”的媳妇呢？人家小徐又好看又能干，还是本地的。要不，我再帮你说说？

见我还是摇头，肖大批气得转身就走了。

有一段时间，肖大批不搭理我，就像达伦师傅不搭理我一样。不过，达伦师傅是因为我干坏了活儿不搭理我，肖大批则是因为他认为我脑子进了水犯傻，把那么好看的媳妇硬是给赶走了！

5

我离开工厂多年后，有一天领着刚上小学的外甥去市少年宫报名航模培训班。

少年宫在老城厢的东马路上。一幢方方正正的红砖建筑,看上去像个大仓库,可这里却是全国成立最早的少年宫之一。我上小学时在这里看过电影《渡江侦察记》,还看过《苦菜花》。我记得影院里的座椅都是竹子的,平时侧立在座椅后背上,坐下时需要往下按一下,抬起屁股后,座椅又会自动弹起来,散场时影院里到处都是竹椅子相互碰撞的声音。

少年宫是座历史建筑,20世纪初期由美国人建设,建筑材料都是从美国空运过来的,最初是基督教青年会的房产,里面有室内篮球馆,地面是颜色发黄的弹簧地板。新中国成立后不久,这里改成了少年宫。

我带着外甥登上台阶,正要推门进去,正巧遇上肖大批肖师傅出来。我们短暂握手后,肖大批把我拉进过厅里,看得出来他要跟我说两句话再走。

几年没见,肖大批变了一个人似的,脸上带着幸福的亮光。他穿着一身挺括的深色西装,扎着红色领带,一双皮鞋擦得锃亮,把鞋子周边的地面都给照亮了。我早就听说,肖大批是我们铆焊车间第一个穿西装的人,也是第一个扎领带的人。如今,肖师傅一身西装出现在少年宫,肯定有重大事情。

肖大批先问我来这里做啥？我指着外甥,说了缘由。

又问他来这里做啥？肖大批赶紧把手里提着的“人造革”黑皮包打开，拿出少年宫给他儿子的表彰证书。原来，他儿子刚刚获得全市中小学围棋大赛小学组冠军。

肖大批的儿子叫肖前，属虎，乳名也叫小虎。以前我在肖师傅家里见过小虎，印象中他就是一个流着清鼻涕的小屁孩儿，长得特别像肖大批，一点儿不像师母窦彩莲，这爷俩连走路姿势都一个样子。没想到，如今小虎已经上学了，还拿了围棋冠军。

肖大批得意地告诉我，小虎这孩子能有今天，完全是他培养的，别看他老婆窦彩莲天天咋咋呼呼的，根本不会教育孩子。

肖大批拉住我，用师傅跟徒弟的语气，激动地跟我说，你以后结婚了、有了孩子，一定要自己看，千万不要让姥姥看。天津卫有个习俗，孩子都由姥姥看。我就是把住了这一关，坚决不让姥姥看！

我连连点头，向他祝贺。

肖大批看了看抓着我胳膊的我外甥，问道，他现在……谁看？我告诉他，这孩子一岁多就住在姥姥家，是我母亲带大的。肖大批立刻垂头丧气道，又是姥姥？完了完了。说完，一副世界末日的神情。

我想要跟肖师傅告别。

可是肖大批意犹未尽，不想走，继续跟我说，过去天津卫有句老话，做生意不能找“三爷”——姑爷、舅爷、少爷，都不能找。其实呀，还应该加上一条，“白眼儿”不能让姥姥看。我说话有点儿绝，你别在意。

我尬笑着，连说“不在意”。

肖大批终于向我告别，走了。我站在过厅里，望着下台阶的肖大批矮小却轩昂的背影。

外甥小声问我，老舅，这是谁呀？他怎么骂我姥姥？

我笑起来，拉着外甥往里走。

外甥继续问我，这是谁？

我说是我过去工厂里的师傅。

七岁的外甥问我，师傅是谁呀？

我望着虽然已经老旧但依然遮掩不住往昔豪华的厅堂说，师傅，姓师，叫师傅。

外甥眨巴着眼睛，连说听不懂，随后甩开我的手，独自往前跑去。大理石的地面上，跳跃着孩子清脆的脚步声。

风砂轮·老朱

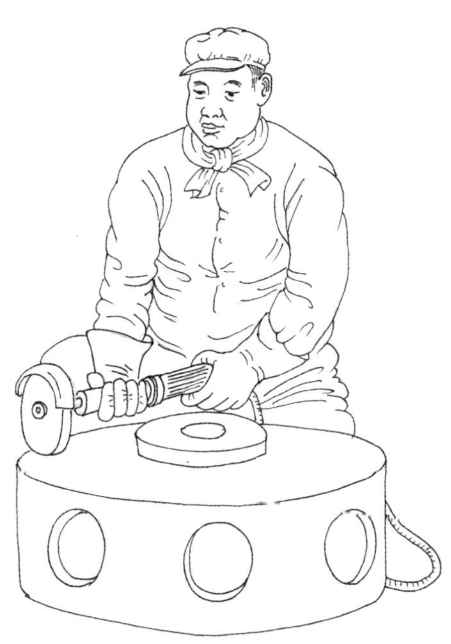

1

老朱师傅一米八几的身高，跟杨伟东个子差不多，跟"闷驴子"张大力的体格不相上下。但是老朱师傅身板厚实，该长肉的地方、不该长肉的地方他都长肉了。肉多，人就显得臃肿。穿衣服多的冬天、穿衣服少的夏天，这两个季节看他，都像是一块儿刚刚放到案板上的肥肉。

老朱师傅姓朱，也确有"猪"的风采。这样讲有些不礼貌，但这话不是别人讲的，是老朱师傅自己讲的。他在许多场合尤其是在吃饭的时候，嘴里嚼着猪肉饺子或是香香的粉肠，说，我上辈子一定是头猪，肯定还是一头大肥猪。说这话时，他的神态还真像一头饱经风霜、闯荡江湖的老猪。

我不止一次偷偷端详老朱师傅吃饭的姿势，他跟别人不一样。一般人吃饭，甭管拿筷子还是拿勺子，夹好菜和饭，下一个动作就是送进嘴里。老朱师傅不是，他是用嘴凑近饭盒，筷子和勺子不过是他嘴巴和饭盒之间短短的踏板。从远处看老朱师傅吃饭,跟他自己形容的一样,大胖脑袋好像扎进了饭盒里,真像是一头老猪扎进盛满饭食的槽子里。

自己拿自己找乐子,那就没有嘲讽、欺辱、污蔑之说,只能证明内心强大,真正把日子“过开了”“活开了”。在这个世界上还没有一件“拿自己找乐子”给自己带来法律风险的案例。“派所儿”警察来了,也拿你没办法。我没糟践别人,糟践我自己,管得着吗?

老朱师傅的风格特别像过去天津卫地面上的强人。举个例子:上海滩的强人,拿着白刀子去捅别人的肚子;天津卫的强人不去攻击别人,而是气势汹汹地拿着一把大攮子,眼睛看着你,刀尖翻转,朝着自己的肚子扎下去,在这个刀刃向内的过程中,始终面带微笑,一派镇定自若的大将风度。那阵势,早就把想要找碴儿的对方给吓跑了。都是一种狠,都是一种强,一个向外,一个向内。外埠的人们面对天津卫强人的做派,真是能给吓傻了,没看见过这样的强人,当即脑袋蒙了,随后脸白了、腿颤抖,不理解天津卫强人为何这样?凡是不理解这种做派的人,他们一定没有听过天津卫的相声,只要是听过了天津卫的相声,回家坐在床头上仔仔细细地琢磨,就会完全明白这种“刀子向内不向外”的原因。天津卫相声是拿自己或拿捧哏的找乐子，从来不拿台下的观众找乐子，即使拿外人找乐子，也是“现挂”同行。实在没词儿了都不会拿观众找乐子。为啥？因为观众是衣食父母，你怎么能拿“爹娘”找乐子呢？那还有规矩吗？

从外表看，身强体壮的老朱师傅绝对是强者，同时他又是一个能拿自己找乐子的强者，单凭这一点就可以坚定地相信，老朱师傅不仅外表强大，内心也极为强悍。任何事情只要深究就会发现其深层次的原因。原来，老朱师傅必须内心强大，要是不强大，他就没法儿活了——他脚臭。

男人脚臭没什么，臭男人臭男人嘛，但是老朱师傅的脚可不是一般的臭。我至今还清晰地记得刚上班时的场景。夏天下班后，要是嫌麻烦不去厂里澡堂子洗澡的话，每个人都会找个地方，光着膀子，穿个小裤衩，用大铁盆来洗漱。这会儿，电气焊女工们都去了有围挡的地方，也就是所谓的更衣室进行洗漱，她们看不见外面这帮夏季里只是穿着短裤洗漱的铆工们。

洗漱的过程是这样的：先是洗手、洗脸、洗胳膊，然后“原汤化原食”，再用那盆水洗脚丫子。洗脚时没有板凳坐，也从来没人想过坐板凳，都是站着洗。先洗一只脚，擦干后，再洗另一只脚，要是赶上好几个人同时单腿站立擦脚，那姿态就像是动作整齐、令人发笑的几只“丹顶鹤”。

我洗着洗着，忽然闻到一股奇臭无比的味道。那不是一般的臭味儿，是让人恶心得马上就要呕吐的臭味儿，要用四个字来形容，我立刻想到的是“痛不欲生”或“生不如死”，天底下怎么会有这么臭的脚呢？

我的表情还有寻找臭味儿的肢体动作，让肖大批和达伦看见了，他们俩相视一笑，然后用目光指引我。我顺着他俩的目光，看向站在工件旁边洗脚丫子的老朱师傅。肖大批和达伦朝我会意地笑了笑，那眼神我是看明白了，意思是你终于找着臭味儿的来源了。

老朱师傅有一双臭脚。所以，他的绰号是“臭脚”。因为知道自己脚臭，所以不管多冷的天，老朱师傅都是光脚穿“大头鞋”，从来不穿袜子，鞋带系得松松散散的，“大头鞋”好像随时都可能被甩出去。我是这么猜想的，老朱师傅光脚穿鞋，可能是觉得没有袜子包裹，臭味儿不断散发，这样到下班洗脚的时候臭气不会那么浓烈。假如真是这样的话，老朱师傅显然失败了。即使老朱师傅冬天不穿袜子，只要脱了鞋，脚丫子依然臭不可闻。

老朱师傅喜欢拿自己的缺陷开玩笑、找乐子。但是这种玩笑、这种乐子，只能由他自己开自己找，别人绝对不可以，甚至别人都不能接他的话茬儿，要是别人当面拿他的臭脚开玩笑，哪怕就是轻轻地说一句，他都会用一双凸起的大眼珠子瞪着说话的人。他庞大的身躯还有凶狠的大眼珠子，让拿他开玩笑的人胆战心惊，从此以后再也不敢调侃他了。但要是旁人在背后说他脚臭，他不恼，即使耳朵偶尔“扫”到了几句，他也不着急，扭过头，闲庭信步地“晃”过去，假装没听见。单凭这一点，我就认定老朱师傅是个讲道理的人，也是个有“外面儿”的人。

老朱师傅有着自己敞亮的观点，他经常咧着大嘴阐述自己的生活哲理，只要不在人前说我的坏话，背后愿意咋讲就咋讲，我又不是别人嘴里的牙、别人嘴里的舌头，更不是别人肚子里的虫子，他爱讲啥就讲啥，我管不了。随后又自我安慰地补上一句，背后说我就让他背后说去吧，反正我也少不了一块肉。

老朱师傅非常在意自己身上的肉，只要不跟身上的肉扯上瓜葛，他好像都不在意，永远是一副逍遥自在的神情。后来我琢磨这事儿，才发现这是老朱师傅的一个计策。同事们整天闻他的臭脚丫子，他要是不拿自己开个玩笑、找个乐子，还怎么让人家活呀？他不过是让同事心里平衡平衡罢了。只要这种平衡不伤他的自尊心，旁人在背后说些啥，他也就不在乎了。

老朱师傅是个脚臭的人，但他从来不会为自己的臭脚而有丝毫的自卑。他在好多场合亮着嗓子说，人呀，甭管你身子骨多么结实，每个人身上都有隐藏的毒火，身上有毒火不可怕，怕就怕没有走毒火的道儿；又接着讲，这么说吧，有的人走鼻头儿，上点儿火，鼻子就起红疙瘩；有的人，毒火走下三路，放臭屁，拉不出屎。我呢？走脚。臭味儿全跑脚上去了。脚臭，身子没病！五脏六腑都没病！你们就说值不值吧？用一双臭脚挽救了肠子、肚子、心、肝、肺，多值呀！

好几个师傅私下里跟我讲，老朱的话还真不是自吹自擂。他从1970年进厂到现在，十年中没有得过大病，没有请过病假，年年都拿全勤奖！

我一想……可不是呗，我1980年进厂，他1970年进厂，可不是十年的光景呗……十年没得过病，连个感冒发烧都没得过，没有请过一天病假，老朱师傅比刀枪不入的孙猴子都厉害！

肖大批在一旁哼了一声，说，照他这么讲，臭脚的好处太多了，我都想是个臭脚了。

“卷毛孙”在一旁小声搭茬儿道，哦，脚臭、臭脚……原来还有医学道理。啧啧啧！

2

每年我去给师傅们拜年前，师傅们都实诚地嘱咐我，千万不要买东西，上门拜年已经不赖了，我们领情了。我也实诚，攥着两只空手去拜年。话又说回来，我也没钱，我总不能找我妈要钱买东西呀。我妈始终督促我存钱、存钱、存钱，从年轻时就要有长远打算。我妈嘴里的“长远打算”就是存钱娶媳妇。

每年我都攥着两拳空气去给师傅们拜年，师傅们特别高兴，他们没有心理负担。大过年的早上，徒弟蹬了一个多小时的自行车，小脸蛋冻得红红的，迎着凛冽的寒风来家里拜年，真情实感已经到家了，谁还在乎那几个苹果、几根香蕉呢？

那年，我去老朱师傅家拜年。

老朱师傅家在红桥区，距离清末民初声名远扬的竹竿巷不远。我小学时经常去三条石历史博物馆接受革命教育。从老城里到三条石大街，竹竿巷、针市街那一带是必经之路。

竹竿巷又窄又短，大概两米宽，三百多米长。这条羊肠子一样的细胡同在清代康熙年间就有了。到了20世纪二三十年代，几十家大银号、棉纱庄、杂货庄，还有茶庄，集中在这里经营。这里巷子短、围墙高，不会发生盗窃抢劫案件。另外，竹竿巷距离河边近，运送货物走水路既方便又省钱。竹竿巷的地面都是青色大条石，院墙磨砖对缝，大门黑漆闪亮，金字牌匾高高在上。院墙里面更是别有洞天。全都是四合院。据说家家都有地道，金条银锭就藏在地下金库里。金库是用外国水泥砌造的，还要加上厚厚的钢板。贼人要想挖地道进入金库，门儿都没有。

就是这么一条不起眼的、用不值钱的竹竿命名的小巷子，每天码放三千万两白银，曾经号称北方的“银窝子”。小巷稍微有个风吹草动，都能影响到整个北方的银行汇率。外国银行要在天津卫办理汇款，小到几万，大到几十万，都是以竹竿巷公记经纪人开盘和收盘的行市作为依据。

竹竿巷有一家麻袋铺子，手工缝制盛放白银的小麻袋，因为结实耐用又漂亮好看，巷子里的银号都从这家麻袋铺子订货，就是这样一家不起眼的小作坊，几年以后竟然发了大财。单凭这一点，不用走脑子，拿脚脖子想都能猜出来，竹竿巷每天得有多少白银进出。

老朱师傅家不在竹竿巷，在旁边的针市街。

针市街同样赫赫有名。街道也很窄巴，比竹竿巷稍微宽点儿。早年间,针市街上都是外埠客栈,山西人、广东人特别多,那时候南边的广东人要想发大财都来天津卫淘金,“南蛮子”们住在针市街的客栈里,把自家票号放在旁边的竹竿巷,这样一旦买卖成功,钱款就能立刻划拨,既安全又方便。

我小时候来针市街,记得跟竹竿巷一样,地面也是干净闪光的青条石。但在20世纪80年代,我再来时发现,针市街已经改成沥青地面了,也不知道那些青条石去了哪里。

我推开黑漆斑驳的院门,在院子里高喊了一声:“朱师傅,给您拜年来了。”

院子有六间房,看房子门前的布置,应该住了六户人家。老朱师傅家在南向的中间屋。听到我喊声的老朱师傅打开屋门,一股热气和他一张胖脸,全都一股脑地涌出来。

老朱师傅几步上前,一把拽住我的手,热情地招呼我进屋去,嘴上还不忘笑一声:“小手太凉了,快点儿进屋,暖和暖和。”

老朱师傅还没有结婚,跟爹娘一起住。我刚进厂时,好多师傅都还没结婚呢。

一间十几平方米的屋子,三口人住,现在听来有些不可思议,但在当时还算不错。老朱师傅长相随娘,娘儿俩要是走在大街上,根本不用介绍,一看就是亲娘儿俩。我下意识看老朱师傅的脚,他穿着一双白色线袜子,很厚的样子,我悄悄嗅了下鼻子,屋里竟然没有一点儿臭味儿。

老两口儿一人抓了一把花生、瓜子和糖果,先后放在了桌子上。他们站在我面前,看着我把糖纸撕下来,然后把糖吃进嘴里,这才笑呵呵地转过身子,慢慢地坐了下来。

坐了没一会儿,老朱师傅跟我挤眉弄眼道,上房看看去?

我心想,我是来拜年的,屁股还没坐热,怎么就要把我"请"上房?让我上房顶上喝西北风呀?

老朱师傅见我满脸疑惑,笑道,上了房,你就知道咋回事儿了。

虽然院子小,但是窗户旁边紧贴着墙壁有一个竖立的木梯子。看得出来,这个木梯子是老朱师傅自己做的,卯榫的地方还用三角铁进行加固。老朱师傅这么庞大的身躯,双手扶住梯子,立刻变成一只灵巧的猴子,"噌噌噌"几下子就上了房顶,木梯子没有发出"吱吱"声。

我比老朱师傅登梯子的速度慢,上了房才发现,原本带坡的屋顶,面向阳光的一面,老朱师傅用木板条改造成了一个五六平方米的小平台;平台上面有一个三层带栏杆的小木屋,小木屋上方迎风招展着一面红色旗帜;小木屋里传来“咕咕”声,一只只鸽子的小脑瓜儿,在细条栏杆后面躲躲闪闪。

原来屋顶上有个鸽子窝。

我知道老朱师傅养鸽子,但不知道他养了这么多。问了,老朱师傅告诉我有五十多只。

房顶上面还有一个白木杈儿的小板凳,老朱师傅让我坐在小板凳上,看他如何打扫鸽笼,看鸽子飞翔的壮观场景。

老朱师傅说着话,打开了鸽笼,几十只鸽子争先恐后地冲出笼子。鸽子脚上有鸽哨,飞起来的时候,悠扬的哨声响彻天空。

老朱师傅戴着一副白线手套,手里拿着扫帚和簸箕,打扫了一会儿,他直起腰,望着在他头顶上盘旋的鸽群,胖胖的脸上露出孩子般的笑容。我也禁不住站起来,向着天空中的鸽子们挥手致意。

老朱师傅一边打扫鸽笼,一边回答我的幼稚问题。

老朱师傅说他养的都是信鸽,还都是中国品种。有李梅龄鸽、昆明森林黑,还有戴盔鸽、小麻佐。老朱师傅讲的都是专业术语,这些名字我从来没听说过。过去我们胡同也有养鸽子的，他们说到鸽子品种时讲的都是土话，什么“点子”“臭喽”“鼻串子”，老朱师傅讲鸽子说的都是文辞儿，听上去专业性很强。

老朱师傅还告诉我，他养的这些鸽子都有证件，每只鸽子都有户口，都是在信鸽协会注册过的，没有一个“盲流儿”。

在我的小学时代和中学时代，我见过邻居们养鸽子，也就是三五只，老朱师傅居然养了五十多只。自从养了这些鸽子，老朱师傅七八年没出过远门，因为每天都要打扫鸽笼，给鸽子喂食、换水；还要把周围的环境卫生搞好，院子里、胡同里哪怕飘落一根鸽子毛，老朱师傅都会及时打扫清理。

养鸽子不能脏乱差，还要搞好邻里关系。老朱师傅说，邻居们谁家有喜事，需要我这些鸽子站脚助威、热闹热闹，我一定帮忙。

我听不明白，鸽子咋还能给邻居站脚助威？难道它们还会敲锣打鼓？还会唱歌跳舞？

老朱师傅解释后我才明白。

原来邻居们家里有喜事，比如娶媳妇、生孩子、老人过生日、孩子考大学……老朱师傅就用放飞信鸽的办法，给邻居们助兴添彩。这样一来，谁还会讨厌他的鸽子呢？

想想吧，八九十岁的老太太过生日，被儿女们、孙伙计们推着轮椅，来到阳光灿烂的大街上，面对着五六十只在眼前飞翔的鸽子，抿着没牙的嘴巴笑起来，老太太都对鸽子们欢笑了，小辈们谁还敢说鸽子的坏话？别说讲坏话了，就是噘一下嘴巴都不敢！

我恭维老朱师傅，您这招儿高，真是太高了，把鸽子们裹上糖，变成一颗颗糖衣炮弹，一打一个准儿。

老朱师傅尬笑但又得意道，这也是没办法的事儿，你要说养鸽子不打扰邻居，那是大瞎话。你自己高兴了，也得让邻居们高兴。咋办？就得劳驾鸽子们，让它们为邻居们做点儿好事。都是老街坊，抬头不见低头见，就得想个好办法，是不是这个理儿？

老朱师傅这样一讲，我就想起我家过去住平房的时候，经常见到养鸽子的人家跟邻居打架，动刀子的事情都发生过，老朱师傅养了这么多鸽子，还能把邻里关系处好，真是不简单。

老朱师傅继续得意道，啥事儿都得想办法，事儿处理不好，谁也别怨，怨自己没走脑子。

我仔细咂摸着老朱师傅的每句话，觉得句句在理。那会儿我忽然发现，挨他那么近，竟然没有嗅到一点儿臭味儿。真是奇怪了！

只要说起鸽子，老朱师傅就滔滔不绝，感觉他的话多得能把针市街灌满了。

自从去过老朱师傅家，看他打扫过鸽笼后，我们再在一起时，就经常说起有关鸽子的话题。

有一次，我跟老朱师傅磨风砂轮，累了，喘口气，喝点儿水，不知道为什么又说起了鸽子。老朱师傅讲，你以为养鸽子那么简单？给口吃的，打扫打扫鸽笼，然后放飞出去，再看着它们一个个“咕噜、咕噜”地回来，就完事儿了？可是没那么简单。

我问道，有啥不简单？

养鸽子也是一门学问，要经常琢磨，养鸽子才有趣。老朱师傅开始讲他的“养鸽经”，人有人道，鸽有鸽道，你以为鸽子是个不长脑子的傻小子，出了鸽笼就傻乎乎地飞？它们从哪儿走、从哪儿回，怎么躲避老鹰之类的天敌，鸽子们心里有谱儿。它们顺着河流走，利用空气流动飞，它们出行上千公里，最后都能安全地回家。靠的是啥？靠的是鸽子道。

我喜欢听老朱师傅讲他养鸽子的事儿，怎么照料生产的母鸽子，“坐月子”期间母鸽子吃什么，夏天怎么防暑降温，人喝绿豆汤，鸽子也要吃绿豆……老朱师傅讲得头头是道。

外行看热闹，内行看门道。老朱师傅总结道，养鸽子是这样，听戏也是这样。世上所有的事儿，细究起来，都是一个理儿。

老朱师傅爱好广泛，除了养鸽子，他还喜欢听评戏，高兴时还能唱上两句。老朱师傅唱戏时的嗓音跟他平时说话的腔调完全不搭界，好像是远隔千山万水的两个人。

有一次，老朱师傅问我喜不喜欢评戏。我说我妈喜欢，电匣子只要有《刘巧儿》，我妈就把音量调到最大。街坊邻居中喜欢评戏的人特别多，大姑娘小媳妇，就连穿着蓝色跨栏背心、花色大裤衩子、趿拉着凉鞋的大老爷们儿也能捏着嗓子、翘着兰花指，哼唱几句"巧儿我自幼儿许配赵家，我和柱儿不认识，我怎能嫁他呀……呀呀呀呀……"。

老朱师傅说，听戏得到剧场，听电匣子不带劲儿。我问他去哪儿的剧场？老朱笑道，南市。又说，哪天你要是想听评戏，跟我去，我请客。

没多久，老朱师傅就带着我去南市听评戏。

20世纪70年代初期，我家搬离老城厢，在南市地区住过几年后又搬离，反正那些年总是在搬家。那时候年岁小，特别喜欢南市地区的热闹，出了家门，到处都是电影院、戏院和剧院。什么共和戏院、群英电影院、长城影剧院、南门外电影院，还有淮海影院、新闻电影院。搬家离开南市以后，我也上了班，到家时间老晚了，很少再去南市地区看电影了。

本来那次约在星期天下午两点，可是午饭过后，我提前一小时就去了，主要是想回忆少年岁月。因为去得早，我在已经破旧脏乱的街上慢慢溜达，东看一眼，西瞅一眼，发现过去的影剧院都被分割成了一个个面积很小的录像厅。从外面的招贴画能够看出来，录像片内容大多是香港武打片，也有轻松搞笑的喜剧片，过去的“朝鲜电影哭哭笑笑、越南电影飞机大炮、阿尔巴尼亚电影莫名其妙、罗马尼亚电影搂搂抱抱、中国电影新闻简报”已经没有了，即使有，也是很少了。

我站在过去新闻电影院对面一家土产店的高台阶上，迎着秋日阳光，等老朱师傅。

比约定时间早来十分钟的老朱师傅，见到我后，拍了一下我的胳膊，说，我就喜欢比约定时间早来一会儿的人，这样的人值得深交。

老朱师傅穿着一身洗得很旧的“中山装”，领子上有用白线钩织的带有狗牙边的“假领子”。这种“假领子”过去戴的人特别多，还是时髦的装饰品。自从街面上有了

“蛤蟆镜”和“喇叭裤”后，戴这种“假领子”的人就很少了。细想起来，老朱师傅年龄也不大，却还戴着过时老旧的“假领子”，有些怪异。

老朱师傅看我盯着他的“假领子”，笑着说，这是我妹妹以前给我织的，我舍不得拆，留着吧，算是一个念想。

我有些懵懂，一时没搞明白这个“念想”是咋回事儿，想要问问老朱师傅，他却已经转身走在前面了。我加快脚步，跟在他后面，往和平路方向走。到了和平路上，又向左拐，站在了一家剧场门前。

四十多年过去了，我已经完全不记得那家剧场叫什么名字了，剧场里面的场景，却记得清楚。和其他被改造成录像厅的影剧院一样，这家剧院也被分割成了两部分，分别上演不同的剧目。我和老朱师傅走进被改造成专门上演评戏的小剧场。

小剧场能够容纳三十多位观众。除了保留了原先放映电影的台子，早先的影剧院布局已经彻底改变。一排排桌椅被拆除了，变成了吃饭用的桌子和没有后背倚靠的高腿板凳。水泥地面坑洼不平，走路小心点儿倒不会绊倒。桌面上的油漆已经剥落，好像在野地里放了好长时间了。

小剧场门票多少钱，因为时间过去太久，我不记得了。又因为是老朱师傅请客,我也没有细问,如今回想起来,一张门票可能是五块钱。在进门左侧的墙壁上,贴有茶水、小吃价目表,一壶茶一块钱,可以随便续水,不再另收费用;门的右侧,是一张长条桌子,上面摆满了竹编暖水壶,挨得特别紧,拿壶的时候,需要格外小心。

老朱师傅要了一壶茉莉花茶,小声跟我说,这儿的茶叶不咋地,咱俩凑合喝吧,比白开水好点儿,带点儿味儿。

一个跛脚的老年服务员走过来,把一个茶壶嘴有磕碰的扁圆形茶壶放在我们眼前的桌子上;过了一会儿,又拿过来一个竹编暖水瓶,告诉我们暖壶要是没水了,可以到后面桌子上替换。

老朱师傅轻车熟路地把暖壶里的热水倒进茶壶里。他倒得不多,稍微晃荡下茶壶,把茶壶里的水倒在桌子下边的小水桶里,再往茶壶里添水。在这里喝茶水,不用杯子,都是用吃饭的大碗,每个碗都豁了边。

快要开演了,小剧场里坐满了人。我左右看了看,都是老年人,他们穿着随便,虽然已经是秋天了,有的老头子还是光脚穿拖鞋。看得出来,他们住得离剧场不远。

表演开始了,是老戏迷们熟悉的剧目——《陈三两爬堂》。

简陋的布景、简单的道具,但是有着唱腔极好的演员，尤其是扮演“陈三两”的女演员，一张口就赢得了满堂彩。虽然“陈三两”化着妆，但也能看出她的年龄，没有五十岁，也有四十九岁。她的身材已经胖得走样，衣服紧绷绷的。化妆技术太一般了，像个大花脸。她唯一的优势就是嗓子好，演唱卖力气，特别是到了“陈三两”跪在地上、面对坐在判席上面的官老爷时，她竟然跪唱了半个小时。剧场里面通风设备不太好，“陈三两”脸上开始淌汗，加上她入戏深，完全是在哭泣状态下演唱，脸上妆容很快就混乱不堪。但是小剧场内鸦雀无声，没人挑剔演员的化妆技术，只是关注表演如何、唱功怎样。

我看得入了迷。

忽然，身边传来低低的抽泣声，我扭头一看，老朱师傅竟然哭了，像个大孩子，用手背不断抹眼泪；他不时地摸着上衣口袋，偶尔也会摸一摸“假领子”。我不敢直视，只是偶尔偏过头，瞄一眼老朱师傅。

当“陈三两”唱道“三篇文章作得好，御笔钦点状元公……我二弟王子明……钦试文卷中榜眼，皇王榜上第二名”时，老朱师傅又摸了摸上衣口袋。

我纳闷老朱师傅的奇怪举动。

演出终于结束了，原本嗑着瓜子、喝着茶水的观众，齐刷刷地站起来给谢幕的演员们鼓掌，演员们鞠躬致谢。

走出剧场时,已经是下午五点了。起风了,虽然风不大,但是吹得街边的纸屑和尘土飞扬,呛得人一个劲儿地咳嗽。

南市地区太老了,房子老,街道老,风也老了。

老朱师傅站住,跟我握手告别。他见我有心事,猜出来我想要问他什么。我也看得出来,他也想说点儿什么。他把上衣口袋解开,拿出一个折叠整齐的白纸包,小心翼翼地打开白纸包,一张已经发黄的一寸黑白照片,安静地躺在老朱师傅的手心里。

我拿起那张照片。照片上是一个女孩儿,穿着白色衬衫,风纪扣系得严严实实,脖子上系着一条红领巾。红领巾系得非常好看,显然是一双巧手所系。再细看,小女孩儿跟老朱师傅有点儿像,但比老朱师傅好看,聪明伶俐的模样。

朱师傅,这是您……妹妹？我怯怯地问。

老朱师傅从我手里拿过照片,点点头。他看着照片跟我说,这是我妹妹上小学时的照片,她上初三时,在放学回家的路上,被一辆失控的大卡车撞死了……已经去世好多年了。

老朱师傅接着说,我有两个妹妹,死去的这个是二妹。我二妹聪明,长相好,把我爹妈的优点全都揽过去了。二妹唱民歌好,戏曲也不错,评戏、京戏、黄梅戏都会唱。二妹学习还特别好,期中、期末考试,永远都是年级第一名。二妹手还巧,会做针线活儿,织毛衣又快又好。

老朱师傅还说,他只要到小剧场看戏,就会把二妹的照片带在身上,还把中山装穿上,因为衣服上有二妹给他钩织的“假领子”。

我这才明白老朱师傅为什么舍不得拆下“假领子”,为什么在看戏时哭泣,他是触景生情了。舞台上演员的哭声,把他内心深处的疼痛给哭出来了。

我望着老朱师傅高大的身躯逐渐消失在人流中,好半天,我才转身走开。

3

在铆工活儿中,假如有个排序的话,最脏最累的活儿,磨风砂轮肯定要排在第一位。

顾名思义,风砂轮依靠风的动力转动。有一根两个手指头粗的胶皮管子,连接在风砂轮手柄的末端;在风砂轮手柄与胶皮管子的连接处,还有一个拇指盖大小的圆形按钮;一只手攥紧手柄,另一只手按下圆形按钮,风砂轮就会剧烈地抖动起来,震耳欲聋的声音也同时响了起来。磨风砂轮时,不管多大嗓门的人在你身边说话你都听不见，要是有事儿找你，必须在后面拍你的后背你才知道；与此同时，砂轮与打磨的地方，由于剧烈地摩擦，会喷射出一条带光的火龙。这条火龙大概能喷射十几米远，要是晚上加班时磨风砂轮，火龙会更加明显，此时工人的内心深处，疲惫和兴奋交织涌动。

老朱师傅平静地告诉我，风砂轮在铆焊车间的所有生产工具中是最危险的。

磨风砂轮前，要先用铅丝把胶皮管和手柄连接处拧紧了，拧不紧，一旦脱落，拥有两个大气压压力的胶皮管子，会像一头暴怒的小兽肆意狂蹿。风吹在人的身上，冬天还好，穿得多、穿得厚，不会带来太大的威胁；夏天穿得少，皮肤会剧烈地疼痛。风要是吹在地上，立刻就会灰尘漫天。连接风砂轮的胶皮管子要是不小心脱落了，工人们就会立刻兵分两路，一路跑着去拧紧开关；另一路用脚踩住胶皮管子，一点一点往前踩，直到踩到胶皮管子的前端，然后再使劲儿抓起来，把管子举向天空。这会儿，跑向开关的工人也到了开关处，拧紧了开关。

风砂轮主要是用来打磨电焊后的焊口。电焊后，焊缝会微微隆起来，用榔头敲掉焊缝表面的焊皮子，再用风砂轮进行打磨，一直打磨到平整光滑为止，才能进行下一步。磨焊缝的设备就是谁见谁都发怵的风砂轮。使用风砂轮时，耳朵听不见还能接受，最难受的是浑身上下沾满了比细沙还要细的铁屑，这才是最可怕的。

要是在空旷之地，打磨平板上的焊缝还好一些，最令人胆战的是打磨圆筒形状的钢板里面的焊口，因为火龙出不去，它会沿着筒壁循环喷射，铁屑则会在圆筒里飞舞。在这样的环境下磨完焊口，身体上的每一个部位都逃脱不掉铁屑的霸占。尽管戴着帽子、系上领子，脖子上再围上一条毛巾，可干完活儿后，连头发丝里都是铁屑，牢牢地粘在头皮上，怎么洗都洗不掉；内裤里也有细铁屑，特别刺痒，又不能在大庭广众之下抓痒，没有办法，只能忍到下班后再处理。使用一次风砂轮，好几天都得忍受细铁屑的折磨，无论怎么防护，所有带毛发的地方，细密的铁屑都会不请自来，还会赖着不走。

干没干磨风砂轮的活儿，不用自己讲，在澡堂子里就能看出来，哪个师傅要是手里拿着丝瓜瓤子，专找带毛的地方，又是搓、又是抓、又是揉，不用问，他肯定是铆焊车间的，肯定今天干磨风砂轮的活儿了。那个认真的神情，比车间主任“李瞪眼”作报告时的神情还要庄重。可即使这样搓洗之后，身上还会感到发痒发黏，那种感觉犹如“三伏天”里起了一身痱子。

磨风砂轮这个脏活儿，特别像饭店后厨里的小工剥葱、剥蒜、洗菜，这既是小工必须干的活儿，也是成为大厨的必经之路。磨风砂轮也是这样，是成为大工匠之前的必修课。

谁都不愿意磨风砂轮，老朱师傅尽管也不愿意干，但他从来不嘟囔、不怵头，而是想方设法地把这活儿干好。老朱师傅磨风砂轮时，戴上防风眼镜，还有一个帽子和脖套连在一起的头套，我用手摸了摸，好像是帆布的材质。

我问，朱师傅，您这个行头哪有卖的？我也买个。

老朱师傅笑道，哪儿有卖这个的呀，没卖的，是我自己缝的。

有一次，老朱师傅让我戴上他这套行头去磨风砂轮，效果还真是不错。虽然身上也有铁屑，但比过去少了。洗上一遍大澡，皮肤基本不再发痒了。

我纳闷，其他师傅怎么不做一身这样的行头呢？

老朱师傅笑起来，撇嘴道，还不是懒呗。又说，干活儿上的好多事儿呀，不是解决不了，是看你想不想解决。

4

我对师傅们的理解有一个过渡阶段。这个过渡阶段，面对不同的师傅，时间长短不一样。我以为自己理解他们了，可是过段时间，忽然发现他们在我眼里还是陌生的，等这段陌生感过去，才会发现一个崭新的“我的师傅”。

我对老朱师傅的认识过程，就经历了“发现，再发现”的不同阶段。我发现，老朱除了养鸽子、听评戏，还有另一个大本事。

老朱师傅和组里的“闷驴子”张大力有点儿矛盾。张大力不爱说话，不爱说话的人脾气都特别倔。老朱师傅跟张大力不合，倒没有杀父夺妻的仇，就是脾气不对付，两个人私下里没有多少来往，大家都知道，也没人当回事儿。

有一天，磨风砂轮磨了整整一天，身大力不亏的老朱师傅都有些吃不消了。他坐在小马扎儿上，对着头顶上“隆隆隆”驶过的天车自言自语道，你也在天上飞，可比我闺女儿子差远了。

老朱师傅把他养的“男鸽子”“女鸽子”统称为“儿子”“闺女”，平日里就这么叫，大家没当回事儿。可是今天，老朱师傅话音未落，正巧被旁边走过的张大力听到了，平日里不爱多嘴的张大力，不知道哪根神经搭错了，随口搭腔道，既然你的闺女、儿子是鸽子，那你也是鸽子了？是“臭喽”呢？还是“鼻串子”？

老朱师傅怔了一下，话茬子立刻跟进，说，你不好好趴窝孵蛋，出来瞎逛个啥？

张大力也不示弱，停下脚步，一本正经道，你六舅母叫我出来的。

老朱师傅站起来，面色和悦道，我六舅母道光年间就死了，你是怎么看见的？你是活鬼呀？

张大力拍着脑门，恍惚道，哦，这脑子，记错了，是你七姨妈。

老朱师傅依旧面色平静，说，你再想想，咋又搞错了，是不是刚吃糨糊了？

张大力连声“哦哦哦”，然后说，糨糊里面又加了猪膘。

老朱师傅接上话茬儿，我也吃了猪膘。

师傅们之间发生争吵，从来不会“问候”对方的直系亲属，都是拿不存在的“旁系亲属”开涮，并且还要选用隐晦、温和的字眼，但是最后一定是以自嘲作为结束语。既不委屈自己，又给对方台阶下。

张大力跟老朱师傅错肩而过，没再对嘴茬子。

抡大锤的师傅们真是没脾气吗？也不是，他们也有“尚武情结”，也会动用武力。这次张大力跟老朱师傅对了嘴茬子，原本两个人的不合，算是又加了一点儿小“过结”，结了一个小疙瘩。正是因为这个小疙瘩没有及时解开,过了一段时间,两个人不知道为了啥,又突然吵了起来。这一次比较厉害,两个人的肩膀头子都顶起来了,脸对着脸,两个人的胸脯子都快要贴上了。

我正好在远处目睹了这个场景,吓得我手心都出汗了。肖大批在旁边取笑道,打不起来,一会儿就有人过去劝架了。

果不其然,几个路过的师傅过来劝架。检验老闫挺着大肚子也正好路过,站在他们俩中间,说,你们俩吵嘛呀,不是都喜欢摔跤吗?哪天比画一场,谁要是输了,谁就得认栽,以后不要再吵了,好不好?

检验老闫这样一讲,迅疾引来周围人的喝彩声。

我也走过去,听见"卷毛孙"孙在庭凑过来问,怎么个认栽法儿?得白纸上落黑字呀?

检验老闫把"卷毛孙"孙在庭推到一边,说,你的意思是还得签个生死契约呀?有那么麻烦吗?

检验老闫对着老朱说,你不是住红桥吗?又扭头对张大力说,你不是住河东吗?

检验老闫见两个人都点头了,又补充说,红桥和河东可都是"摔跤窝子",用摔跤来比画,对你们两个人都公平。

检验老闫说得没错儿。

我少年时路过红桥区西北角一带,经常能看见马路边上圈了个场子，有老有少在一起玩摔跤；在河东区也能看见在街边摔跤玩乐的场面。这两个地方还真是“摔跤窝子”，摔跤玩乐就像老城里人家平日里喝茶聊天儿一样。

师傅们绝对说话算数，在检验老闫的见证下，老朱师傅和张大力齐声答应要来一场摔跤比武。

几天以后，利用下班时间，老朱师傅和张大力在乙炔站旁边那片空地上开始比画了。地面早就被热心的同事平整过了，把小石头子、土坷垃扔一边去了，不会硌着比武的人。这还不算完，松软的地面上还铺了一大块稍微有点儿发黄的白色帆布。

老朱师傅和张大力站在场地两边，他俩已经穿好了褡裢，那样子犹如一场正式的摔跤比赛。虽然当时已是仲秋时节，但天气还是有些燥热，再加上周边同事们的热烈助威，摔跤的和看热闹的都是一身大汗。

老朱师傅和张大力摔起来了。我在旁边看傻了。他们的一招一式，跟我在连环画里看到的摔跤场面一个样。

但是看着看着，我就看糊涂了。所谓“五局三胜”，四局过后两个人摔成了二比二。最后一场关键局，我这个外行都看出来了，老朱师傅明显礼让了张大力，依旧是平局。

这时候，检验老闫及时站到场地中央，判定比武结束。

我发现师傅们之间无论争吵得多么激烈，一定是互相给对方留面子，绝对不让对方下不来台，而且这种状态心照不宣，没有人捅破这层窗户纸。

摔跤比赛结束后，老朱师傅和张大力还有看热闹的工人，一起去了职工澡堂子洗澡，大家说说笑笑，老朱师傅和张大力还互相搓背，一边穿衣服一边复盘，切磋技艺。

张大力抱拳行礼，老朱你可是手下留情了；老朱师傅同样抱拳行礼，没有没有，我一打愣，你就把我掀翻了。

大家听了，一块儿起哄，老朱，你那会儿是不是在想丈母娘在哪儿啦，对不对？

老朱师傅也是一声呼应，没错儿没错儿，是在想呢。

在一片欢声笑语中，众人穿好衣服，高兴地离开澡堂子，欢乐地回家去了。

5

关于老朱师傅，有一件事要讲一下。不讲，好像不完美。

因为臭脚的缘故，老朱师傅结婚较晚。老朱师傅结婚时，我已经离开工厂了。多年以后，我在街上遇到车间同事，聊天中聊到了老朱师傅，这才得知老朱师傅已经结婚了。老朱师傅的媳妇也爱好评戏，经常到南开区的长虹公园唱戏。那里是评戏爱好者切磋的地方。有一次，老朱师傅也去长虹公园唱戏,两个人就这么认识了。因为有着共同的爱好,两个人唱着唱着,就“唱”到了一起，成了恩爱的两口子。

最有意思的是,老朱师傅结完婚,脚丫子突然不臭了。是结婚之前老朱师傅找到了治疗脚臭的偏方,还是结婚后媳妇有了治疗的办法,或是还有其他原因,我就不得而知了。

给我讲这事儿的老同事,讲完后也是一脸迷茫。我心里一直想着这事儿,真想找一位高人问一问,过去都说结婚可以“冲灾”,难道结婚也能除脚臭？转念一想，这事儿也不好四处问询,显得有点儿“包打听”,权当一个谜团吧。

振动剪·卷毛孙

1

之前我说过，“卷毛孙”是孙在庭孙师傅的绰号。但我觉得叫他“孙猴子”更准确。

孙在庭孙师傅个子不高，应该有一米五八或一米五九，他比肖大批肖师傅还矮些。“卷毛孙”孙师傅的头发是“自来卷”，脸型有点儿像枣核。他的眼睛鼓而圆，鼻子小而尖，嘴巴也小，没见他闭过嘴，总是张着，永远一副笑眯眯的模样。后来，我只要想到孙在庭孙师傅，就会想到六小龄童扮演的孙悟空。要是孙在庭进电影学院学表演，说不定也能演好孙悟空。

但是，孙在庭的拿手好戏不是演孙悟空，而是“玩”振动剪。

振动剪在我们铆焊车间的机器设备中，是一个操作简单、体积不大的小机器。可就是这样一个不起眼的“小东西”，硬是“要”走了老贾师傅的右手大拇指。当年，老贾师傅的工伤事故发生后，孙在庭跟车间主任老实承认，要是没有他在旁边“打搅乱”，老贾师傅的大拇指不会“飞”走，责任完全在他，怎么处分他，他都接受，就是让他晚一年出师，他也毫无怨言。当然，老贾师傅把责任都揽在自己身上，另外车间也不会去处理一个还在学徒期间的学徒工。

当年“卷毛孙”孙在庭在振动剪上栽过大跟头，后来再去触碰它，换作谁，或多或少都会有一些心理障碍。可奇怪了，孙在庭在悔恨道歉自责之后，没有像老鼠见了猫似的躲开这台机器，反倒是把全部精力放在这个“可恨的机器”上面，他一定要把它“玩”好了，那神态就好像他在跟谁赌气。

振动剪不高，一米左右，固定在水泥地上。它长得像啥呢？像马路边上修鞋匠用来缝纫鞋子的机器。只不过振动剪不是用来“缝”的，而是用来“切”的。它仿佛龙头一样长长地伸出去，利用电能，上下两个“牙”一碰，就切好了。特殊工件得用振动剪来切割，特别是制作小型“样板铁”时，用振动剪就会十分方便。但又因为上下两个“牙”周边没有任何阻挡，这就要求操作者完全依靠“手把劲儿”来把控机器，搞不好，极容易出事故。

我跟孙在庭孙师傅在振动剪上干过活儿。我记得是“剪”一块两“米厘”厚的圆形钢板，具体做什么，我已经忘记了，只记得当时的场面：孙师傅坐在小板凳上，让我也拿一个小板凳坐他旁边，看他怎么操作。

振动剪的旁边是一根水泥立柱；开关是一个小盒子，被钉牢在立柱上；小盒子外面带着锁头，用钥匙可以打开。在孙师傅的示意下，我按下小盒子里面的开关。振动剪真像它的名字，立刻振动起来，并且发出“嗒嗒嗒”犹如机关枪一样的声音。

孙师傅戴上一副“劳保”眼镜，双手握住圆形钢板，姿态犹如司机手握方向盘，当他按照钢板上用钉冲“钉”好的圆线开始“剪”起来的时候，因为机器的剧烈震动，他的双手、小臂乃至胳膊全都在剧烈地抖动，犹如一个正在遭受电刑的人。

在双手、双臂乃至身体剧烈抖动的情况下，还能够让两个“牙”稳稳地“咬住”钢板，这是一个不折不扣的技术活儿。操作的时候必须心无旁骛，绝对不能走神儿，稍微一走神儿，就会把材料“剪”坏，一旦“剪”坏了，没有任何补救办法，材料只能废弃。要是找来新材料继续操作，倒是不会有太大的损失，但是耽误工时，影响干活儿情绪。而且一旦走神儿，非常容易出事故。

孙师傅利落地“剪”完后，让我用卷尺测量一下。经过仔细测量，剪裁后的这块圆形钢板完全符合图纸的尺寸要求。

我问孙师傅，怎么才能干好振动剪这活儿呢？

孙师傅笑道，静心。

我又问，怎么才能静心呢？

孙师傅说，专心研究一件事，就不会心浮气躁。

研究嘛事儿呢？我打破砂锅问到底。

孙师傅看着我，把“劳保”眼镜摘掉，说，你爱好读书，爱好写文章，这就是静心的办法。我呢，虽说比你年岁大，是所谓的师傅，可我没有你那些学问，我呢……我就研究……

我凝神等着孙师傅把话讲完，他却戛然而止，手里捏着“劳保”眼镜，脸上一副深不可测的神情。

2

孙在庭的父亲是一个了不得的人物。我去他家拜年时，见过他父亲。从打照面那天起，我就有想跟孙父说话的欲望。我也能感觉出来，孙父对我的印象也好，愿意跟我这个小孩子说话。

孙师傅家在南市大舞台，那是一个特别热闹的地方，20世纪三四十年代，大舞台是杂耍热闹之地，天津解放后，那地儿还跟过去一样，街道上永远人流不断，遍地小饭馆、小商铺，还有卖豆包、梨膏、青萝卜、糖棉花的小商贩。

孙在庭上中学的学校叫大舞台中学。他经常挂在嘴边儿的话是，你知道李秀明吗？大明星，贼漂亮，我们学校的，我们是同学；接着，又用说评书的腔调讲起来，大明星李秀明演过《春苗》，还演过《孔雀公主》，你们肯定看过吧，她比我晚两届……说到这里的时候，孙在庭肯定会停顿一下，因为过于激动，嘴角有口水流下来，随后他开始继续讲，李秀明家在南市九道湾，离我们家不远，我去过她们家那条胡同，羊肠子一样的小胡同，只能通过一个人。

孙在庭说着说着就露出遗憾的表情，哎呀，那时候没想到她能出大名呀，上了《大众电影》的封面，还上了大挂历，我要是有前眼……

旁人听了，赶紧问上一句，你要是知道她日后成为大明星，你还想咋样呢？想跟人家搞对象？

那倒是没有，我个子矮，人家个子高。孙在庭连连摆手，脸庞红红地说，怎么也得照一张合影呀！用120相机，照大点儿，135相机的照片太小。

大家听了孙在庭的话，笑起来没完。孙在庭也笑，过后大概自己觉得有些无聊，便转身走了。

孙在庭家在一个青砖大院子里，院子里住着好几户人家。院子非常破旧，但从院门口的“抱鼓石”和院门上方青砖上的雕花上，还是能想象出这个院落过去有多讲究。现在住户太多，再加上每家屋门旁边都有一个用碎砖头搭建起来的小厨房，这样的布局，院子内外也就显得更加破烂不堪。

孙在庭的父亲满头白发，只在下巴上留着一绺儿特别茂盛的胡须，非常奇怪的是，头发是白的，胡须却是黑的，不知道是不是故意染成黑的。因为头发和胡须的颜色分外鲜明，显得这个人不像个好人。

孙父的打扮也是老派作风，一身中式棉布衣裤；棉袄上有个耀眼的金链子，从第二个和第三个盘扣中间穿过去，我猜测金链子的前端，也就是棉袄里面，应该藏着一块怀表，后来证实确实是一块怀表；他脚下是一双“骆驼鞍”的黑色棉鞋，皮底的，走路时发出些微的“吱吱”声。

我不知道该怎么称呼孙在庭的父亲，面对他那身打扮还有独特的胡须，那年初三拜年时一进门，我就冒冒失失地喊了一声“老爷子，过年好，给您拜年了”，没想到孙父特别喜欢这个称呼，原本深沉的一张老脸，立刻绽放出花一样的笑容，就连胡须都翘翘地欢笑起来。

老爷子热情地把我拉到他旁边的一把藤椅上。那把藤椅的颜色已经发黄,有些地方还包裹着白布,大概因为时间过久,白布也都变成了焦黄色,已经非常接近藤椅的颜色了。

在短暂的聊天中我才知道,老爷子原来在南马路上的一家委托店上班,除了对皮货有研究,对玉器、字画也有所了解。

孙在庭在旁边羡慕道,我们家老爷子,只要拿眼瞟一下,就知道货物真伪还有市场行情。

孙在庭孙师傅说得没错儿,他们家里的桌椅、板凳、床铺、被搁子,还有座钟、花瓶及其他小物件,全都古色古香的,泛着暗幽幽的亮光,那是只有岁月才能发出来的亮光。

屋子不大,是个里外间,但能看出来,过去是一个大间,被人为地隔出了一间。所谓的隔断,就是一个薄薄的门板。门板上面贴着不知哪个朝代的山水画,从破旧的画面还有残缺的画轴就能推测出来,画的年代一定很久远。

老爷子喜欢别人好奇而崇拜的目光,那一刻,老爷子立刻精神抖擞,恨不得把自己的往事完全彻底地讲出来,与小辈儿共同分享自己的人生经验。

我家离孙师傅家不远,自从拜年过后,我便经常去孙师傅家跟老爷子聊天。孙在庭的母亲在他上小学时,跟老爷子离婚了，至于具体原因，我当然不能没有礼貌地去问，但从孙在庭的话语中知晓，尽管他的母亲“走道儿”了，但他并不怨恨，经常去看望母亲，不知道孙师傅与母亲还有继父如何相处。

老爷子没有续弦，不想家里进来一个陌生人，那时候儿子还小，担心有个后妈影响儿子成长。单凭这一点，孙在庭就特别敬重父亲。我经常见到孙师傅中午去食堂吃饭时，只要吃肉吃鱼，他必定多打出来一份。后来才知道，他只要吃了好的，也一定要让父亲吃。他通过这样的方式，默默地表达对父亲的敬爱。除此之外，每天下班回家，他还要给父亲做饭炒菜，每天的晚饭必定要有汤。

那时候我年纪小，不愿意在家待着，因为外甥和外甥女由我母亲照看，我只要在家，就得带着他们出去玩，搞得我烦躁不堪，所以找个机会我就出去溜达。记得有个星期天，我从同学家回来，正好路过孙师傅家。大概傍晚时分，我脑子一热，把自行车的车把倏地一拐，就去了孙师傅家。

孙师傅没在家。

老爷子跟我说，跟“发小”出去玩儿了，晚饭不在家里吃，说是几个人凑份子，要去南市下馆子。

老爷子见到我，情绪高涨，非要留我吃晚饭。我客气地要走，老爷子急了，一把攥住我的胳膊，手劲儿还挺大，攥得我胳膊生疼生疼的，我只好留下来，陪老爷子吃晚饭。

老爷子告诉我不麻烦，亲自在小厨房炸了花生米，拌了个白菜心，还切上一截粉肠，又把一瓶“衡水老白干”摆在桌面上。老爷子也给我倒上一杯，看得出来，老爷子晚饭要端一杯，有酒盅在手，算是摆开了聊天的架势。

外面起风了，冬季的晚风吹到窗户玻璃上，发出“啪啪”的声响。

一盅酒下肚，老爷子的脸色红润起来。人呀，上了年岁，就会不由自主地回忆往事，越是久远的往事越是清晰。老爷子说他年轻时在一家老店铺当学徒，老店铺经营布匹生意，有零售也有批发。老爷子讲，那时候铺子里规矩多，老店铺的规矩更多。也正是得益于那些老规矩，他在后来的日子里，无论做什么事儿，都必须认真细致，绝不吊儿郎当。

老爷子呷了一小口酒，慢悠悠地说道，我那时候是个小工，白天绝对不能坐下来，有人没人都必须站着，要有“眼力见儿”，看见客人有啥需求，要在第一时间猜出来，主动帮助完成。

我问，没有顾客，也不能坐下吗？站一天得多累呀？难道店铺里一把椅子都没有？

老爷子笑道，怎么能没有椅子、凳子呢，有，可是不能坐呀，那是有讲究的。

坐个椅子还有讲究？我不解。

老爷子的目光变得悠长，说，当然有讲究了。这么说吧，比如铺子里有掌柜的坐的椅子，也有账房先生坐的椅子。他们的椅子不能随便坐。

我更糊涂了，学徒的小工不能随便坐，难道掌柜的和账房先生，也不能随便坐？不就是一把椅子吗？怎么还要分你的我的？

老爷子捏着酒盅，说，当然了，规矩多了。比如账房先生的椅子，要是哪一天掌柜的忽然坐上去了，那就证明要有大事发生了。也就是说，账房先生该走了。

我依旧不解，眨着天真可爱的眼睛，静听原因。

老爷子双目微闭，继续讲下去，店铺想要辞退账房，不能直白地说，那样做事太糙了，要用讲理讲面儿的方式把不好听的话讲出来。怎么讲呢？不讲，用动作。掌柜的坐到账房先生的椅子上，账房先生看见了，也就明白了。

通过这样的方式告诉账房先生？我再次核对。

是这个意思。老爷子笑着点点头，说，坐在你的椅子上，就是让你主动辞职离开。当然了，在你辞职前，铺子要多给你一个月的薪水,客客气气地送出门外。

我又问,用什么理由辞职呢?

老爷子看着我专注的目光,笑道,被辞退的账房先生,以家人有病需要回去照料为由请辞。走之前,鞠躬致谢掌柜的还有全体同人,最后和和气气地离开。

我呼出一口大气,禁不住说道,太麻烦了。

什么叫仁义礼智信?什么叫温良恭俭让?这就是呀。这么做是有些麻烦,可是互相给对方台阶下,就不会惹出乱子来。老爷子面色平静,随后话锋一转,说,过去的事儿呀,也是两说着,有好的一面,也有不好的一面,说起来也是话长了。

我下意识地摸着自己唇上软啦吧唧的髭须,一时间感慨颇多。

老爷子喝点儿酒后更是无比感慨,他语调悠长道,当年店铺规矩多,比如学徒一律秃头。店铺与关系好的剃头铺子有协议,隔上半个月,剃头铺子就会来个师傅,师傅腋下夹着个小布包,里面都是剃头的工具。无论是学徒还是师傅,包括掌柜的,都得刮脸、修面、理发。每个人都要干净利落,裤褂可以旧,但不能脏,更不能有污渍。

老爷子感慨道,那时候不可能每天都进澡堂子洗澡,可也要从里到外把自己洗干净,脚丫子都得搓干净了,身上不能有一点儿味道。更不能抽烟喝酒，身上、嘴里要是有异味，那就得自己想办法解决，要么，就得被人家礼送出去了。

小小的饭桌上，忽然安静下来。

过了一会儿，我问老爷子，您后来又去了委托店，怎么又搞起了皮货？

这话要是唠起来可就长了，哪天你来，我再给你讲。老爷子叹口气，感叹道，人呀，这辈子遇到的事儿，有的你自己能把握，有的你自己不能把握，过后一想呀，倒是有意思。

我看出来老爷子有些累了，再加上喝了点儿酒，眼睛迷糊了起来。

我赶紧告辞离开，让老爷子早点儿休息。我走时，孙在庭还没回来，那会儿已经晚上七点多了。

转天上班见到孙师傅，他朝我笑笑说，感谢你昨天陪我家老爷子。

我实话实说，顺道过去的。

孙师傅说，我家老爷子总想着跟人谈天说地，我哪有时间陪他呀，你要是经常过去，我可得感谢你。

我进一步问，昨天您喝了不少吧？

孙师傅左右看了看，小声说，没去喝酒，我是见面去了。

孙师傅由于特别激动，双颊好像变红了。我忽然明白了“见面”的意思，原来孙师傅是搞对象去了。我想问问，又不好意思，也就止住了话头儿。

但是我心里不明白，“见面”这样的隐私之事，孙在庭为啥要跟我一个徒弟讲呢?”

3

我跟随孙在庭孙师傅一起干活儿时，还闹过一次小笑话，也正是这个小笑话，成了我们师徒之间开心的“手把件”，让我们师徒之间多了轻松愉快的感觉。

还是我刚进厂时，有一次我跟孙师傅去振动剪上干活儿。干活儿前还需要在工件上用钻头打几个圆眼儿，孙师傅让我到工具室去借一个两“米厘”的钻头，那是我第一次到工具室借钻头。工具室有一扇小木门，门上有一个小窗口，类似药房夜间售卖药品的小窗口。我敲开小窗户，说要借一个两厘米的钻头。那会儿技术员小廖刚到工具室。他听完我的话，追问了一句，你真是要借两厘米的钻头？小廖把“两厘米”三个字咬得特别清楚。我说，对，没错。小廖又追问了一句，再次跟我进行核对。我像所有师傅一样厌烦小廖，对他没有好感。我在小纸条上写完借据，从小窗口递了进去。没想到，小廖又问了一句,真的是两厘米吗?我没好气地说,对对对。

我拿着两厘米的钻头回到孙师傅旁边,他怔了怔,当即笑起来,笑起来的模样更像一个调皮的孙猴子了。

我愣了,忙问,孙师傅,怎么了?

孙师傅拍着自己的脑门说,怨我怨我,我没说清,我说的是两“米厘”,你给当成了两厘米。

师傅们习惯把“毫米”说成“米厘”,之前我也听过,但没在意,没往心里去。我懊悔地把小廖给我的数次提醒原原本本地讲给孙师傅,还讲了我不听小廖的劝,是因为他对工人师傅不尊敬。

孙师傅止住笑,手里拿着那个大得吓人的两厘米的钻头,语气柔和地对我说,小廖做人有问题,这是事实,可也是过去的事儿了,他自从被调到工具室,变化挺大的。

我静静地听着。

孙师傅接着说,你是徒弟,即使你不屑他,态度不好,他也没跟你吵吵,小廖做得还不错。可是你做得不对呀,你是徒弟,人家是师傅,你要大面儿上过得去。

我点点头。

我来厂十年了,这么大的钻头好像还没用过。孙师傅不紧不慢地说,我没用过,不代表别人没用过。你回去换吧,跟小廖说句好话。

我羞红了脸，接过钻头，赶紧跑去工具室。我已经做好了准备，迎接刻薄的小廖对我的嘲笑。可没想到，小窗口打开后，一个两“米厘”的小钻头已经摆在木板台子上了，小钻头下面压着我那张借据。原来，小廖已经提前做好了我回来改正的准备。

我感觉双颊火热，低着头写了新借条。小廖没讲一句话，他把新借条拿走，把旧借条和两“米厘”小钻头推到我面前。我说了声“谢谢廖师傅”，小廖朝我笑了笑，啥都没讲，轻轻关上小窗户。那会儿，微笑时的小廖特别可爱。

我回来跟孙师傅讲了小廖的表现。

孙师傅平静地说道，小廖再不懂事儿，也知道自己是个师傅。

我觉得孙师傅说得对，我在铆工组里能感觉到师傅们对我的关怀和理解，做错了事儿，肯定给我指出来，也会批评我，但是过后依旧如前，绝对不会暗地里给我使绊子、穿小鞋。

别看孙师傅平时嘻嘻哈哈的，干起活儿来特别细心。他带我来到固定钻头的台子前，用我新借来的两“米厘”钻头，在用钉冲“画”好线的不锈钢板上打了三个洞，卸下钻头，让我拿好，叮嘱我干完活儿及时还给工具室，那么小的钻头，稍一马虎就丢了。

我抱着直径一米的不锈钢板，跟在孙师傅屁股后面来到振动剪前。

不锈钢板上面除了有刚才打好的三个圆眼儿，还有一个类似蝴蝶飞的形状，那是我在孙师傅的指导下，用钉冲慢慢敲出来的虚线：每隔五“米厘”左右，我就用钉冲打上一个小眼儿。通过这些小眼儿形成蜿蜒的虚线，然后再按照虚线，用振动剪把它“剪”下来。

孙师傅让我打眼儿时，每个眼儿的间隔尽量小一点，虽然费时、麻烦，可操作时不会变形，“剪”下后不会曲里拐弯，再用固定砂轮打磨，能够节省很多工时。

我蹲在孙师傅旁边，戴上车间配发的“劳保”眼镜，看着孙师傅坐在小马扎儿上，由于振动剪的振动，孙师傅全身都在颤抖。这样图形复杂但材料不大的工件，必须依赖振动剪，其他机器做不来。这项工作特别考验操作者的稳定能力，能够在全身颤抖的情况下顺利把图形“剪”下来，没点儿硬功夫真是不成呀！

休息的时候，我俩聊起来。这时候，我已经知道肖大批老婆窦彩莲给孙师傅介绍对象的事儿，所以故意扯个话头儿，然后意味深长地笑。

孙师傅也知道窦彩莲给我介绍对象的事儿，他看着我，叹口气说，窦彩莲给你介绍的那个小姑娘，我听说特别好，特别俊！你怎么不同意呢？

我本来不想问，但还是问了孙师傅，您现在的对象……也是调料厂的？

孙师傅幸福地点点头。

我心想，得了，我们组里将会有两个食品调料厂的女婿了。按照师母窦彩莲当“红娘”的这个热心劲儿，说不好我们铆工组将来还会有第三个调料厂的女婿呢！

4

有一天快到下班时，孙师傅突然把我拉到一边，小声告诉我，他晚上要跟对象去海河边“轧马路”，拜托我晚上去他家，跟老爷子多聊会儿。

孙师傅见我表情疑惑，红着脸说，轧完马路，还得去“大光明”看晚场电影，再送她回家，估摸着我到家得十二点了。

我当即表示没问题。

孙师傅说，我家老爷子特别喜欢你，还说要是有闺女，就让你做他姑爷。嘿嘿，我要是有妹妹，我就是你大舅哥了。

我被孙师傅说得满脸通红，连连作揖。大概因为搞对象一切顺利，孙在庭不仅干活儿快，心情也是特别好，说出来的话，把天上的云彩都涂抹上了鲜艳的颜色。

我理解孙师傅，也理解他家老爷子晚年的孤独。

孙在庭有个哥哥“上山下乡”后，留在了内蒙古，跟当地女子结了婚，已经有了孩子，肯定不回来了。老爷子退休后，身边又没有老伴儿，真是孤独寂寞。老爷子过去在“委托店”上班，那可是一个天天跟人打交道的地儿，还是一个特别费嘴皮子的工作。不把话说透了，怎么能把委托价格定在双方满意的基础上呢？老爷子退休后极度不适应，天天拉着儿子说话。眼下孙师傅正在搞对象，恨不得天天跟对象见面，真是腾不出时间来陪老爷子说话。我的出现，真是解了孙师傅的燃眉之急。

这天晚上我到孙家时，老爷子已经吃完晚饭了，还是捏着那把闪着暗幽光泽的泥壶，眼神缥缈地喝着花茶；他坐的藤椅上有个皮坐垫，靠背上还搭着一件带翻毛领子的皮袄；身上穿的坎肩，也同样带着毛领子；坎肩没系扣子，敞着怀，那条金灿灿的怀表链子，这下子彻底露了出来。

老爷子脸上红扑扑的。见到我来，他犹如打了鸡血，兴奋起来，马上起身给我倒上茶水，随后不眨眼地看着我，马上就要摆开聊天的架势。我知道，我只须做好一个动作——目光专注、身体前倾，偶尔再搭上一句话，算是起承转合——然后就听老爷子一个人讲吧，多少年前的陈芝麻烂谷子都会抖出来。

老爷子在我的提示下，接着上次讲他如何改行当。

1945年日本投降后，天津卫街面上吃喜面、游行庆祝、燃放焰火，日子比过去稍微好了些。老百姓比不了那些达官贵人、接收大员，那些人借着查封日伪财产的名义，把值钱的好东西都揣进自己的口袋里了，甚至把汉奸的姨太太也都给“查收”走了。老百姓的日子改变不大，可是市面上的旧货倒是蛮丰富的，衣服、鞋帽、生活用品，还有咖啡、罐头，连女人的高跟鞋、玻璃丝袜都有。这些新鲜又新奇的旧货，有的来自查抄日伪汉奸，有的来自日本侨民，家里的男人跟随打败仗的部队全都撤走了，扔下妻儿老小，这些日本侨民为了糊口，把家里的旧物拿出来换吃的，这样也流到了市场上。

老百姓不稀罕跟饱肚子没关系的东西。可孙老爷子的想法跟别人不一样，他对稀奇古怪的东西特别有兴趣，对皮货更是有着极大的好奇心。老爷子自嘲地说，我上辈子可能是个冻死鬼吧，看见暖和的东西，眼睛就贼亮，特别是对皮货，看上一眼，双腿就会定住，再也迈不动步子啦。

我问老爷子，天津卫市面上的皮货是不是都是从关外进来的？您是不是经常去沈阳、哈尔滨啊？

老爷子认真地给我解释，咱们这里的皮货，有的是从关外进来的，有的是从口外来的，口就是张家口，知道吧？说是跑关外，其实关内的生意人就是到营口，没有哪个生意人去沈阳、哈尔滨的，又冷又远，还不安全，到处都是“胡子”。东三省的皮货全都集中到营口，谈好生意，货物从营口运到关内。营口是个中转站。

老爷子讲起自己的营生故事不停顿。他喝口茶水，接着说起来，那时候我对皮货有兴趣，跟口外、关外没关系，跟美国人倒有点儿关系。

我睁大眼睛，心里琢磨着，难道老爷子还去过美国？

老爷子看懂了我的表情，笑道，知道你心里咋想的，我慢慢给你讲。日本人走后，美国人来了，后来又走了，前后有两年吧。美国人走后，黑市上留下了不少的美国货，最有名的就是“美国皮猴儿”。

我问道，猴子？

老爷子哈哈大笑，你以为是山上的猴子呀！美国人再顽皮也不会带猴子呀，是有帽子的皮短衣，你看过电影里美国兵穿的军服吗？跟那个颜色一个样，街面上都叫“美国皮猴儿”。特别结实，皮子还特别好，尤其是那个大号纯铜拉链，好看着呢。那会儿“美国皮猴儿”在黑市上是抢手货。

这些皮猴儿……怎么去的黑市？是从美国大兵手里低价买来，再高价卖出去的吗？我问道。

老爷子就喜欢我发出疑问，这样他就有了解答的机会。

老爷子说，这些“美国皮猴儿”是美国大兵换东西换出去的，有的是他们离开中国时卖了的。

换？卖？我还是不解。

老爷子撇着嘴说，那些美国大兵特别不着调，吊儿郎当，在中国看见啥都稀奇，他们不光喜欢寿衣，还喜欢“三寸金莲”小鞋。美国大军舰在塘沽靠岸，大兵们上岸后，马不停蹄地开车到了市区，搞完受降仪式，就开始胡闹了。那时候大街上经常能看见美国大兵，白人、黑人都有，他们把吉普车开得飞快，吓得人们手忙脚乱地躲闪，他们就在吉普车上哈哈大笑。他们有时候还招呼来一辆胶皮车，他们不坐，让车夫坐上去，他们拉着车子来回跑，一边跑一边向行人招手，大家越乐他们，他们越跑得欢。

我看着回忆往事的老爷子，也被他带进往事中。

老爷子放下小泥壶，又拿起身边的木梳子，一边梳着头发，一边接着说，那些大兵们还穿上寿衣在街上逛，有的家伙把小脚鞋挂在胸口上、戴在耳朵上、绑在脑瓜顶上，他们一边走一边对着街上行人“哈喽哈喽”地打着招呼。

我想象着这样怪异的画面，禁不住笑起来。我问老爷子，寿衣和小脚鞋是美国大兵买的吗？

有的是他们买来的，原本一块钱一双，让他们折腾得涨了价，涨到十块钱一双。后来他们就用东西换。老爷子说，中国人不喜欢咖啡、奶糖、塑料牙刷，他们喜欢美国大兵的皮猴儿。那些做工优良的皮猴儿，就是这么流到市场上的。从1948年开始，“下边”那些地方，比如上海道，就有一个“洋货市场”，专卖美国大兵留下的货物，其中“美国皮猴儿”最有名，大兵们个子高、身量壮，皮猴儿大，还得改。小白楼一带出现了专门裁剪修改“美国皮猴儿”的商店，有一阵子可是红火了，天天排长队。

我长呼一口大气。

老爷子说，我走上皮货这个行当，跟我一个亲戚有关系，是那个亲戚把我引到这条道上来的。

老爷子的这个远房亲戚，是个做皮货的生意人，过去倒腾木材。这个亲戚脑瓜聪明，“隔行如隔山”这句老话在他那里完全失灵。除了木材生意，这家伙还做过轴承、汽车配件的生意，无论在哪个行业，他都如鱼得水。这个远房亲戚把老爷子领进皮货行业后，又鼓动老爷子继续跳槽,老爷子没听,扎在皮货行业,再也没转过行。

我问道,为啥没再转行呢?您那个亲戚不是做啥都能赚钱吗?

老爷子的目光变得幽深起来,说,人呀,别人家能成的事,搁到你身上,你未必能成。我已经改过一次行了,不能再改了。

我觉得老爷子说得有道理。

老爷子解释说,我从布匹改到皮货,还算沾点儿边儿,另外我也喜欢皮货,要是不喜欢,也不会改行。

我端坐静听。

老爷子看着我的眼睛,语重心长地说道,孩子,你要记住一点,你要干自己喜欢的事儿。不喜欢的事儿,多赚钱也不要干。

看着老爷子庄重的表情,我也郑重地点点头。

我看了看我的"东风"牌全钢腕表,说,时候不早了。

老爷子也掏出怀表,看了看。

老爷子忽然说,有戏了。

我好奇地问,什么……有戏了?

老爷子笑道,你师傅呀,搞对象有戏了。

我听老爷子这么讲,顺口说道,老爷子,您知道了?

老爷子机智地回道,他不跟我讲,我也知道。天天晚上出去，回来嘴巴里也没有酒味儿，去哪儿了？肯定搞对象去了。这么晚了，都十一点多了，还没回来，肯定有戏了。

我记得那时候孙在庭跟对象见面拢共没几次，于是不解地问道，这么晚回来……就代表成了？

对方要是不喜欢，能拖拉到这么晚吗？老爷子分析说，姑娘家呀要是不喜欢你，扭头就走，多看你一眼都嫌耽误时间，更不会跟你待到这么晚了。这就叫……喜欢上了。

我不由得赞叹道，您都成了《尼罗河上的惨案》里的大侦探波洛了。

老爷子摸着胡须，没有否定我的赞美，意味深长地点点头。

那天晚上我回到家，洗漱后躺在床上，依旧沉浸在感慨之中，跟老爷子聊过几次，每次都有收获，说是我陪老人家，实际上是老人家给我上课。一个人能有一句话让你受益，那就是有收获了。

不管咋样，我得让孙师傅请客。搞对象成功了，不请客哪成？想到这里，我禁不住笑起来。徒弟跟师傅的关系，时间长了，对外还保留着师徒礼节，其实私下里早就成好兄弟了。

电瓶车·张大力

1

“张大力”这个名字在天津卫重名重姓的特别多。我上小学时，同学就有叫张大力的；后来上中学，班上也有一个叫张大力的。我进铆焊车间后，又遇上一个叫张大力的师傅。

张大力本名张大里。天津人喜欢“大力”这个名字，再加上天津人说话时，最后一个字习惯发“四声”音，发“三声”音不习惯，叫来叫去，总是把“里”叫成“力”，后来就叫成“张大力”了，张大里也不较真儿，有时也自称“张大力”。

在我小时候，天津卫有个摔跤名人叫张大力。据说这个人耳朵上挂上绳子，能吊得住一个小孩子。胡同里的大人们都这么讲，我没见过，但我深信不疑。那会儿我心里想，张大力的耳朵得有多硬呀。我自己用手抓住耳朵试了试，觉得单是把绳子挂上去，我的耳朵都会耷拉下来，更别说坐一个小孩儿了！

因为童年时期对摔跤名人张大力的幻想与仰慕，我走进铆焊车间遇到张大力张师傅后，总是在暗处悄悄观察他。

张大力不爱说话，跟老贾师傅一个样，也是一个“闷驴子”。我发现“闷驴子”都喜欢独来独往。张大力也是这样。只有每个月交“互助会”的五块钱时，他才跟同事们聊上几句。大部分时间里，他都只是闷头干活儿。我们铆工组有个好氛围，充分尊重每个人的脾气秉性，不去打扰，也不会想着去改变别人的脾气。

我接触张大力，主要是因为电瓶车。电瓶车不是每个工人都能开的，必须有厂里发的证件才能开。每个铆工组有一个工人可以开电瓶车，还有一个工人作为预备人选，假如第一人选请假来不了，预备人选就可以顶替上去。我们组定的第一人选是张大力，预备人选是组长杨伟东。

开电瓶车前，要走一个简单的手续。借车人在油印条子上写好借据，组长签完字，再找段长签字，然后拿着批好的条子，去小车班旁边的库房取走电瓶车。

小车班紧邻“厂办”，两排红色砖房掩映在高大的杨树中，夏天的风景特别好，大片大片的阴凉，远望过去有一种想象中的田园风光。

小车班有两间供司机休息的房间，旁边是一溜儿带有卷拉门的车库，一共四个门，代表着有四辆小汽车：两辆“伏尔加”，一辆白色，一辆灰色，还有两辆白色的“上海”。

我每次路过小车班，都能看见司机在车库前面的空地上擦车。那片空地是水泥地，水泥质地非常好，在灿烂阳光的照射下，水泥地面非常光滑平整，闪烁着哑光的美学效果。

在工人中，厂里的司机和车间的电工、保全工，都是令人羡慕的工种。当我们这些穿着带有油污工作服的工人路过小车班时，与司机偶尔对上眼神，能够看见司机脸上带着一种无法言明的优越感。

张大力找到管理电瓶车的人，递上借条后，把电瓶车开了出来。离开小车班的那片空地，张大力把车子停住了，扭过头，看着坐在旁边的我，说，我刚才给钢板库打电话，没人接，我估计钢板库的人去厕所了，这会儿过去也没人，要不要我带你兜一圈？

我兴奋地立刻点头同意。每天在充满噪音和灰尘的车间里干活儿，恨不得能有机会接触新人新事。那时候，我们厂里能够骑摩托车的工人非常少，六千多人的国营大厂，没有几个人骑得上摩托车，我进厂那会儿，骑“轻骑”的工人都很少。能在厂子里开上电瓶车转悠转悠，对于十八九岁的我来说，也是一件特别新鲜、特别好玩儿的事儿。如今，张大力张师傅主动提出带我玩儿，让我有点儿心潮澎湃。

张大力是一个需要细细端详的人，他有着一张方方正正的大脸，胡子刮得干干净净，眼睛不大，但显得很精神。他肩膀很宽，可能跟他练摔跤有关。

只要说到张大力和摔跤有关的话题，那就一下子说远了。凡是说远了的事儿，都是特别有趣的事儿。

张大力他们家住在东站(即天津站)旁边的胡同里，晚清那会儿东站叫老龙头火车站。那地方距离早年的“六号门”不远。“六号门”可有名了，后来还拍过电影《六号门》，讲的是码头脚行的故事。据说更早前，张大力他们家在老地道外的郭庄子住，20世纪60年代初期，他们家才搬到地道内来。过去老地道外有几个庄子特别有名，除了郭庄子，还有沈庄子、郑庄子、何庄子，这一带乱得很，刚开始的时候，闹事儿的人没有固定头领，一帮一伙的，谁的拳头硬、谁的武功好，谁就能吆喝几个人抱团取暖。后来这帮人有了“黑旗队”的称号，这些人其实都是“扛大个儿”的码头工人，他们靠铁路吃铁路，只要火车路过，上去就扒，什么货物都敢扒。“日占”时期，即使运送军用物资的火车路过老地道外,“黑旗队”的人也照样上去扒,押送火车的日本兵刚把手里的“三八大盖”举起来,还没瞄准呢,不知道从哪儿飞过来的石头子,不偏不倚,正好砸中日本兵的手腕子,“哎呀”一声,“三八大盖”掉了,再看眼前的人和货物,变戏法一样“飞”走了。“黑旗队”连闷罐车都能扒开,趁着弯道拐弯车速放缓的工夫,他们先爬到车顶上,再从车顶上顺下来,一手扒着车身,一手拧开闷罐车“车鼻子”上的铁丝,再依靠身子荡悠的劲儿,巧妙地把自己“顺进”车厢里,到了车厢里面,摸着黑往外扔东西,有一次竟然把两个押车打盹的日本兵当作物资给扔了出去。这一下麻烦了,日本兵挨家挨户地搜查,可是啥都搜不到。原来“扒火车”的人“下货”之后,不会把货物放在家里,而是马上交给负责销货的中间人,随后立刻有人按照黑市价格从中间人手里买走了货物。因为卖价低,中间人再抽头,最后落到“扒火车”的人手里的钱,也就够买几斤棒子面。再后来,日本人派青帮分子打入“黑旗队”,进行分化处理,有的被送到南洋还有日本去挖煤,有的被暗地里残忍地杀掉,还有的成了为日本人卖命的汉奸。

老话一讲,长了,不说了。

张大力开着电瓶车,带着我在厂区兜圈子。正是北方初秋季节，树木还都绿着，天气也还热着。仰头望向远方，蓝天白云，没有任何遮挡。这就是北方进入秋季后的好处，身子不黏了，一早一晚有些凉意，喘气都感觉特别舒服。这个略带伤感的季节，也是我最喜欢的季节。

电瓶车座位窄而短，张大力膀大腰圆，我被他挤得只有三分之一的屁股挨着座位，但这并不妨碍我兴奋的心情。那时候我进厂一年多了，除了去过后院废品堆、职工澡堂、犹如小医院一样的保健站，再有就是食堂（礼堂），说起来还没有完全彻底地走过我们厂子。

张大力张师傅说，我带你去最脏最累的车间。说着话，电瓶车画了一个优美的弧线，向着厂区内部僻静的地方驶去。那会儿我才感觉到，我们工厂的面积太大了，我为能在这样的“大国企”上班而感到骄傲。

这时候，一排排挺拔的白杨树突然出现在我眼前，真像中学课本上《白杨礼赞》描写的那样：“要是你猛抬眼看见了前面远远有一排——不，或者只是三五株，一株，傲然地耸立，像哨兵似的树木的话，那你的恹恹欲睡的情绪又将如何？”在白杨树的后面，有一个灰扑扑的车间，那就是张师傅说的最脏、最累的车间——铸造车间。这里的工人也被称作“翻砂工”。

张师傅把电瓶车停在铸造车间外面的空地上。我下意识地朝铸造车间望过去。这时候，正好有一个浑身上下脏兮兮的、只露出一口白牙的工人走出来，他的耳朵上还挂着一个口罩，不是白色口罩，应该是灰色口罩，不过看上去已经接近黑色了。这个工人来到车间门口，倚在墙上抽烟。这时候，他也看见了张大力的电瓶车，辨认了一下，然后朝张大力招手。

张大力带着我走过去。走到“黑人”面前，看得出来他们特别熟悉，说起话来没有一句客气话。

我站在车间大门口，胆怯地向里面看去。车间里面弥漫着呛人的灰尘，那股明显的灰黑色的烟尘不断地向车间门口冲过来。里面的工人们借助天车，把正在冒着热气的红色铁水，浇筑在地上的模具里。地面上覆盖着厚厚的黑灰色的砂土，工人们忙碌起来的时候，脚底下的灰尘也跟着升腾起来，车间里犹如腾云驾雾一般。

我倒是知道翻砂工洗澡的事儿。因为铸造车间太脏了，所以铸造车间单独有个澡堂子，专门让翻砂工洗澡。有时厂里大澡堂子人太多，也有工人去铸造车间的小澡堂子洗。但翻砂工绝不去厂里的大澡堂子，哪怕只有一个翻砂工下去，热水池子就别想要了，立刻变成黑水汤了。我去过铸造车间的小澡堂子，要是简单淋浴也还凑合，千万不能泡热水池子。热水池子上面油亮油亮的，好像漂着一层黑色的油。我特别纳闷儿，翻砂工泡澡怎么还能泡下来一层油呢？

这是你带的徒弟？露出一口白牙的“黑人”问张大力，然后转脸看着我。

我向“黑人”笑着，说了一句“师傅好”。“黑人”点点头，粗壮的身子犹如一座黑塔。

张大力朝地下掸了掸烟灰，指着我，对“黑人”说，这孩子特别好，有礼貌，爱学习，将来有前途。

“黑人”看着我，喷出一口浓浓的烟，笑着说，就是长得太白了，得到我们车间练一练，把脸皮练黑了，多大的难事儿都不当回事儿了。

张大力用拇指、食指和中指捏住“烟屁股”，生生地捏灭了；转脸对“黑人”说，你们这翻砂车间呀，多好的孩子来了，也得给你们练坏了。

“黑人”忽然攥住张大力的胳膊，转过身子，看着车间上空“轰隆隆”驶过的天车，说，多好的姑娘呀，你呀你，你这辈子呀，就是没有享艳福的命。

张大力的脸突然红了，好像蒙了一层红布。他搡了一把“黑人”，拉着我就走了。

在去钢板库的路上，开着电瓶车的张大力一言不发，似乎在想着什么遥远的往事。

我立刻猜到那应该是一个伤感而又动人的故事。张大力突然带我去铸造车间,说不定与那个“多好的姑娘”有关,莫非他在某个时刻忽然有了对于往昔的感叹,所以手下的方向盘不由自主地转动了方向……身大力不亏的张大力,看上去是一个粗犷的人,实则内心非常细腻,只不过他很少袒露罢了。

我作为一个十八九岁的学徒工,对于师傅们的情感世界还是非常关注的,总想着找机会去探究每一位师傅的内心世界。

2

张大力好像从来不认识“累”这个字,他最大的愿望就是上班干活儿,他愿意加班,愿意天天待在车间里。他跟我动情地说过,晚上躺在床上,感觉身上的力气才用了一多半,剩下的力气使不出去,憋在肌肉里别提多难受了。也不能总是找人摔跤去呀?张师傅叹口气说,爱摔跤的人越来越少了,男人不去摔跤了,都去“卡拉OK”唱歌了,一个个溜肩膀、细胳膊,留着长头发、大鬓角,男不男女不女的,男孩子打扮得像个小姑娘,这日子该咋办呀?

听“小锤儿”老李师傅讲过,张大力是我们组里加班最多的人，就是放眼整个车间，张大力也能排在前面，他绝对是一个“加班冠军”；老李师傅还说过，张大力倒不是为了加班费加班，而是他身上有着使不完的劲儿，不把身上的剩余力气撒出去，晚上睡觉不舒服。

张大力自己讲的，跟老李师傅讲的，正好能够互相印证，说明这事儿就是真的了。单凭这一点，我就羡慕张大力。我每天下班回到家，累得骨头都要散了，早上根本起不来，“马蹄表”的闹铃声即使彻底地响完了，我都听不见，那才叫“睡得像个死狗”呢。

张大力不爱在人多的场合讲话，私下里要是遇上对脾气的人，也能聊得开心顺气。我那会儿就认定，所谓不爱讲话，那是没遇上意气相投的人、没遇见感兴趣的话题，一旦这两个条件满足了，说不定就是无话不讲了，甚至还能讲个天翻地覆。

还有一次，张大力开着电瓶车，也是带着我去钢板库提材料，恰巧遇到钢板库电力系统出现故障，“电葫芦”不能吊运了，我和张大力只好耐心等待电工师傅抢修。

我们俩坐在外面的太阳地里，后背晒着太阳，浑身暖融融的。我一直好奇张大力的那位开天车的“多好的姑娘”，于是就把话题往那方面引，主动说起窦彩莲给我介绍对象又黄了的事儿，然后开始虚心请教，应该怎么搞对象……以后才能不后悔。

张大力听了我的话，肩膀抖动了一下，拿着纸烟的手也下意识地抖了抖，眯缝起眼睛，看着周围的景色。

按照现在的欣赏标准，我们厂就是一座郊野公园，除了生产厂房和相关配套建筑，剩下的就是大片大片自然生长的树林子。喜鹊、麻雀、野鸽子，还有野兔子、野猫、刺猬，各种小动物多得是，因为没有人伤害它们，所以它们不怕人，就连机灵胆小的野兔子，从工人的脚边过去，也没有胆小如鼠的样子，完全就是一只见过世面的、光明正大的兔子，走得那个安稳坦然呀，就连工人们的大声咳嗽，它们也不在意，好像没有听见一样。我们工厂里的小动物们与工人师傅们互不干扰，各自过着各自的生活。

只要看准了人，就得大胆追求。张大力收回了遥远的目光，说道，要么，等以后后悔吧。

我兴奋得赶紧接上话茬儿，立刻问道，那天在铸造车间门口，那个师傅说的开天车的姑娘，是不是跟您搞过对象？

张大力没有躲闪，大大方方地点头承认。

我立刻采用激将法，说，肯定是您不同意，所以才……

错！错！错！张大力听了，着急起身，连忙摆手道，是我错怪了她，怨我呀，怨我呀……

我惊住了，没想到张大力出现这样的情绪。

张大力眼圈红了，跟我讲起他和"天车姑娘"的故事，从他的神情能看出来，他是特别想要讲出来，仿佛再不讲出来，就要把他这个"闷驴子"给憋坏了，他的身子立刻就要爆炸。

她叫姚慧丽。

张大力说完，看着我，继续说，这么跟你讲吧，姚慧丽不比杨伟东老婆邹玲差，你没见过姚慧丽吗？

在我的印象中，"姚慧丽"这个名字倒是听说过。

张大力眼睛闪亮地提醒我，说，个子高高的，腿长长的，眼睛大大的，梳着两个"小鬏鬏"……想起来了吗？打篮球……

哎哟！我想起来了，是绰号"女篮五号"的那个长腿姑娘吗？不，按照辈分，人家可是师傅，她也是"七〇届"的。

张大力这样一提醒，姚慧丽的形象在我眼前立刻清晰起来。

我们厂的班车都停在厂大门进口处左边的一片空地上，选择这片空地，是因为班车能够轻松掉头。在这片空地旁边有一个篮球场，无论是场地还是篮筐和计分台子，都是按照正规比赛的标准设计的。中午休息还有下班后，是篮球场最热闹的时候，尤其是下班后那段时间，篮球场上的叫好声、呼喊声、口哨声，离着老远就能听到，仿佛一锅沸腾的开水。

我们四点下班，班车四点半到达。有时因为路上堵车及其他原因，班车常常不能准时到达，这样等班车的工人们就会把目光自然而然地投向篮球场，那会儿篮球场比我们厂门口不远处的乡村集市还要热闹。

打篮球的多是男职工，也有女职工偶尔参与，但不多，笑吟吟地投上两个距离篮筐好远好远的球，在一片不怀好意的赞美声中，投篮的女职工满脸羞涩地小跑到场边去了。姚慧丽是为数不多的真正的女性参与者，比不少男职工打得好，高了好几个档次。既漂亮又会打球，这就让姚慧丽格外出挑了。

工人们形容女性漂亮，常常以《大众电影》的封面人物还有挂历上的女明星作为标准，他们在夸赞姚慧丽时就会说她“像女明星韩月乔”。我不坐班车，也就很少看到姚慧丽在篮球场上的绰约风姿。后来看过一次，我觉得周围看热闹的人，没有多少人关注男职工的篮球技术水平，他们都是在看姚慧丽，当上百人或是更多人的目光集体看向一个人的时候，那个被注视的人应该是能感受到的。被特别关注的姚慧丽，脸庞红扑扑的，跑起来的时候，她年轻的乳房，就像穿着婚纱展翅高飞的两只小鸽子，看得人们心里乱乱的，在又慌又喜中，还掺杂着惊诧。

姚慧丽外形漂亮，人又开朗大方，接近姚慧丽的人以男性居多，还都是坐办公室的男干部，在众多心怀不轨的男性中间，“厂办”干部李强最疯狂。

李强长相也不赖，个子也高，与姚慧丽站在一起，倒是很般配的一对。李强追求姚慧丽的条件有两个：一个是，跟他好，他能把姚慧丽从最脏最累的铸造车间调出来，能让她坐在亮堂堂的办公室里；另一个是，跟他好，就不能再去篮球场打球，也不能跟其他男性说话。

长相漂亮的女性都有一个犟脾气，况且还是打篮球的漂亮女性。姚慧丽闻言，冷笑一声，转身走了。这可把李强吓坏了，忙不迭地追上去，拉住姚慧丽的衣袖赔礼道歉。

姚慧丽教训他说，我们车间都是男的，就我们几个女职工，你让我不跟男的说话能成吗？再说了，咱们厂子又不是“女儿国”，你这个条件说得通吗？我只能送你一个字。

你说，多说几个字也成，我听着，我都能接受。李强的声音低低的。

不多说，就一个字。姚慧丽说。

好好，你说吧，我听着。李强完全不像坐办公室的干部，神态就像电影里的汉奸。

滚！

姚慧丽蹦出一个字，同时把李强拽在她衣袖上的手一下子扒拉开，在李强的“哎哟”声中，她转过身，一个漂亮的“三步跨栏”，随后又以田径场上竞走运动员的姿势，扭动着美丽的胯骨轴，潇洒地走了。

李强怎么甘心把这么一位美丽调皮的姑娘放走呢？他不顾一切地再次追上去，结结实实地挡在姚慧丽面前，笑着说“我不滚，我不滚”；李强好说歹说好半天，用死皮赖脸的“坚韧”精神，终于留住了外表厉害、内心柔软的姚慧丽。

聪明的李强当然明白，让一个女子一辈子不跟男性说话，这怎么可能呢？除非重新回到“万恶的旧社会”，重新回到“女人大门不出、二门不迈”的封建社会，可这历史的倒退又怎么可能出现呢？其实呀，心知肚明的李强之所以这么讲，不过是仗着自己干部的身份，想要在刚开始接触时，就让姚慧丽在他面前服软。李强认为，只要把姚慧丽的气势拿住了，以后的事儿就好办了。可是，姚慧丽哪吃他这一套呀，这一个“滚”字，就让李强彻底没了脾气，从那以后，老老实实地跟姚慧丽相处了。

3

女人大多不喜欢饶舌的男人，在20世纪80年代，大姑娘小媳妇都喜欢“杜丘”那样的沉默男人。张大力就属于“杜丘”那样的男子汉。起初，张大力不知道有个女子早就暗中注意他了。这个女子就是姚慧丽。按理讲，张大力在铆焊车间，姚慧丽在铸造车间，两个车间一个在厂子大门口，一个在厂子最隐秘的后院。这还不算，张大力不打篮球，姚慧丽怎么能注意到张大力呢？

跟“黑人”有关系。“黑人”算是张大力和姚慧丽之间没有挑明的大媒人。

“黑人”叫边山峰，跟张大力家住得不远，也住在东站附近。俩人还有一层特别的关系，同在一所学校上过学。边山峰比张大力大三个月，因为生日在五月份，所以上学早了一年，属于“六九届”。本来边山峰要去距离天津三百五十公里的地处太行山脉的河北省涉县，天津市在涉县建立了一家铁厂，这在当年是一件轰动全国的工业大事。之前不是说过好多次嘛，天津卫这地面喜欢给人和事儿起绰号，所以天津铁厂那时候也叫“6985”，就像天津地铁叫“7047”一样，看这个数字就能明白，在涉县的天津铁厂是1969年8月5日建成的。在当时的情况下，表现一般的学生去不了天津铁厂，去的都是表现优秀的学生。

边山峰是班干部，是学校内定要去“6985”的人选。可是就在最后圈定名单时，边山峰的阑尾炎突然发作，本以为这个小手术很简单，没承想手术后有后遗症，总是发烧，治好后没几天又接着发烧。天津铁厂属于国家“小三线”建设，不能分配一个病秧子去，边山峰也就错过了这个机会。边山峰着急起来，学校劝他不要着急，好好养病，学校不会不管他的。第二年，学校又破例给他分配了新单位，也就是我们厂。这一次是国营大厂，离家还近。边山峰偷偷地捂嘴乐了。虽说最后分到了最脏最累的铸造车间，但是边山峰照样高兴得不得了。

边山峰跟张大力是在进厂前的体检中认识的，两人因为多说了几句话，发现还是一个学校的，于是勾肩搭背地走得近乎起来。边山峰有时去铆焊车间找张大力，张大力有时去铸造车间找边山峰，因为铸造车间的工人知道自己干活儿时的形象，所以边山峰很少去找张大力，大多时候是张大力来找他。

来到铸造车间的人，没有注意不到姚慧丽的。姚慧丽犹如一株在灰尘堆中盛开的鲜艳的玫瑰花，只要进到灰尘遍地的铸造车间，人们就会看到头顶上的天车；又因为工作性质独特，铸造车间的天车比较低，来人只要仰起脑袋多看一眼，就能看到花色衬衫领子翻在工作服外面的天车工姚慧丽。

她是铸造车间的一朵红玫瑰。张大力跟我说这番话时，双颊依旧带着红晕。

遗憾的是，张大力注意到姚慧丽时，姚慧丽正在被不要脸的李强疯狂地追求。

年轻的我有三点好奇：张大力和姚慧丽是如何走到一起的？又是如何甩掉李强这个狗皮膏药的？最后张大力和姚慧丽又是为何分手的？

张大力坦诚地告诉我，李强和姚慧丽走在一起，后来又分手，是因为一块腕表，一块“东风”牌腕表。

我不由得看了看我手腕上的“东风”牌腕表。我手腕上的这块腕表是我姐姐的，我姐姐结婚后又买了新表，见我上班了，就把这块表给了我。我真是搞不懂，一块腕表竟然还能参与到爱情之中？

李强与姚慧丽刚开始搞对象时，觍着脸说“我不滚”，全方位地迁就姚慧丽。姚慧丽的哥哥要结婚，要给她未来的嫂子买腕表，未来的嫂子选中了“东风”牌腕表。这款表在20世纪70年代初期的天津卫还属于抢手货，它的前身是“五一”牌腕表，是五六十年代国产腕表中的佼佼者。后来不断改进，到了1966年改名为“东风”，1973年的时候，一块“东风”腕表的售价达到了惊人的一百二十元。那时候有一百块钱存款的工人家庭并不多，每个人每月的平均生活费只有五块钱，好多家庭距离月底还有几天就揭不开锅了，不仅是过日子的钱没了，就是粮食也不够吃了，所以那时候还有“借粮日”，每个月的二十五号可以使用下个月的粮食指标。

为什么这款一百二十元的腕表叫“东风”呢？因为当时毛主席用“东风压倒西风”来形容世界局势，所以才有了这个带有政治背景的名字。就是这款腕表，成了中国开始独立制造腕表的开端。

“东风”牌腕表非常抢手，要有表票才能买到。姚慧丽急火火地找到男朋友李强，要他帮她哥哥搞到一张表票，要求一定是全钢防震的，还得是19钻机芯的。时间比较紧张，没有这块腕表，她那个未来的嫂子就不会跟她哥哥订婚。

李强恨不得姚慧丽有事儿求他，立刻答应下来。不到一个礼拜，表票就到了姚慧丽手上。李强把表票放在印有手表厂红色印记的大信封里，封好口后，还粘上了三根鲜艳的鸡毛，代表“十万火急”的意思。姚慧丽拿着“鸡毛信”，眼泪都笑出来了，又是感激，又是觉得好玩儿，于是在李强脸上亲了一口。李强特别激动,也亲了姚慧丽一口。在这之前,李强多次想要亲吻姚慧丽,都被她手一撩,冷冰冰地拒绝了。如今能够互相亲脸蛋儿了,李强怎么能不激动呢? 于是,李强激动地表示,她哥哥结婚,他还要随礼十块钱。

李强终于跟姚慧丽热恋起来了。可是时间长了,李强的坏毛病又来了。不管人多人少,他都要掌控姚慧丽。有一次,姚慧丽下班打球时,因为她要强攻上篮,对方阻拦,她和拦网的男职工双双倒地,两个人的身体有了碰撞。打篮球时,身体接触是不可避免的,对方把姚慧丽拉起来,姚慧丽也是大方地一笑。可就在这时,李强出现了,跑到场地中央,挥手让姚慧丽不要打了。姚慧丽愣住了。李强不由分说,拉起姚慧丽就要走,球场周围百人哄堂大笑。姚慧丽坚决不走,李强当着那么多人的面儿,大喊起来,咱俩现在就分手,你是你,我是我。

李强喊出“咱俩现在就分手”还不到一刻钟,他就后悔了。

当天晚上,李强去姚慧丽家,向她承认错误。性格倔强的姚慧丽不答应,把他推出屋外。李强在姚慧丽家门口站了两个多小时,姚慧丽都没出来。冻得流鼻涕的李强只好回家了。后来又经过多次软磨硬泡,姚慧丽还是没有松口,坚决跟他分手。李强见实在不可挽回,也就死了心。

姚慧丽没想到,李强在背后说了她好多坏话,更气人的是,李强找姚慧丽进行索赔,不仅讨要随礼的十块钱,还要姚慧丽退还表票。这可难坏了姚慧丽。十块钱好办,省吃俭用可以攒下来还给他。可是表票去哪儿找呢?就在姚慧丽走投无路之际,边山峰告诉她,他可以找好哥们儿帮忙,于是介绍了张大力。

这是哪年的事儿呀?我问张师傅。

张大力用回忆的语气说,七年前,也就是1973年。我们这拨人刚进厂三年。

我长长地叹了口气。

张大力感慨道,那时候,“东风”的表票真是不好搞,“东风”是对内销售的牌子,对外销售的时候,叫“海鸥”。可不要小瞧外销的“海鸥”,在国外都有名哩。

我又问,为什么边山峰推荐您帮忙呢?

张大力笑笑说,我姐和我姐夫都在手表厂上班。我姐夫还是技术员。

我这才恍然大悟。

4

组长杨伟东有一个关于培养我的秘密计划,他谁也没告诉，对我也没有讲过，他要把我培养成铆工多面手。本着这样的计划，他给我安排了大量的工作：负责组里的考勤工作，负责每个人的成本核算；每个人干活儿的图纸，在干活儿前也要让我先看看，还要大致给我讲一讲；还有另一个安排，在一段时期里让我集中跟一个师傅干活儿，这样可以把每个师傅的绝活儿都学到手。

有段时间，我经常跟张大力干活儿。张大力的绝活儿不仅是开电瓶车，他还能修理电瓶车，他懂电工原理。车间有电工，有保全工，但是几百人的车间，单纯依靠一个电工、两个“保全”，也会耽误生产，所以遇上不是太复杂的电路问题，张大力都能自己解决。杨伟东提醒过我，跟张师傅多学点儿电工手艺，技多不压身呀！

因为经常跟张大力一起干活儿，熟悉以后，有时就会去他家玩儿，一来二去的，处成了好哥们儿。

我去过张大力家。在一条比老城里宽敞不少的胡同里，距离解放桥电影院不太远。

我在解放桥电影院看过好多次电影，印象最深的是看电影《追捕》，晚上散场时路过海河，望着河水，心里还有些害怕，担心也被坏人“追捕”，害怕被关进精神病院，搞不好再给我推下楼去。解放桥电影院在天津卫很有名气，在20世纪20年代就有了，那时候叫“天升影院”。

我去张大力家时，他像组里的大多数师傅一样还没有结婚，也是跟父母一起住。他家里跟电有关的东西，都是张大力自己捣鼓出来的。电匣子是他买零件攒的；晚上起夜的小灯泡，是他自己组装的；他家的“蝴蝶”牌缝纫机坏了，也是他自己修好的。听张大力父母讲，周围谁家有跟电有关的事儿，全都找他。张大力也愿意帮忙，在邻居们的感谢声中，他高兴得满面春风。

我心里总是惦记着张大力跟姚慧丽的爱情。想要知道最后的结果。

记得有一次，我去解放桥电影院看晚场电影，因为时间宽裕，我提前去了张师傅家。坐了一会儿，张师傅送我出来，他说想在河边走走。他经常一个人在河边散步，他说他喜欢河水，喜欢夜晚灯光下的河水。

那天我们俩走着走着，在我不断地引导下，话题就又扯到了他跟姚慧丽的感情上。

原来，张大力自从跟姚慧丽“好”起来以后，李强就开始在外面散布谣言，说他跟姚慧丽有“那方面”的关系。姚慧丽大闹“厂办”，李强受到了严厉批评，写了好几次检查，说那些坏话都是他瞎编的，根本就没有。可是姚慧丽的“坏名声”传出去了，张大力面对流言蜚语，终于没有挺过去，与姚慧丽渐渐拉远了距离。

张大力说,我还是那句话,自己认准了的事儿,千万不要被乱七八糟的声音搅乱了。

我们师徒俩望着海河水,一时间不知道该说什么。我只好说快到点儿了,我得去电影院了,这才离开沉默的张大力张师傅。

又过了几年,姚慧丽嫁人了,男方是“二婚”,带了一个五岁的小男孩;再后来,姚慧丽调走了,去了另一家工厂。我师傅张大力呢?也结婚了,我没见过张师母,但见过张大力媳妇的人都说,张师母长得跟姚慧丽特别像,她们要是站在一起的话,好多人会认为是亲姐妹。

电砂轮·小褚

1

铆焊车间有个非常奇怪的现象，有的师傅个子不高，绰号里明晃晃地高举“大”字；有的师傅又高又壮，绰号里倒有个扎眼的“小”字。比如，肖显能肖师傅，个子矮，绰号里就有“大”字——肖大批；小褚个子高、身板厚，跟老朱、张大力、杨伟东不相上下，绰号里就带着个“小”字。

小褚叫褚明刚，他的绰号比较各色，就叫“小褚”。把“小褚”叫响的人，是肖大批。肖大批逗趣说，你不是个子高吗？你不是长得壮吗？我偏要叫你小褚。褚明刚不服气地说，你叫我“小”，我就能变“小”吗？肖大批上前一步，一本正经道，能，肯定能把你给叫“小”了。在往后的日子里，无论什么场合，肖大批就开始“小褚、小褚”地叫，起先没叫开，慢慢地，“明刚”和“小褚”混合着叫，再后来所有人跟着肖大批叫褚明刚“小褚”，最后，褚明刚自己也下意识地叫起来小褚。有一次，他在办公室打电话，抄起听筒，跟对方说“我是小褚呀”，旁边的会计听了，禁不住笑起来。事情就是这么简单，大家把“小褚”这个不像绰号的绰号硬是给叫起来了。从褚明刚1970年进厂，大家就这么叫他，一直叫到我进厂的1980年。已经二十六岁的褚明刚还是被“小褚、小褚”地叫着，他已经完全习惯了，大家更是习惯了。

生活中的许多事儿，都是习惯成自然，一旦约定俗成，到最后谁也改变不了，就像焊接起来的钢板，成为一个不能拆开的整体。

我一直觉得，小褚师傅跟我有相见恨晚的感觉。其实，组里的每位师傅对我都特别好，他们把我当作亲弟弟一样对待，我与他们每个人都谈得来。这也是我离开工厂多年后立志要“为师傅立传”的原因，尤其是近些年随着年龄增长，我对师徒情感的怀念也就越发强烈。

那时候，十八九岁的我经常去师傅家玩，无论去哪个师傅家都会受到热情的欢迎，虽然过去了这么多年，师傅们的热情依然令我记忆犹新。我爱去小褚师傅家，还有一个有点儿不好意思说出口的原因——他们家有好多“好吃的”。

小褚师傅的母亲在西北角食品店上班，自从春节我去他家拜年后，他母亲就特别喜欢我，经常跟小褚说，让你那个徒弟小武来家玩儿。

我只要去住在小伙巷的小褚师傅家，他母亲就会变戏法似的拿出一大堆“零嘴儿”，都是我少儿时代喜欢吃的，有高粱饴、老药橘、糖杏干、软豆根、硬豆根，还有酸磨糕糖、砂板糖、花生酥、芝麻南糖、果仁南糖。这些“好吃的”，我小时候在老城里都吃过，搬家离开老城里后，这些“好吃的”就吃不上了，后来老城里整体拆迁，街道宽敞了，胡同没有了，到处都是玻璃幕墙的高楼大厦，那些“好吃的”也就离开了胡同、离开了有烟火气的街道，没有了落脚的地方。可是在天津红桥区的大伙巷、小伙巷、西北角，原来的小胡同还保留了一部分，原来的街道风貌还有遗存，这些“好吃的”也就有了留存的生活氛围。特别令人感叹的是，还有一些食品厂家仍在生产拥有年代记忆的食品。这些“食品人”深深懂得一个道理，不管时代风云如何变幻，人们的口味儿再怎么改变，童年的味觉记忆永远存在。有些食品厂家深谙这个道理，始终没有丢掉这些赚不了多少钱的老口味。

那时候，小褚师傅的母亲还会让小褚把“好吃的”给我带到厂里来。小褚师傅把“好吃的”包裹在一个纸包里，见到我后，放在我的更衣箱上面，朝我挤挤眼睛，啥话也不讲，穿好工作服，戴上手套，走了。我赶紧把纸包放到更衣箱里面，下班后马上拿走，这些“好吃的”我喜欢吃，我们车间的老鼠更喜欢吃。

我们车间的老鼠很厉害，它们经常去的地方是我们工人的更衣箱。更衣箱是铁板焊制的，没有任何缝隙，不知道它们是怎么进来做客的。

更衣箱一米五高、一米宽、一米深；三个箱子焊接在一起，形成一个整体；我们组里的十二个更衣箱被分成四组，整齐地排列在靠近窗户的地方。因为窗户是阳面，冬天的时候更衣箱上面洒满热辣辣的阳光。中午休息的时候，我就在更衣箱上面铺上棉袄，躺在上面睡觉。睡醒后，脸红扑扑的。师傅们逗我说，你刚才可是说梦话了。我忙问梦话说的啥？师傅们不说，只是看着我笑。我慌张起来，挨个儿问，哪个师傅都不讲。最后小褚师傅悄声告诉我，你梦话说要考大学，连说了好几遍，声音一遍比一遍大，像是跟谁在赌气。我当即红了脸，羞得慌，高考成绩那么糟糕，眼下已经是“大国企”的工人了，怎么还想着上大学，真不知天高地厚！但是几年以后的1984年，我倒是考上了国家承认学历的职工大学……当然这都是后话了，是不是跟我当初说的梦话有关呢？

还是接着说更衣箱和聪明的老鼠吧。

更衣箱有三层：最上一层，放车钥匙、眼镜、钢笔之类的小物件；中间一层比较高，一侧是铁挂钩，挂大件衣服，下面还有空当，可以把衣服折叠起来放；最下面一层，放鞋子、帆布手套还有铁榔头之类的小件物品。

我记得有个星期一的早上，我坐在长条木凳上换鞋。把“大头鞋”拿出来，正要穿进去，还没踩到地上，感觉脚底下软乎乎的，同时还伴有“吱吱”的叫声，我又脱下来，把鞋舌头、鞋带扯开些，找准光亮，往里面细看，这一看当即吓傻了，原来“大头鞋”里面有好几个挤在一起的小老鼠，我“哎哟”一声把“大头鞋”扔在了地上。坐在我旁边的小褚师傅见状，不慌不忙地帮我把“大头鞋”捡起来，朝着不远处的垃圾箱走去，他举起“大头鞋”甩了甩，把鞋子里面的小老鼠倒掉，坦然自若地走回来。

我伸着一只脚，好像被人施了魔法，定住了。我惊讶小褚师傅的做法，不把小老鼠弄死……放走了？

小褚师傅笑道，这么小的老鼠，杀它做啥？没有几两肉。

我无语。

我把更衣箱仔细检查了一番，没有任何小洞洞，不知道母老鼠是如何把小老鼠寄存在我的鞋子里面的。说不定星期天我们歇班了，老鼠们趁着车间没人，用了什么神奇的魔法进到更衣箱里面。那次以后，我绝对不敢再在更衣箱里放食品了，即使铁罐的“麦乳精”也不敢放，老鼠们有这么大的本领，要是钻进五块钱的精致漂亮的“麦乳精”铁罐里，我的损失可就太大了。

从那以后，我对放生小老鼠的小褚师傅产生了浓厚的兴趣。他太好玩儿了。

2

小褚师傅的拿手好戏是操作普通的电砂轮。可就是这个“拿手好戏”，给他留下了伴随一生的印记。

电砂轮的技术含量跟油压机、剪板机、滚板机没法比，跟振动剪也比不了，它太普通了，太简单了，任何一个刚进厂的学徒工，不用师傅耐心辅导，只是简单讲一讲，就能立刻操作。

小褚师傅语重心长地告诉我，越是简单的事情越不要轻视，好多人都栽在小事儿上。

电砂轮的高度大约一米二，有一个小台子，砂轮上面有个铁皮防护罩，这样在打磨的时候，铁屑就不会飞溅上来，而是飞向地面。所以电砂轮操作台的地面上，经常会有一层薄薄的铁屑。车间有明确要求，使用电砂轮时，工人要戴防护眼镜，干完活儿还要及时清扫地面。

使用电砂轮的活儿,不是大活儿,都是不起眼的小活儿。好多师傅使用电砂轮时,经常忘记戴防护眼镜。所谓的防护眼镜,就是车间发放的“劳保”眼镜,白色镜片,用来遮挡偶尔飞溅到脸部的砂粒、铁屑,特别是防止溅到眼睛里面。至于打扫地面,要是活儿少的话,也就扭头走了,除非活儿比较多,地面铁屑太多了,找把少毛的扫帚打扫一下。

小褚师傅刚进厂时,有一次在电砂轮上干活儿,嫌麻烦没戴防护眼镜。没干一会儿,突然感觉眼睛疼,摘下帆布手套,用手揉揉眼,接着干;过了一会儿,感觉眼睛发痒,视线有些模糊,用手摸一下,有些湿乎乎的,低头看手上,满是鲜红的血迹。

小褚师傅吓坏了,赶紧关掉电闸,用手挡着脸跑回组里,打开更衣箱,拿出小镜子,这一照,更把他吓坏了,眼角和鼻梁之间的深窝处正在流血。他赶紧用卫生纸蘸了蘸,原来眼窝处破了。

小褚师傅跟我讲,当时他要去保健站让大夫看看,就不会留下麻烦了。厂保健站大夫医术高超,他们有处方权,一般病情可以马上确诊。可是小褚没去保健站找大夫看,自我感觉就是砂粒把皮肤碰破了,止住血后,他从更衣箱里找出防护眼镜,继续在电砂轮上打磨。

碰破了？我问小褚师傅。

哪呀！小褚师傅说，麻烦了。

起先几天，洗脸时没啥感觉，可是几天以后眼角和鼻梁之间的深窝处肿了，稍微碰一下，疼得受不了，看东西还有些模糊。小褚马上去了眼科医院，经过照相检查，发现是两个小砂粒迸进了肉皮里，因为没有及时取出来，导致发炎红肿，对视神经造成了影响，必须马上动手术，否则还会恶化。

伤口处于眼窝处，小褚鼻梁高，缝线的时候不好缝，再加上小褚是瘢痕体质，即使轻微的外伤也会在皮肤表面留下瘢痕。果然，伤好后，眼窝处留下一道明显的伤疤。

小褚师傅用手指着，让我仔细看，果然有一道细长的伤疤。小褚师傅还告诉我，别小看这条细长疤，只要遇上冷天气，伤疤就会变红，天气越冷，颜色越深；随后又苦笑着说，我爸埋怨我大意，自己把自己给破相了。

我逗笑道，不是也没耽误您谈情说爱吗？

小褚师傅挥起拳头，照我胳膊就是一拳。我装作要摔倒的样子"哎哟哎哟"地叫起来。小褚师傅瞪起眼睛，又朝我举起拳头，吓得我赶紧跑走了，担心跑慢了，他像扔鞋子里的小老鼠一样，把我也给"扔"掉。

小褚师傅女朋友的工作单位不错，比其他师傅女朋友的都要好，在文化馆上班，做出纳。后来文化馆搞起了“三产”，把一间会议室改成了录像厅，小褚师傅的女朋友不愿意天天跑银行，于是三番五次地找馆长，申请到录像厅工作。她在录像厅除了卖票还兼职打扫卫生。小褚师傅不愿意女朋友到录像厅，女同志做出纳多好呀，两个人为此还闹了大别扭，差点儿分手，最后小褚师傅主动承认错误，女朋友也就原谅他了。

小褚师傅女朋友供职的文化馆位于市中心，走路去劝业场也就三分钟。录像厅开业后火爆异常，女朋友赚得比以前多了。虽然名头没有做出纳好听，但是赚得多了，经常穿一些漂亮衣服。小褚师傅看女朋友越来越漂亮，也就不在意其他了。

小褚师傅得意地跟我讲，想看录像，就说话。

我心眼儿实诚，说，下班回去，累得不愿意动，总想躺在那儿，双腿不给劲儿。

小年轻的爱睡觉，永远睡不醒。小褚师傅停顿了一会儿，又说，你不是愿意当记者吗？记者得采访呀，哪天采访采访我爸，他可有一肚子故事。

我眼睛一亮。这可比看录像有趣。

那时候我初学写作，总觉得没有采访就写不了，小褚师傅送上门来的采访机会我不想错过，况且小褚师傅的父亲可不是一般人。

小褚师傅的父亲是一名德高望重的老中医。虽说在街办卫生院，但是找他爸看病的人特别多，每天上午二十个号，多一个都不看。他爸尤其会看小孩儿病，药到病除，而且用的都是小药，价格便宜，什么小儿金丹、小儿至宝锭……孩子吃下后，很快就好了，周围的百姓给小褚师傅的父亲起了一个绰号——“小儿王”。周边地区的小孩儿们得病，全都去找“小儿王”褚大夫看病。后来，褚大夫看儿童病看得多了，看成人病就看得少了。

我两岁的小外甥病了。我妈说，你找找你师傅，找“小儿王”看看。我说，那还用找吗？挂号去看不就得了。我妈说，人多，还得排队。我说，不至于吧，还能比买“隐条涤纶”布的人多？我妈瞪了我一眼，命令道，你明天一早去挂号。我说，好吧。

那时候买“隐条涤纶”布得排队，有时候排几小时，排到了，布没了。我没想到，找“小儿王”褚大夫看病的人，不比买“隐条涤纶”布的人少。我一大早去了，挂了个倒数第二，再晚去会儿，号都挂不上了。我妈一顿埋怨我，又说到了医院，跟“小儿王”说个好话，看看能不能提前看。

我抱着小外甥，跟在我妈身后，匆匆来到医院。院子里、诊室里都是抱着孩子的家长，得病的小孩子哭闹不止。我妈瞪了我一眼，又开始埋怨我不早点儿去挂号；接着又小声问我，褚大夫是你师傅的爸爸，就不能说说好话吗？

我硬着头皮挤进诊室，瞅准机会凑近褚大夫，小声说："褚明刚是我师傅。"我以为怎么也得给我个面子。我春节去褚师傅家拜年，跟褚大夫聊得欢天喜地的，可是没想到，这会儿的褚大夫像是不认识我似的，板着脸，让我按号排队等候。旁边等待看病的人鄙夷地瞪着我，不住地夸赞褚大夫不仅医术高明，人品也是顶呱呱。那会儿我有些恍惚，在褚家见到的"小儿王"褚大夫，那可是和蔼可亲呀，没有一点儿架子。

后来，我把带小外甥看病的事儿跟小褚师傅讲了。

小褚师傅说，"小儿王"就那样，别说你呀，我对象家里人找他看病，他也照样让人家后面排队去。

小褚师傅管他爸不叫"爸"，也叫"小儿王"。

我说，你爸大公无私。

是呀，差点儿把我对象给"大公无私"了。小褚师傅苦笑道，幸亏我对象脾气好，不然的话……我这幸福的爱情呀，说不定就毁在"小儿王"手里了。

我听着小褚师傅管自个儿爸爸叫“小儿王”特别有趣，忍不住笑起来。小褚师傅说，你别笑，“小儿王”就是这样，只要坐在诊室里，六亲不认，只认病人。

“小儿王”褚大夫的好多故事让我长了见识，我一直琢磨着哪天跟褚大夫聊聊天，把他老人家肚子里的中医故事“挖”出来。年轻的我，对于不了解的人和事儿，始终充满强烈的好奇心。

小褚师傅答应我，哪天让我去他家，跟他爸爸聊一聊。

我好奇地问小褚师傅，您怎么不学中医呢？中医行当多好呀，越老越值钱！

小褚师傅说，我是怵头背《汤头歌》，烦死人啦，学不来。

3

小褚师傅长得高大威武，说话、做事特别有趣，像个长不大的孩子。他跟我讲起他愿意进工厂的原因，他说，你们谁都猜不到，我既不是为了“大国营”的金字招牌，也不是为了粮食定量，粮本上的四十三斤定量，那是给我妈看的，我不在意。我奇怪地问小褚师傅，那您在意什么？小褚师傅神秘地说道，你永远猜不着，我进工厂最高兴的事儿,是可以每天痛快地洗澡。

小褚师傅这样一讲,我深有同感。的确是这样呀,我进厂那会儿已经是1980年了,有淋浴喷头的人家都没有多少,何况1970年?

我们厂的职工澡堂子,跟老南市的“玉清池”比肯定比不过,人家“玉清池”号称“华北第一池”,比不了,跟劝业场的“华清池”也比不了。虽说比不了外面的名牌浴池,可我们厂的职工澡堂子,那也是牛气冲天的。不像有的厂子只有一个浴池,一三五男职工洗,二四六女职工洗。我们厂拥有两个单独的浴池,男女职工每天都能洗,单凭这一点,就把好多工厂给比下去了。

我在进入工厂之前,经常跟小伙伴们到附近的工厂澡堂子,以家属的名义去“蹭澡”。遇到好说话的师傅,人家把头转过去,我们脚步加快,身子灵活一闪,犹如一张纸片飘进去了;遇到办事严谨的,挨个儿询问爸妈是哪个车间的、叫什么名字,稍有迟疑就被大声呵斥,像轰苍蝇一样轰走。当年我们这些小孩子到工厂去“蹭澡”,谁没有过被呵斥、被轰走的深刻体验呢?所以小褚师傅为我们厂的澡堂子感到骄傲,我太有同感了。

我们厂的职工澡堂子特别气派:大门是两扇挂着布帘的活动门,进去后是个小过厅,过一道门,还要再拐个弯，才是换衣服的地方，冬天时外面的冷风吹不进来；东西两面墙是顶天立地的柜子，柜子被分隔成许多个方方正正的小格子，说是小格子，一个成年人的褂子、裤子放进去绝对宽敞，没有锁头，关上小门，代表这个格子有人用了，放心，衣服丢不了；柜子下面是结实的长条凳子，凳子高度设计合理，站在长条凳子上，一般个子的人也可以够到最上面的小格子；鞋子放在长条凳子下面或是柜子对面的墙根下，自己的鞋子自己认识，也不会穿错。

往里走，就是浴室了。

浴室分为两部分：一部分是热水池子，也就是浴池，喜爱烫澡的，可以下到冒着热气的池子里，尽情地去“哎哟哎哟”地烫澡，那叫一个舒服哩；另一部分是淋浴，一共二十个花洒，每个花洒的距离特别宽，左胳膊背后面、右胳膊搁下面，把一条毛巾拽紧了，用来搓洗后背，这个张牙舞爪的姿势，也不会干扰到旁边的人。关键一点，水流特别冲，冲到身子上特别舒服。

我们厂的澡堂子，可以同时容纳一百多人洗澡，光是浴池的服务人员就有十几个，浴池特别干净，犄角旮旯没有一点儿脏东西。热水池子永远清亮亮的，水面上没有油乎乎的感觉。下水口也没有头发之类的东西阻挡，都有人及时清理。热水池子旁边还备有大块的搓脚石,能想到的服务,后勤科几乎都想到了。

小褚师傅跟我说,只有“大国营”的厂子才有这样的洗澡待遇,小厂子根本比不了。说这话时,他的脸上带着掩饰不住的喜悦。

小褚师傅说他从小就爱洗澡,可是家里地方窄,一家六口人,除了一间大屋子,只有一个可怜的“小刀把”,夏天洗身子还好点儿,男孩子放得开。冬天可就没办法洗澡了,必须去公共浴池,洗一次就得块儿八毛,真是洗不起呀,普通人家的孩子,只有过年过节时才能痛快淋漓地洗一次。

小褚师傅说的这些情况,我特别能理解。记得那时候除夕的早上,一大早起来不干别的,男孩子们拿着家长给的钱,脚不沾地地直奔澡堂子,买牌儿进去后,兴高采烈地开始玩命搓澡,恨不得把一年的污垢全给搓下来,洗到快要晕倒、累得胳膊没劲儿了,这才罢休。经过这么一通折腾,倒是能把一年的污垢给洗下来,可是皮肤受不了,火辣辣地疼。

后来与小褚师傅聊天才知道,他来工厂还跟他爸“小儿王”褚大夫有关。原来,“小儿王”曾在国营大厂保健站工作过,打倒“四人帮”后离开工厂,重新回到医疗战线,原本他可以回到原来工作的中医医院，可由于街办卫生院需要大量有经验的医生，褚大夫响应政府号召，毅然决然地去了街办卫生院。真是应了那句老话，金子在哪儿都发光，褚大夫在街办卫生院干得风生水起，很快成为一方名人。

我这才明白，小褚师傅之所以对工厂拥有深厚感情，还有家庭的原因。

4

“小儿王”褚大夫知道的老故事太多了。在我少年时的认知中，我觉得说评书的人是了不得的人，可自从去小褚师傅家与褚大夫聊过天，才发现老中医不比说书人口才差，也是上知天文下知地理，同样是“故事篓子”。

记得褚大夫第二次见到我，笑着问，泡没泡过病假？说实话。我的脸当即就红了，不好意思地点点头。褚大夫哈哈大笑。

你们“泡病假”的那点儿小聪明我都知道，我可是在工厂待了好多年，见识过“泡病假”的各种阴谋诡计。褚大夫说，只要别“泡”得过了，我都好说话，半天一天都给开假条，可要是过了，我眼睛里可不揉沙子。

我红着脸，朝着褚大夫作揖，说，天底下的保健站大夫都是大好人。

褚大夫捏起小泥壶,嘴对嘴,吸了两口,放下来,用手继续摩挲着小泥壶。那把小泥壶已经有了包浆,不知道用了多少年。

其实说到底,所谓"泡病假"就是家里有事儿,又不想请事假,请事假扣钱多,还会影响到月奖、季度奖和年终奖;歇病假呢,工资扣得少,只要每个月的病假不超过一天,不会影响奖金。即使一个月歇病假超过三天,扣的奖金也比请事假扣得少。这样来看,歇病假还是非常划算的。谁家里没个事儿呀?怎么办?所以每个工人都有过"泡病假"的情况,只不过或多或少罢了。

我也有过"泡病假"的"光荣历史"。那时"泡病假"的"病",主要就是"心动过速"。怎样才能让正常的心脏出现"心动过速"呢?上下楼跑几趟,然后坐到大夫面前,尽量控制自己的喘气,表情上要做到心平气和,然后开始愁眉苦脸地跟大夫说心里不舒服,有发慌的感觉。就在大夫拿起听诊器要放到胸口上时,这时候关键动作来了,双腿要立刻绷起来,要用五个脚指头绷劲儿,这样听下来,心跳大概在一百三十左右,这就算是"心动过速"了,可以达到一天或半天的歇假标准。

褚大夫温和地告诉我,工厂保健站的大夫都知道这个“小把戏”，只不过没有哪个大夫想戳穿这个秘密。

我再次脸红了，不由自主地说，真是谢谢了。

我说的这个“谢谢”，完全是发自肺腑的。原来，保健站大夫这么理解我们这些“泡病假”的工人。要是褚大夫不当面跟我讲，我还以为是自己巧妙地骗过了大夫，原来人家大夫早就心知肚明了。

我喜欢去小褚师傅家，但总要有个正经的理由，这样才能顺理成章，显得特别自然。后来，我终于找到去小褚师傅家的理由了。

小褚师傅有个爱好，这个爱好他对外没讲过，担心让同事知道，说他“充大尾巴鹰”。他有什么爱好呢？看书，不是看小说，是看哲学书。我有个表姐在图书馆上班，我经常替小褚师傅借书。我记得给小褚师傅借过一本书，光是书名《哲学的贫困》，就让我对小褚师傅刮目相看。本来我可以把书带到厂里，我不，我偏要去他家送。这样可以起到“一石二鸟”的作用，既可以吃到沙板糖、豆根糖那些“好吃的”，还能听褚大夫讲故事。褚大夫的中医故事，听得我一愣一愣的，感觉比听评书还过瘾。

有一次给小褚师傅送书，正好我肠胃不舒服，拉肚子，就跟褚大夫说起来。老人家听了我的症状，笑道，不是大事儿，不用吃药，吃饭时吃上两三瓣大蒜，切开生吃，保你能好。

褚大夫特别像我印象中的老中医，一头白发，脸上特别干净。他背对着阳光，两只又薄又大的耳朵，在阳光的照射下变得通体透明，散发出迷人的光晕。

褚大夫从我拉肚子又说到了人的大便也能入药的传奇故事。我倒是知道“童子尿”的传说，喝“童子尿”的场面我还亲眼见过。我家有个远房亲属，我知道她的时候，她已经七十多岁了，因为身子胖，我妈让我叫她“胖姥姥”。记得有一年夏天，胖姥姥来我们家，我姐和我妈带着孩子坐在马路边上乘凉。正赶上我姐要给吃奶的小外甥把尿，闻听我小外甥要撒尿，胖姥姥连呼“慢点儿慢点儿”，让我去拿一个小碗，她用小碗接住尿，趁着热乎劲儿一饮而尽。当时我正在上小学，被这个场面吓坏了。胖姥姥喝完，用手掌抹了一下嘴角，咂巴着嘴，对我说，童子尿不脏，能治病哩。

如今又听褚大夫说大便也能入药，立刻想起当年胖姥姥直接喝尿的场景，我以为人的大便也能直接吃掉，就像胖姥姥当年喝“童子尿”一样……当即觉得恶心想吐。

褚大夫听完我的回忆，大笑起来，说，两码事儿，你知道金汁吗?

我问,金子化成的水,金水?

不是金子化成的水。褚大夫摇头道,是少年的粪便化成的水。

啊?我惊得说不出话来。

褚大夫说,金汁的制作过程可讲究了,取十一岁到十四岁之间男孩儿的粪便,多一岁不成,少一岁也不成。提取金汁的季节得是寒冬腊月、天寒地冻的季节。为啥要选这个季节?因为这个季节是人体状态最好的季节。这个时候的男孩儿不容易拉稀,肠胃好,还因为这个时候气温低,容易保存。

直接把男孩儿的粪便保留下来?我依旧惊讶。

不,麻烦着呢。要把干净的泉水、井水还有红土,跟男孩儿的粪便放在一起,用筛子过滤掉杂质,取出过滤后的粪汁,还得加入甘草水,放入陶罐里,上面用干净的黄土盖上,埋进土里,埋得越深越好。

我听完这个程序,还是觉得不可思议。又问道,要埋多久呢?

褚大夫说,二十年或三十年。

啊,得埋这么多年呀?!我禁不住喊出声来。

几十年以后把陶罐挖出来,这还不算完,后面还有程序呢。褚大夫平静地说，几十年以后，发酵后的粪水分为三层，最下面的沉淀是残渣，中间是白色的水，最上面黄金颜色的，才是金汁。

喝吗？我不解。

当然喝喽，一般人喝不起，紫禁城里的人才能喝。褚大夫说，能治的病多得是，清热解毒、高烧高热，还有河豚中毒和腹泻。

我长舒一口气，问，还有呢？

褚大夫轻松地说，用金汁还可以美容，去掉脸上的黑斑、黄斑。

我提到嗓子眼儿里的那口气，这才呼出去。

我跟小褚师傅说，比去文化馆看录像有意思多了。小褚师傅说，“小儿王”讲的全都是稀奇古怪的事儿。你要是多跟他聊天，说不定你以后当不了大记者，也能当上老中医。

我羡慕道，褚师傅，您要是跟伯父学习中医多有意思呀，这个行业可是有趣呀。

小褚师傅笑了笑，没再说什么。

5

20世纪80年代，社会上每天都有新鲜的事儿出现，这些新鲜事儿能够“刮”到社会的任何角落,也包括远离市区的工厂里面,什么港台歌曲,什么蛤蟆镜、喇叭裤,什么卡拉OK……不仅让年轻人坐立不安,也让我的师傅们蠢蠢欲动,或多或少有了“活思想”。

有一天,小褚师傅悄声问我,想不想学跳舞?

我心中一惊,问道,想学呀……去哪儿学?

小褚师傅说,我对象那里,他们文化馆把会议室改成了舞厅。

我问,录像不搞了?

两码事儿,我没讲清楚。录像厅在小会议室,舞厅在大会议室。小褚师傅双眼闪亮,说,舞厅生意火爆极了。

我好奇地问,听说票价挺贵的?

你呀,脑子怎么不转轴呢?小褚师傅说,咱不是有人吗?哪天我带你去。

我点点头。

不知为什么,自从小褚师傅跟我讲过跳舞的事儿,我的心情就开始波澜起伏。我的好多同学都已经去过舞厅了,我竟然还没有去过,这要是跟同学在一起说起来,真有些丢脸。

那阵子,跳舞已经成为街谈巷议的热门话题,我们厂的青工们也都议论纷纷,跃跃欲试,但又胆小不敢上阵。

那会儿每天午饭时间，食堂（礼堂）里就会上演跳舞的热闹场面。厂团委号召青年人学习跳舞，说是会跳舞的青年人才是朝气蓬勃的青年人，只有朝气蓬勃才能实现“四个现代化”，死眉塌眼、没有生活激情的人，也不会干好本职工作。

有时候，广播站的播音员站在舞台中央，举着话筒，热情地鼓励大家上台跳舞，好多师傅坐在下面，一边吃着饭，一边欣赏，不时地互相鼓励上台去，跳一会儿也好呀，有舞台又有音乐，多好的学习机会呀。

广播站的广播员，是个“以工代干”的青年女工，个子不高，瘦瘦的，普通话说得纯正。不知道她是由于激动，还是文化水平不高，竟然念了错别字，“请大家快点儿上台来，让我们一起姗姗起舞”，她把“翩翩起舞”给念成了“姗姗起舞”，说一遍也就罢了，她连说了好多遍。可能大家的心思都集中到了跳舞上面，没人注意到广播员念了错别字。

虽然已经初春，但是郊外空旷，一早一晚依旧很冷，好多青工穿着绿色军大衣就上台了，还有的工人穿着一身不太干净的工作服也上台了，大家在水泥地面的舞台上笨拙地跳着“吉特巴”“伦巴”，还有“快三”和“慢四”。即使跳得不好看也没有人讥讽嘲笑，大都是羡慕，敢上台扭动腰肢就已经不简单了，又因为跳的、看的全都特别激动，所以没有人注意细枝末节。

这时候，忽然有人喊“季师傅来了”。这一喊，舞台上的青工们不敢跳了，全都躲在边上，看着信步上台的季师傅。

金工车间的季师傅，是我们厂子跳得最好的人。但他是个有残疾的人，左边颧骨下面完全塌陷，一点儿肉都没有，只有一张紧绷绷的皮，这样看上去，季师傅好像只有半张脸，不知道是生来残疾，还是后天伤残。

别看季师傅只有半张脸，业余时间完全被女工围绕着，向他学习跳舞。各种舞步季师傅都会跳，轻盈帅气，尤其是“吉特巴”，无与伦比，用什么形容词都无法形容。后来，不仅女工找他学习，男工也找他学习。大家这才知道，原来季师傅男女步都会跳。厂团委办了一个交际舞学习班，三顾茅庐才请来了忙碌的季师傅。

季师傅带着一个又一个工人跳起来，大家围拢在他的左右，有的看他脚下的舞步，有的看他的姿态，有的看他的面部表情，大家一边认真学习，一边不住地啧啧赞叹。

我坐在舞台下面的椅子上，已经没有心思吃白菜炖肉了，也没心思喝小虾米白萝卜汤了，小声跟小褚师傅说，要不……我也去报个班，跟季师傅学学？

小褚师傅犹豫了一下，说，还是让我对象帮你找老师吧。他们文化馆多得是，同事全都能歌善舞。跳新疆舞，脖子像是装了轴承；跳蒙古舞，双肩抖得像是装了弹簧。我帮你联系，说不定你还能遇见对上眼的了。

小褚师傅这样一讲，我心里开始动摇起来。

过了几天，小褚师傅找到我问，你跟肖大批说过要去文化馆找我对象学跳舞的事儿？我赶紧摇头道，没有没有，我没说过，怎么了？小褚师傅笑起来，你别紧张，肖大批这家伙不知道从哪听说我对象不干出纳了，在舞厅上班，这家伙准备找几个人去学习学习、切磋切磋。我再次向小褚师傅表明，我没跟任何人说过要去学习跳舞的事儿，我可不是“闲老婆嚼舌头”的人。

小褚师傅连忙摆手道，没事儿没事儿，我倒是觉得肖大批这个提法有意思，大家整天上班这么累，必须得活跃活跃业余生活呀，咱们厂团委也号召大家学跳舞，我琢磨了，这事儿没问题。

我附和着小褚师傅说，现在男女老幼都在学，外面舞蹈培训班多得是，肯定没事儿的，舞场又都是国家开的，只要不跳蒙面舞、黑灯舞，嘛事儿都没有。

小褚师傅听了，完全赞同，不住地点头。

又过了几天，肖大批在组里正式宣布，他老婆窦彩莲找了几个调料厂的女工，让他再找几个厂子里的男工，大家一起去小褚对象的舞厅跳舞联欢。谁要去，赶紧报名，每人交五块钱，人家小褚对象给咱打折。

起先，我以为跳舞这事儿，大家只是说说而已，真没想到，肖大批和小褚师傅竟然就把这事儿给促成了。

到了星期天，我们浩浩荡荡地去跳舞了。那天去的人除了我和小褚师傅、肖大批、“卷毛孙”，小褚师傅还让我再喊上几个跟我同时进厂的男工。小褚师傅说，跳舞这事儿呀，人多才有意思。我心里明白，这是人多壮胆，大家都没跳过舞，心里没底，担心露怯。

那天下午，我们在文化馆大门外的街道上集合，发现窦彩莲和她们工厂的几个女工也到了。刚刚进入春天，天还有些凉呢，可是调料厂的几个女工都穿上了花裙子，还都齐刷刷地踩上了高跟鞋，看得出来她们化了妆，身上香味儿特别浓，我刚走到她们跟前，就连续打了好几个响亮的喷嚏。

让我没想到的是，窦彩莲之前给我介绍的那个说天津话的女工小徐也来了，我一时不知道说什么好，尴尬地站在那儿，感觉双手像是两个多余的东西，一会儿插进口袋里，一会儿背在身后。我心里一个劲儿地埋怨肖大批肖师傅，怎么不提前说一声？好让我有个心理准备呀！

肖大批和窦彩莲看出了我的尴尬，俩人一起笑起来。

窦彩莲走过来，嘎嘣脆地说，你还大小伙子了，怎么比女同志还腼腆，来来来，快点儿进去吧。

窦彩莲特别适合干工会的工作，还适合当工会主席，她硬是把这些没见过面的人、尴尬的人凑在一起，还能让大家快速熟悉起来。她买了爆米花、葵花籽、水果拼盘，还有好几瓶汽水，小桌上堆得满满当当的已经放不开了，她还要去买，被肖大批悄悄拦住了。

这时候，音乐响起来，光线暗下来，可没有人去跳舞，谁都不想当第一个上场的人。窦彩莲坐不住了，招呼大家不要拘谨，抓紧时间去跳舞，还等什么呀，再等黄花菜都凉了。

小褚师傅的女朋友姓张，我喊她“张姐”。张姐不像干过出纳的人，性格跟窦彩莲差不多，也是爽快性子。两个性格相似的女人一见如故，她们坐在卡座上，热烈地说起话来，时不时地转动着身子，张罗着众人喝水、跳舞。只要看见有人坐着不跳，她俩就会用手指着，比画着快点儿去跳。

《巴比伦河》的音乐响了起来，带着悠远，带着伤感。

小徐站起来，走到我座位旁，主动伸出右手，邀请我跟她跳舞。我心惊肉跳地站起来，与她一起走向舞池中央。本来我们俩一般高，可是穿上高跟鞋的她，竟比我高出一大块。小徐身上的香水味道比较温和，是我能够适应的味道。

我不会跳舞。小徐跳得非常好，再加上伦巴舞步比较简单，她“拉”着我，慢慢地在舞场上“走”。

我问道，你跟谁学的？

小徐轻描淡写地说，跳舞还用学吗？我从小就爱跳舞，要不是我爸逼着我进工厂，我早就去考歌舞团了。

小徐跳得的确好，姿态优美，脚步跟曲调完全合拍，她不仅会跳正规的伦巴舞，还能跳姿势怪异的“瘸腿伦巴”，真是把我看呆了，她除了还是说一口纯正的天津话，似乎成了另外一个人。

舞场光线比较暗，再加上有旋转闪烁的灯光，我和小徐看不清彼此的表情……但我感觉她的手和我的手一样，都有些微微颤抖，我们俩的手心都出了汗……

一曲完毕，我们回到各自的卡座上。

窦彩莲走过来，一屁股坐到我对面，问我，后悔了吧？小徐多漂亮，说天津话怎么了？天津人不说天津话，非得说巴拿马的话？说巴拿马的话你听得懂吗？臭毛病！

哦,你要是还有想法儿,我就再给你搭个搭个。

我不好意思地摇摇头,不知为什么,那会儿想起我抄在本子上的一个外国诗人的名言,我用忧伤的语调说,一切过去了的都会变成美好的回忆。

窦彩莲听了,笑道,你呀你,哪儿都好,就是脚不沾地,天天在空中飘。

我被窦彩莲说得不好意思,刚想进一步解释,音乐又响起来了。

窦彩莲马上对我说,刚才人家小徐邀请你,你现在过去邀请人家,舞场上都是男的邀请女的,哪有让女的邀请男的的?你还总是背名人名句,这个礼貌那些名人怎么没教你?

我被窦彩莲训斥得脸上火烧火燎的,幸亏舞厅灯光暗,没人看得出来。我赶紧站起来去邀请小徐。走过窦彩莲身边时,她在我后背上狠狠拍了一巴掌,笑道,你呀你,整天死记硬背那些不中用的名词,我看呀,应该送你两个字。

我停下脚步,忙问哪两个字?

窦彩莲犹豫了一下,笑道,我不是说你,我是说肖显能。

我更糊涂了,再问,跟肖师傅有啥关系?

他是你师傅，我就得先给他。窦彩莲说。

我还是糊涂，继续追问是哪两个字。

你可真是笨，回家自己琢磨去。窦彩莲扒拉我一下，说，快去邀请小徐呀，一会儿让“卷毛孙”给邀走哩。

钉冲·王向辉

1

王向辉是我的第二个组长师傅。

我上班四年后，从铆工七组调到铆工一组。按照铆焊车间不成文的规定，学徒工出师后要换一个新班组。与我同时进厂的青工，出师一年后就换了新班组，我出师两年才换班组。为什么晚一年，我不知道。我不想换新班组，我已经跟师傅们熟悉了，换了新班组还得重新适应。在得到换班组的通知后，我跟组长杨伟东讲了心里的想法。杨伟东叹口气说，不成呀，这是车间规定。

我站在带了我四年的组长杨伟东面前，眼睛湿润起来，我紧绷着脸，不让眼泪流下来。

杨伟东眼睛看着别处，轻松地说，不还在一个车间吗？有事儿还找我。

我知道杨伟东舍不得我走，所以他才不敢直视我的眼睛，他是担心我们目光对视，他也会像我一样控制不住地流眼泪。

我来到铆工一组。

组长王向辉，比杨伟东年龄大。王向辉是“六八届”初中生，本来他应该“上山下乡”的，但因他是独生子，父母又有重病，所以就留城了。王向辉性格稳重，身材瘦高，感觉他身上只有骨头架子，没有一点儿多余的肉。王向辉经常叼着一根烟，那根烟犹如焊在了他的下嘴唇上，无论干什么，烟卷都不掉。有时烟灰很长了，看上去摇摇欲坠，可依旧掉不下来。王向辉有时抽价钱稍贵些的“大前门”，有时抽价格低的“墨菊”，无论抽什么牌子，他从不互相让烟，只抽自己的烟。他不大爱说话，神情总像是在想着什么事情。

作为铆工组长，王向辉的技术当然无可挑剔，他看图纸的水平比杨伟东还要高。他留给我最清晰的工作图景是：坐在组里的长条木凳上，把图纸铺在长条桌子上，不紧不慢地看着图纸，一会儿坐着看，一会儿站着看。无论坐着还是站着，面对图纸时他不抽烟，大概担心烟灰掉下来烧坏了图纸。

我到“铆一”报到的第一天，王向辉把我介绍给组里的每个人，然后把我留下来，郑重其事地和我谈心。他说杨伟东已经详细地介绍了我，又说，即使不介绍，他也知道我的一些情况。王向辉还特地讲了我学徒第一年用样板铁打喷壶的事儿。

我不好意思地说,好几年前的事儿了,您还记得呀。

王向辉说,怎么不记得,当年可是轰动了车间呀。

王向辉这么讲,没有一点儿夸张。我在学徒第一年能打喷壶的事儿,传遍车间的每个角落。那是我最风光的一年,就连人人害怕的车间主任"李瞪眼"见到我,也是笑容可掬。

脚踏实地地干下去,一定能做个大工匠。王向辉真诚地说,好好干吧,前途无量呀。

我不好意思地说,杨师傅也这样鼓励过我。

王向辉点点头,问道,你现在……看图纸怎么样?

我实话实说,简单的图纸还可以,太复杂的图纸看不懂,总图就更看不懂了。

看不明白的地方找我问,别不好意思。王向辉停顿了一下,感慨地说,铆工这行当呀,好汉不愿干,赖汉干不了。要是真干好了,也挺有意思的。

"好汉不愿干,赖汉干不了"这句话,是所有铆工师傅的口头语,从我进厂的第一天起,就经常听师傅们这样讲。

王向辉话少,不爱开玩笑,可听其他师傅讲,他爸早年在南市撂地说相声，新中国成立后进了专业剧团；到了"文革"时期，被下放到街办三轮社，蹬了十多年的三轮车；再后来，社会秩序恢复正常后，他爸又重操老本行，去了区文化馆的曲艺队。

王向辉的家庭背景让我特别吃惊。按照我稚嫩的逻辑，爹是说相声的，儿子多多少少也会受点儿熏染，可是和他在一起干活儿，看不出他有一丝一毫的幽默感，他除了抽烟卷、看图纸，好像再没有其他爱好了，无论什么时候端详他的表情，都看不出喜怒哀乐。

有一次早上开完例会后，王向辉让我先别走，招手让我到他的更衣箱前面，从箱子里拿出一个精致的小东西递到我手上，说是送给我的"见面礼"。第一个组长杨伟东也送过我"见面礼"，是一把不锈钢的小榔头，如今第二个组长王向辉送我的"见面礼"，是一个不锈钢钉冲。

六边形的钉冲，一端是平面，一端是锥面。要是没有锥面，它极像我们常见的印章。掂在手里，沉甸甸的。王向辉告诉我，这是他自己做的，舍不得用，送给我作为师徒关系的信物。王向辉还预言，我要是好好学技术，将来肯定是一个优秀的大工匠，比他们那代人要强百倍。我被王向辉鼓舞得不好意思，脸腾地红了。

在铆工的所有生产工具中，钉冲非常不显眼，但没它还不成。在铁板上画线，尤其是一些不规则的线，要想准确，必须得用钉冲：一手榔头、一手钉冲，用榔头敲击钉冲，轻轻地“砸”出一个个“点”后，再按照图纸要求进行画线，这样操作的好处是可以避免出现微小差错。

每个铆工师傅，手头上除了卷尺就是钉冲，这两件是铆工必备的工具。许多时候，师傅们把钉冲当作一件工艺品来制作，材质、样式五花八门，只要自己喜欢，做成什么形状都可以，没有特定的要求。有的师傅把钉冲做成子弹头形状，还有的师傅做成烟嘴形状，没事儿的时候从口袋里掏出钉冲把玩，很多铆工把钉冲当成“手把件”。

2

我到“铆一”时，已经十月份了，很快就要过年了。

我照例正月初三去师傅家拜年。提前跟王向辉说了，得到他家地址后，才发现我们曾经住得很近。他家住在南市地区的华安大街，这条街上有一所小学，王向辉就住在小学旁边的胡同里。胡同斜对面是曾经的“老电台”，这里距离东兴市场中心区域只有一街之隔。

我上小学三年级的时候，我家从老城里搬到华安街，在那条热闹的大街上居住了数年，后又搬家离开。

我有个小学同学姓戴，父母都是印尼华侨，戴同学家就住在“老电台”的大院里。那时候的小学是半天上课，半天回家写作业。写作业不在自己家，以学习小组为单位，四五个住得较近的同学组成一个学习小组，学习地点选在住房宽敞的同学家里。我所在学习小组的学习地点就是戴同学家。那时候作业留得少，很快就能写完，剩下的时间可以开心地玩一会儿。

那会儿，我特别愿意去戴同学家，只要来到“老电台”大院，就好像来到了另外一个世界。

“老电台”大院有一个破旧的双开大铁门，右边的大铁门上又开了一扇小门。平时大门不开，居民走小门。在我的印象里，从来没见过有人进出大院，想必是大院里的住户不多吧。别看大院外面不起眼，里面却非常大，院子里有枝叶繁茂的梧桐树、鹅卵石小路，还有造型别致的假山，但所有的一切都是破旧的。大院秋天的风景最美，地上落满了金黄色的梧桐落叶，踩上去，脚下发出“嚓嚓嚓”的响声，像是身边有人跟你说悄悄话。

戴同学家的房子特别高大，掩映在梧桐树中间。屋子进门处有石阶，石阶两旁是一个弧形缓坡，现在想来应该是走小汽车的坡道。房子和院子一样破旧，尖尖的屋顶上长满纷乱的杂草，在风中微微抖动。进到屋里，枣红色的木地板和护墙板，感觉稍微用布擦一下，就会锃光瓦亮。戴同学用脚跺着地板说，这里过去是电台的录音间。我们几个同学巡视了好半天，也没发现电台。戴同学撇着嘴说，早就没有电台了，那都是好多好多年前的事儿了，跟你们说不清。再后来，戴同学说，你们来不了我们家写作业啦，我们全家要去印尼了。我们问他怎么去，他指着天空说，坐飞机去。我们特别惊讶，特别羡慕。想到戴同学坐着飞机出国，立刻感觉他头顶上笼罩着一圈亮闪闪的光晕。

我去王向辉家拜年时，把我小学时去“老电台”大院写作业的事儿跟王向辉的父亲讲了。王伯父不住地点头，夸赞我记性好；还告诉我，早年间说相声的“小蘑菇”常宝堃、唱大鼓的“小彩舞”……都去“老电台”录过音。我问早年间是哪年呀？王伯父声调悠悠地说，解放前了。

王伯父嗓音有些沙哑，眼神略显黯淡。他是光头，剃得锃亮，穿着一件深灰色的中式对襟棉袄，一双黑色的“骆驼鞍”棉鞋。我以为王伯父既然是说相声的，那就应该每句话都有一个“小包袱”，应该满面笑容才对。可是王伯父说话不笑，也没有“小包袱”。我私下里想，王向辉倒是遗传了父亲沉闷的性格。

王向辉已经结婚成家，有个四岁的儿子。我去拜年时，没有见到师母和孩子。王向辉跟我说，娘儿俩出去玩儿了。

小院不大，但是房子特别高，阳光没有遮挡地照射进来。王向辉的父母住一间，他们三口儿住旁边一间。王向辉说跟父母住在一起方便照顾。王向辉还有弟弟妹妹，他们也都结婚成家了。

一个家庭里总会有一个爱说话的人。王向辉的妈妈爱说话，从我进门的那一刻起，王伯母的话始终没停。

王伯母个子不高，梳着老年女性常见的短发，微胖，有着一双明亮的大眼睛，感觉就是院子外面发生的事儿，王伯母都能马上看见。只要王伯母说话，王伯父就会沉默，主动把话语权交给老伴儿，让老伴儿说个痛快。

爱说话的人容易泄露秘密。我从王伯母的话语中得知，已经退休的她老人家，早年间是理发师傅，我这才恍然大悟，王伯母这么爱说话，原来是有缘由的，跟她的工作性质有关。裁剪师傅、理发师傅都爱说话，不说话可不成，闷头做活儿对顾客不礼貌。

王向辉笑着说，你要是跟我妈聊天，你就像是进了图书馆，八百年前的事儿我妈都知道。

王伯母看着儿子，埋怨道，你把你妈当成书本了。

王向辉笑着说，这不是比喻吗？小武的理想是当记者，我们跟记者说话，不就得甩点儿文辞吗？

王伯母惊讶地看着我，一个劲儿地鼓励我，将来早点儿当记者，拿着话筒四处采访能够长见识。我连忙摆手，谦虚道，没有的事儿呀，王师傅这是鼓励我，不可当真。

王伯母不再纠缠我将来要当记者的事儿，但这也给了她老人家聊天的灵感，于是跟我说起好多早年间的老话。

王伯母讲的都是天津卫的老事儿，我从来没听过，感觉就像是孙猴子翻跟头翻出来的故事。王伯母告诉我，带她的师傅解放前在“仙宫理发店”做活儿，后来这家理发店改了名字，叫“世界理发店”。

你去过中国大戏院吗？王伯母问我。

我说去过呀，小时候我妈带我去看过样板戏《红灯记》，我上小学时看过电影《红孩子》。

你记性还真好。我说的这家仙宫理发店，就在中国大戏院对面。王伯母说，解放前，这家理发店名气可大了。

大概是年岁大了，王伯母酷爱回忆过去的老事儿，王伯父在旁边听着，依旧一言不发。

王伯母说，过去听她师傅讲，当年去“仙宫”理发的人，有末代皇后婉容，还有来天津演出的马连良马老板、金少山金老板。1930年，黎锦晖夫妇率领上海明月社旗下的明星来天津演出，王人美、黎莉莉也都在“仙宫”做过头发。还有许多租界地的外国人，也是仙宫理发店的常客。

王伯母激动地说，仙宫理发店的理发师傅，还有做女活儿的烫发师傅，都是技术高超的手艺人。当年店里有一位女理发师，不仅手艺好，还精通英、俄、德、意四国语言。

王向辉在旁边插嘴说，别看我妈退休了，街坊邻居们的脑袋她全包了，这不快过年时，我妈就没有一天能闲下来，等她整理发型的人排成了长队。我妈还总是看《大众电影》，哪个女明星有了新发型，她就要给人家上新发型，成瘾了，拦不住呀。

我这是助人为乐。王伯母兴奋地说着那些陈年往事，眼睛始终闪闪发亮。

一直没有出声的王伯父，低着头说，还没说完呀？我记得还有那些行话，你还没讲呢？

王伯母瞪了老伴儿一眼，说，你要抖包袱呀？

王伯父又不说话了。

王伯母说，你们在铆焊车间干活儿，是不是也有行话？

我立刻想起铆工把毫米说成“米厘”的事儿，于是讲了。王伯母说，我们理发这行当也有行话。

王伯母说，我们把顾客称作“交”，顾客来了就是“交来了”；把刮脸刀称作“青子”；理发师去卫生间，叫“老蹲了”；提醒收银台收费，叫“掐把儿吗”；师傅准备去吃饭，又不想让顾客知道，于是就会对旁人说一句“我老掸了”。

我不解，问，为什么要说行话呢？

王伯父终于插话道，这就是天津卫的特点。

我想问问王伯父，相声界的行话是什么？可是犹豫了一下没有张口，我猜想只要王伯母在跟前儿，王伯父肯定不会讲的。

如今想起来，王向辉的父母真像是说相声的，一个逗哏，一个捧哏，老两口儿配合得相得益彰。

从那年拜年开始，我就特别喜欢去王向辉王师傅家，跟他爸妈聊天可以知道不少有趣的往事。我把这个想法讲给了王向辉。王向辉说，你还真是当记者的料哩。

我不好意思地笑着，赶紧给自己找台阶下，说，我就是好奇，就是好奇。

3

我在见到王伯父和王伯母之后，觉得组长王向辉应该是一个活泼的人，尽管王伯父不爱说话，但是王伯母爱说话呀,可王向辉既没有父亲的“暗逗哏”,也没有母亲的“明捧哏”,与父母的性格完全不搭界。后来才知道,他有挥之不去的心事,这个“心事”来自他四岁的儿子。

他儿子天生残疾,跛脚,走路特别明显。孩子在幼儿园里经常受欺负,都是几岁的小孩子,当着老师的面他们不敢,只要老师不在,那些小孩子就会唱起民间歌谣:“你说地不平,他说地有坑,他就是不说他的小腿有点儿毛病。”王向辉的儿子没有任何办法反击,只能自己躲在没人的地方偷偷地抹眼泪,用小拳头捶自己的伤腿。日子久了,孩子变得特别孤僻,跟谁都不说话。

王向辉和妻子找过幼儿园老师,老师在班里宣布,谁要是针对小朋友的生理缺陷讲笑话,不仅要批评,还要请家长。话是这么讲了,可都是几岁大的小屁孩儿,转过脸去忘得一干二净,王向辉两口子又不能把小孩子怎么样,没有办法,只能安慰自己家的孩子,日久天长,孩子的情绪起伏不定。幼儿园去不了啦,爷爷奶奶就在家照看,有时遇到孩子情绪起伏大,王向辉的爱人就得请假在家照料。

孩子的残疾也导致王向辉情绪低落,他经常一个人发呆。我不知道怎么劝说、开解王师傅。这样的事情实在是不好劝解,似乎所有的安慰都起不到什么作用。

有一次，我和王向辉一起干活儿，下班时还没干完，我们俩只好加班多干会儿，时间也不长，一个小时就干完了。

我们厂下班早，四点钟下班，加班一个小时也才五点来钟。当时刚刚入秋，天黑得晚，我们洗漱后，王向辉望着空旷的车间，忽然问我，下班有事儿吗？我说，我能有什么事儿，"父母月"。天津人把没结婚时的日子称作"父母月"，延伸之意就是轻松的日子。

王向辉说，厂门口开了一家饺子店，那天中午我吃过一次，羊肉馅儿的，好吃，今天我请你吃饺子，怎么样？师傅请客吃饺子，我当然高兴，当即答应下来。

1984年的北郊工业区，比我四年前来厂时繁华多了。距工厂骑车七八分钟路程的地方，已经有了售卖蔬菜和日常用品的自由市场；公路边盖起了工人新村，一排排红砖平房的出现，让原本荒凉的庄稼地充满了生活的活泼气息。

我和王向辉骑着自行车，来到那家新开张的饺子馆。生意真是不错，顾客特别多，大都是我们厂的工人。有的认识，王向辉就点点头、笑一笑；有的不熟悉，但从工作服上还有话语中，也能看出来是我们厂子的。周边农民很少下馆子，他们总是觉得下馆子不划算，会拿任何一道菜跟自家种的菜进行比较,这样一比较,就会感觉价格太贵了,也就不下馆子了。

王向辉毫不犹豫地要了二斤饺子。

我吓坏了,说,吃不了呀王师傅,您要得太多了。

王向辉沉静道,大小伙子,吃吧,吃不了带走。

王向辉眨眨眼睛,忽然问我,你也二十二了,今天陪我喝点儿,怎么样?

其实,那时候我已经在偷偷学喝酒了,喝得不多,一两酒没喝完,脑袋就晕乎了。我不知道王向辉的酒量如何,看他要了三两散装白酒,估计酒量也一般。王向辉又要了一碟拍黄瓜、一碟炸果仁,还要了一大碗酸辣汤。

王向辉说,饺子就酒,越吃越有。

小饭馆里乱哄哄的,我们俩的嗓门儿也就不由得提高了。酒,对于男人来讲真是好东西,才刚喝下两小盅,我们俩的话全都多了起来。

王向辉捏着酒盅,主动跟我说起他儿子的跛脚。

我说,王师傅呀,您知道拜伦吗?

王向辉睁着略微发红的眼睛,把嘴里的饺子吃进肚子里,一边嚼着,一边问道,不认识,哪儿的人?

我说,拜伦是英国的大诗人,他腿脚也不好,可那又怎么样?还不照样世界闻名。

王向辉笑起来，吃了一口黄瓜，笑道，你这举例子举得那么远，说点儿咱们国家的，说点儿咱们身边的。离得太远，不认识。

我立刻想到金工车间的季师傅。我说，人家季师傅脸都那样了，可是跳舞跳得好，照样有女的围着他。一个人呀，只要有本事就成。

王向辉听完，笑起来，说，你这个例子举得好，我认识老季。是呀，你说得好。来，咱俩干一杯。

那天，我和王向辉你一杯我一杯，很快喝到了晚上七点。王向辉说，咱俩得走了，喝完酸辣汤，马上开拔。不过，别骑车了，京津公路晚上大车多，喝了酒骑夜路不安全，坐十八路回去。

喝酒后的王向辉，头脑依然清醒。

我们工厂附近有两趟公交线，一趟是郊区线，另一趟就是十八路，这趟线在市区和郊区之间运行，这趟车的两个终点站，分别在河北区的金钢桥和北郊区的引河桥。为了照顾北仓工业区的加班职工，十八路公交车的收车时间比较晚。我们到金钢桥后，再转乘其他公交线路，那都是市区线，去哪儿都方便。

王师傅和我喝完酸辣汤，走出饺子馆，又重新把自行车骑了回去。厂门口有自行车棚子，晚上十点以后车棚才上锁。

我们厂的自行车棚子,没有专人看车,由门卫兼管。有个门卫特别有名,从我进厂到后来离厂,每天都能看见他。早上看见他,下班还能看见他。据说这个门卫是个老鳏夫,姓魏,叫魏铁栓。老魏把房子给了结婚的儿子,自己没了房子,请求厂里让他常年看大门,厂里答应了他。据说老魏有一双火眼金睛,厂大门出来进去的人特别多,但他看一眼就能知道来人是不是本厂职工。在我们厂子不远处有一家做铆钉的集体小厂,虽然厂子不大,却有个响亮的厂名,叫“东方铆钉厂”。据说过去这家集体小厂叫“东方红铆钉厂”,打倒“四人帮”后,把“红”字去掉了。东方铆钉厂无论做什么,都向我们厂看齐,就连工作服也是按照我们厂的样式仿制的,这就让他们厂的职工进出我们厂方便了许多。他们厂的职工穿着跟我们厂的职工一模一样的工作服,经常来我们厂洗澡、吃食堂,有时还把自行车存放在我们厂的车棚里,因为我们厂的车棚里面有打气筒,还有补车胎的胶水、皮子。

要是赶上其他门卫在岗,东方铆钉厂的工人就能轻而易举地混进我们厂,可要是老魏在岗,东方铆钉厂的工人很难进来,不仅厂大门进不去,车棚也进不去。大家特别奇怪老魏是怎么分辨出来的,要知道我们厂有六千多人呀！东方铆钉厂的工人讲，都怪他们找了一个叫魏铁栓的人，真像大铁锁一样，把大门给拴住了。

那时候，“特异功能”在社会上特别火热，好多人猜测老魏有“特异功能”。老魏笑而不语。有的工人闲来无事，找到老魏，让他看这个、看那个，发挥“特异功能”的效用。时间长了，老魏不适应，干脆自己揭底。老魏说，我哪有什么“特异功能”呀，我是从表情上分辨出来的。大家还是不解。老魏轻描淡写地说，国营大厂的工人跟集体小厂的工人，脸上的表情不一样，装是装不出来的。至于表情怎么不一样，老魏就不再往下说了。

我和王向辉把自行车存放好，跟从小窗口探出头的老魏打了个招呼，然后步行前往京津公路去坐十八路公交车。

初秋郊外的夜晚，犹如安静的世外桃源。一路上，我们走得不快。我们师徒俩说了好多的话，王师傅一根接一根地抽烟，我劝他少抽一点儿，他笑了笑，接着抽。

聊天当中我才知道，王向辉小时候想过要当演员，还想过要说相声来着。受家庭熏陶，小时候的王向辉喜欢相声。有一年，区里组织文化馆演员们进行春节慰问演出，给伤残军人、退伍军人、五保户还有劳动模范进行专场演出。

王向辉说，我那会儿也就五六岁吧，还没有上学。恰巧家里没有人，父亲就把我带去了。

我好奇地听着王向辉讲过去的故事。我与师傅们接触得越多，也就越愿意听他们讲过去的故事、家人的故事，还有孩子的故事，似乎只有这样，我才能更加贴近师傅们的内心世界。

王向辉说，他在后台时，看见一个衣箱特别好看，他就一屁股坐了上去，可是父亲不让他坐，耐心地告诉他，后台有规定，京剧行当里，除了丑角，其他任何人都不能坐衣箱。

为什么？我问王师傅。我看不见王师傅的脸，但能感觉出来，他已经深陷在往事中了。

王向辉接着跟我讲，有个小演员临时来不了，他还客串了一次，虽然没有台词，只是一个过场，但也让王向辉喜欢上了表演。可就是坐衣箱的事儿，爸爸不让他坐，他偏要坐，最后爸爸打了他。

王向辉停住脚步，对着快要抽完的烟屁股，又引着了一支烟说，就是因为爸爸打了他，他就不再喜欢演出了。

我问道，为什么不能坐衣箱呢？

王向辉告诉我，京剧团在后台供奉京剧祖师爷唐明皇,唐明皇代表丑角。所以只有丑角可以坐衣箱,其他演员不可以。这是老辈人传下来的规矩,大家就这么遵守。

现在想来呀,我不是学曲艺的料。规矩太多了,还是当工人干得顺手,再说了,我自己喜欢铆工这行当,学了手艺,过日子顺当。王向辉说着,又扭转了话题,听说你喜欢写文章,想当记者?

我不好意思地说,喜欢写点儿小文章,当记者……没那么容易。

听说你没事儿的时候对着天空朗诵诗,是真的吗?王向辉问。

我不好意思地点点头。王向辉鼓动我给他朗诵一首,让他听听。于是,我借着酒劲儿,给他朗诵了拜伦的一首诗:

你是不眠者的太阳,忧郁的孤星!
战栗着,你清辉远射,泪眼晶莹;
展示着你无力驱除的茫茫黑夜;
你多像记忆中萦绕不去的欢悦!

等我朗诵完,王向辉没有马上说话。他沉默了一会儿,面色忧伤地说，啥事儿都是话说两头，有时候总那么务实、那么踏实，也未必完全正确。人呀，有点儿飘忽的理想，对小年轻的来讲，未必是天塌下来的坏事。

王向辉竟然这样讲，跟车间主任“李瞪眼”在车间大会上的讲话不一样，这可是我没想到的事儿。我扭过头看着王师傅，见他说得特别认真，一点儿不像酒话。

那会儿他没有抽烟。不抽烟的王师傅，神情更加冷峻了。

电气焊·王岳翰

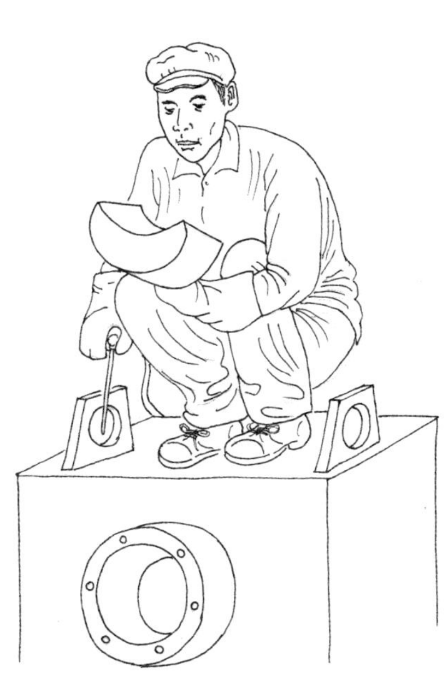

1

在铆焊车间众多师傅中，王岳翰王师傅的经历最具传奇性。他1970年进厂后在铆工七组当铆工，学徒出师后到了铆工一组。这段经历跟我完全一样。也正是因为走过相同班组的缘故，我和王岳翰王师傅有着某种惺惺相惜的感觉，不管是我受组长之命找到他要求派焊工干活儿，还是中午在锅炉房等着拿午饭，甚至有时在去厕所的路上，只要我们打头碰面，必定要或多或少地说上几句话，不会点头而过。

王师傅除了跟我走过相同的班组，还有别人没有的独特经历。他在干了三年铆工之后改了工种，当了一名电焊工。这还不算奇特，他在当电焊工之前，还有过半年的气焊工经历。这样一算，他先后干过铆工、气焊工和电焊工，这就非常独特了。据说从1949年至1970年，在铆焊车间二十一年的历史上，只有王岳翰这一个特例。

不讲王岳翰的铆工生涯，前面讲得够多了；也不讲他半年的气焊工经历，因为气焊操作太简单，只要掌握先开气、后点火这个安全规则，再在师傅的指导下上手操作，用不了一个月，进厂不久的气焊工完全可以独立干活儿。

难就难在电焊上。

电焊工除了不用学看图纸，不比铆工好干。要想干好电焊工，首先就得锻炼“蹲功”，蹲着干两个小时，站起来后，头不晕眼不花，双腿不麻；然后手臂得平稳，拿着电焊枪、蹲在工件前焊接，几个小时下来，胳膊不酸手不抖。能够达到这个要求，真是难呀，特别难。

先讲王岳翰的“电焊花絮”吧。他是我们车间第一个出国的电焊工。他去过伊拉克，每天的工资是一百美元。当然喽，他不能把一百美元完全揣在自己兜儿里，上级要求按比例进行分成，一部分给厂里，一部分给车间，具体落到他口袋里的有多少美元，我不知道，好多师傅也不知道，据说这是严格保密的，知道的人不讲，不知道的人也不问。当然，主要是王岳翰自己不讲。

王岳翰出国挣了多少美元，大家不知道，但细心的人从他们家里的电器产品进行深入分析，立刻有了眉目。他们家有进口的录音机、电视机、洗衣机、照相机，尽管他们住在平房，屋里只有上水没有下水，洗衣机只好当作摆设。洗衣机上面铺着一块好看的塑料花布，塑料花布上面又放了一个好看的花瓶，虽然用不了，但毕竟人家有呀。细心的人继续计算，王岳翰他们家还有一件特别的电器产品，绝大部分同事没听过也没见过，那是一个能够发出独特声音的音箱。细心的人经过综合分析和计算，认为王岳翰家里的电器产品加起来是以千元为单位的，要是算上他们家里的存款，王岳翰家的家底应该有几千元。

因为家里的电器产品和数目不详的存款，王岳翰成为车间里被羡慕的人，也是被嫉妒的人。

但是车间主任“李瞪眼”通过一场大会，把那些得了“红眼病”的人好好地教训了一顿。“李瞪眼”在车间大会上掷地有声地说道，你们要是有王岳翰的本事，我也把你上报公司、上报局里，也让你出国挣外汇。

会场鸦雀无声。

“李瞪眼”瞪着大眼睛，目光犹如强烈的探照灯，扫视着面前的四百多名工人。车间大会过后，得“红眼病”的人、说闲话的人少了很多。

王岳翰不光去过中东国家，还去过好几个非洲国家。“李瞪眼”训斥得“红眼病”的人不是没有道理的，王岳翰出国不是旅游观光，他是带着电焊专家和电焊工人的双重身份走出国门的。在国外期间，他有时候指导外国工人干活儿,有时候遇到焊接难题还会亲自操作。王岳翰在国外期间,为中国工人赢得了极好的赞誉,先后受到各级部门的表扬和表彰。

王岳翰技术高超,在外被称为电焊专家。可是他的专家形象,与人们在电影里看到的专家形象有所差别,电影里的专家带着书生气,面容也比较严肃,说话还有点儿文绉绉的。可是王岳翰呢,又黑又瘦又矮,感觉他的腰围跟我差不多,我是一尺九,他过不去两尺。这样的形象怎么能跟电影里的专家形象挂上钩呢?他那黑不溜秋的模样,怎么看怎么像是在野外干活儿的工人。

有一次,王岳翰跟我讲,像咱们这样的身子骨,怎么吃都不胖,现在不胖,将来也不会胖。随后,他又说,你干铆工,你得长肉,我们干电焊的不能胖,登梯爬高的,胖了,干活儿就不利索了。我必须控制体重,难看就难看吧,干活儿方便就成了。

王岳翰讲得没错儿,电焊工的身材没有太高太壮的,大概在面对新工人进行工种遴选时,就已经考虑到了这个因素,太高太壮的工人早就被提前筛掉了,去干了铆工,去干了锻工,去干了翻砂工。

电焊工瘦小一些非常有利于干活儿,工件几十米高,焊接时有时候踩在脚手架上,有时候得像小猴子一样，在巨大的工件之间钻来钻去，太高太壮得憋屈着身子干活儿，不仅身体累，还容易出工伤事故。

瘦猴儿王岳翰之所以被称为电焊专家，是因为他有一个压箱底的拿手绝技——“盲焊”，所以他还有个响当当的绰号——“王盲焊”。遗憾的是，我从进厂那天起就没见识过王岳翰的“盲焊”。我曾经试图想象“盲焊”的场景，可是怎么也想象不出来。工人们都说“盲焊”的场面神奇，犹如魔术师变魔术，感觉不像是真的。

不好看的王岳翰，就是因为电焊手艺好，才找了一个好看的媳妇。王岳翰的媳妇姓蔡，叫蔡敏，也在我们铆焊车间，也是一名电焊工。蔡敏绰号“病美人”，个子瘦高，脸皮白，小鼻子小眼睛，说话轻、走路慢，还有点儿水蛇腰，这三者结合在蔡敏身上，便让她有了与众不同的味道。

干过电焊的人都知道，无论电焊面罩怎么挡，都会有焊花迸溅。迸到衣服上，一个芝麻小洞，那没事儿；可要是迸到脸上，就是一个小麻点儿。常在河边走哪有不湿鞋，干电焊年头久了，脸上总会留下焊花的蛛丝马迹。还有烧焊产生的气味对面容也会有损害。大多数干电焊的女工，脸色都不太好看，稍微有些发黄发暗。但蔡敏是个特例，脸上没有被迸溅上的焊点儿，脸皮也不发黄发暗，是纯正的白净脸。上下班的时候，蔡敏换上王岳翰从国外给她买来的衣服，走在厂区大道上，外来人根本看不出她是在车间干活儿的电焊工，还以为她是坐办公室写材料的女干部。有的师傅私下里就会羡慕地说，这个王岳翰，真会选老婆，这家伙！

我记得，师傅们休息时有时说起闲话，扯来扯去的，就会说到铆焊车间的“夫妻档”。掰着手指头算下来，十个手指头竟然不够用，得有十几对儿。其中王岳翰和蔡敏这对“夫妻档”最引人注目。男的技术高超，女的窈窕迷人，夫妻俩都是显眼的人。

王岳翰是电焊一组的组长，蔡敏在电焊二组，这两个小组紧挨着，王岳翰和蔡敏在上班时间随时能够见面。有的“夫妻档”见面时互相不看对方，一句话都不讲，吃午饭时也不在一起。王岳翰和蔡敏不一样，上班时见到了会说上几句话，吃午饭的时候两个人也在一起吃饭。吃完饭，不忙着收拾，守着眼前的饭盒，还要说会儿悄悄话。不知道两个人说到什么话题，蔡敏挥起羞羞的小拳头，搡了一下王岳翰的胳膊。经过老婆这样轻柔的一搡，王岳翰还脸红了。脸黑的人要是红了脸，那种黑红的颜色实在令人印象深刻。

我们这一拨儿新工人，有时候偷偷瞅到王岳翰和蔡敏在一起的场面，心里就特别好奇，这两口子白天晚上都在一起不腻烦吗？旁边的师傅看出我们的好奇，就会漫不经心地撂下一句，王岳翰出国那会儿，蔡敏不容易呀。说完，几位师傅心有灵犀地笑起来，然后拿起帆布手套，哼唱着“晚风轻拂澎湖湾，白浪逐沙滩”，晃悠着去操作台上干活儿了。

王岳翰和蔡敏有个可爱的女儿，遗传了爸妈的优点：妈妈的“白”和爸爸的“瘦”。这两个特点中和起来，就是妥妥的一个小美人坯子。奇怪的是，小姑娘没有随爸爸的姓，而是随了妈妈的姓，叫蔡丽丽。同事们拐弯抹角地探寻过个中原因，王岳翰和蔡敏全都守口如瓶，再去套女儿蔡丽丽的话，原以为孩子小，有啥说啥，没承想蔡丽丽小嘴一噘，说“妈妈告诉我了，家里的事儿不能对外人讲”。有好事者不死心，继续说“叔叔不是外人，跟你爸好极了”，小丫头又来一句“好极了，你怎么跟我爸跟我妈不是一个姓”。好事者只好尴尬一笑，摇着脑袋，垂头丧气地走了。

蔡丽丽在厂幼儿园，因为长得好看，口才好，唱歌跳舞都会，很快就成为幼儿园的小明星。无论是“六一”，还是“七一”，或是“十一”，只要过年过节幼儿园有演出，蔡丽丽都会成为报幕员，即使是大合唱，小姑娘也是站在前面领唱。

有一天，我目睹了这样的幸福场景：王岳翰和蔡敏一起去幼儿园接孩子，蔡丽丽走在中间，一手拉着妈妈，一手拉着爸爸。看着三口人的背影，我想，这是一个多么令人羡慕的家庭呀。可是，孩子为什么随母姓呢？这个问题不仅困惑着我们新进厂的青工，也萦绕在所有同事的心头。

这里面一定有问题，具体什么问题，大家又猜测不到。

2

有一个阶段，王岳翰特别忙，经常到市焊接研究所去讲课，那阵子还有全市青年电焊工比武大赛，王岳翰是评委。我记得，一个星期六天的上班时间，能有三天看不见王岳翰。

有一次，我"泡"了一天病假，去参加同学哥哥的婚礼。那时候办婚礼都在家里落桌。哥哥办婚礼，弟弟的同学帮忙助威，干些跑腿儿的杂活儿："味之素"没了，你，跑一趟；葱蒜该剥了，你，剥去；鞭炮买得少呀，你，去土产店再买十个"二踢脚"。除了这些跑腿儿的杂活儿，逗新娘子的时候，还要配合主持人在旁边"哦哦哦"地吆喝几声，以此来烘托喜庆的气氛。

那天我蹬着自行车，在红旗路的某个路口正要拐弯，忽然有人喊我。我抬头一看，竟是王岳翰王师傅。我赶忙下车问，王师傅，您怎么在这儿呀？王岳翰用手指了指旁边院落门口的大牌子，我这才发现原来这里是市焊接研究所。同学告诉我，过了焊接研究所再往左拐，就到他们家了。

我说，您来这儿办事？王岳翰说，讲课，你呢？我说，同学哥哥结婚，我去帮忙，路过这儿。王岳翰笑了，是不是"泡"了一天病假？我红了脸，笑着点点头。

王岳翰跟我挥手告别。我忽然上来兴趣，喊住王岳翰，问我能不能进去听一会儿？

身穿虾青色风衣的王岳翰，把风衣口袋里的灰色手帕掏出来，捂住嘴，咳嗽了一声，想了想，答应了。他叮嘱我进去后坐后排，坐在靠近门口的地方，这样提前走时不会影响会场秩序。我立刻点头答应，跟在王岳翰身后。王岳翰跟门卫招了招手，带着我走进院子。看得出来，王岳翰经常来，与门卫特别熟悉，门卫对他也是特别礼貌客气。

会场不大，坐满了听众，我环视四周，估摸着有四十多人。我按照王岳翰的吩咐，坐在后排靠门口的地方，这样提前走时，只要猫下身子，轻轻开门溜出去，就不会影响会场秩序。

脱掉虾青色风衣、穿着一身深蓝色西装、站在讲台上的焊接专家王岳翰，与他在铆焊车间里穿着工作服的形象反差极大。站在讲台上的王岳翰，一颦一笑都那么潇洒自如，跟我熟悉的车间里的王师傅比起来，完全就是毫不搭界的两个人。我揉揉眼睛，以为自己看花了眼。

我在会场听了一会儿，舍不得走，但是看看时间不早了，只好遗憾地半蹲下身子，悄悄开门，溜出会场。

我赶到同学家，帮忙的同学早到了，他们已经把军绿色的帆布棚子搭好了，正在帮助大师傅生炉子，现场浓烟滚滚。几个同学说我故意来晚耍滑，然后指着大炉灶说，这东西太沉了，刚才人手不够，我们一起骂你来着。我赶忙解释刚才的情况，同学根本不听，推着我去角落，要我把一堆木柴劈好，一会儿再按照掌勺大师傅的要求，把炉子烧得越旺越好。

我一边用大斧子劈着木柴，一边想着王岳翰的与众不同。

除了他女儿蔡丽丽没有随他的姓，王岳翰还有一点与众不同，他非常喜欢外国的古典音乐。他在国外买的那个小音箱，平日里主要播放他喜欢的古典音乐。王岳翰还给我讲过“3B”的故事，他在充满噪声的车间里告诉我，他特别喜欢外国的三位古典作曲家，这三位作曲家的名字都以英文字母“B”打头，巴赫、贝多芬和勃拉姆斯。我惊讶道，贝多芬听说过，那两位作曲家没听过。王岳翰说这是“发烧友”必须具备的基本常识，要做到听一段，就能知道是哪个“B”的音乐。他说在家里经常听大师的音乐，听音乐的时候，什么忧愁烦恼全都忘记了。

我问他，蔡师傅也听吗？王岳翰说，她听不懂，可她喜欢听。我又问，王师傅，您跟蔡师傅是怎么……嗯，那意思……您明白吧？王岳翰眨动着不大的眼睛，狡黠地说，你这是跟我讨教经验吗？看来你在偷摸搞对象？我连忙摆手，让他快点儿讲经验。王岳翰说，你嫂子崇拜我，你以后搞对象记住了，要找崇拜你的姑娘。我傻傻地问，为何？王岳翰笑道，彩礼给得少。我睁大眼睛，不明白两者之间的关系。王岳翰继续得意道，我结婚摆了四桌，一桌三百块钱，娶媳妇总共没花两千块钱，就把你嫂子给娶进家门了。我说，两千块钱也不少了。王师傅说，连彩礼带办婚礼，这个数可不算多呀，她家陪送的嫁妆比这多。你将来呀，要是能用这个数娶来媳妇，算你小子有本事！

我觉得王岳翰既聪明又狡猾，既高雅又俗气。当然，这些掏心掏肺的没有捂着盖着的私下话，他可是没对其他人讲过，跟我聊天时大胆地讲了，可见他非常信任我，也看好我,相信我能够成为他那样有本事的人。那一刻我觉得王岳翰脸上的得意表情,完全可以用“肆无忌惮”来形容,但是这种肆无忌惮又特别好玩可爱。我那时就想好了,将来写文章要把王岳翰王师傅写进去。

3

王岳翰拥有这么好的电焊技术,完全是他刻苦努力得来的,单是练蹲功,他就下了好大力气。

我刚进厂时,不明白焊工为何要练蹲功,明明身边有小马扎儿也不坐,偏偏蹲着焊接。后来我问王岳翰,他说,一个电焊工要是干一辈子的话,什么高难度的工件都有可能遇到,有的焊接角度,电焊工要弯着身子、斜着身子干活儿,有的还得仰着身子干活儿,侧焊、仰焊……各种各样的姿势,别说坐马扎儿了,屁股都是悬空的,不练好蹲功,遇上特别的焊接角度,你这活儿就干不了啦。所以呀,要想成为优秀的电焊工,第一件事就是得练好蹲功,另外还得练好腿功、腰功。

王岳翰为了练好蹲功、腿功和腰功,下了实打实的笨功夫。他从铆工转到电焊工之后,为了干好工作,算是跟自己较上劲了。他每天早上去厂子后院,沿着围墙练习“蛤蟆蹦”,然后再练习“骑马蹲裆”,练了一段时间,又担心上身没力量,接着练习“捣花砖”。厂里的其他器械,比如单杠、双杠,王岳翰也都能玩上一会儿。我后来在澡堂子才明白,王岳翰看上去又瘦又小,那是假象,他身上没有一点儿赘肉,全是紧绷绷的腱子肉,可只要穿上衣服,他就又成了麻秆儿。

王岳翰得意扬扬地跟我讲过,一个优秀的电焊工,不比体操运动员差到哪儿去吧?假如比不了专业的,比业余的强吧?

我知道王岳翰王师傅的故事越多,越想要见到他那流传很广的“盲焊”技术。我始终在等待这个机会。除了我们1980年进厂的这批工人,1970年进厂的工人中也有很多人没亲眼见过王岳翰的“盲焊”技术。

老天津卫的人就是喜欢热闹,这也是过去撂地艺人能在天津卫火爆的外在原因。过去在老南市地区,你只要围起来一个场子,吆喝几声,就会有人过来围成圈儿看。可是有一点,围圈儿看的人们喜欢有真本事的“练家子”,对于“吹大梨”的撂地艺人,大人孩子一旦知道你的底细后,立刻就会嗤之以鼻,在“嘘”声中散开了,哪怕以后你还是不要脸地出来吆喝,也不会有人给你捧场了。

天津卫的人们喜欢这样的状态:不管你做啥行当,只要能“玩”出花样来,都会给你挑大拇哥。能把枯燥的电焊干出“花样”来，怎么能不让人好奇、不让人期待呢？

要说我也是有“眼福”的人，就在我将要离开车间那年，有一天电视台来厂里拍新闻，不知从哪个渠道听说了王岳翰的“盲焊”技术，于是找到车间李主任，想拍摄王岳翰的“盲焊”场面，用来教育年轻一代如何干一行爱一行。

“李瞪眼”听了，当即答应，立即派人通知王岳翰。恰巧那天王岳翰不在车间，去市焊接研究所讲课去了。电视台的年轻女导演不死心，说下次再来。好多师傅觉得遗憾，说是“下次”，电视台那么忙，咱们厂子又在这么远的郊区，说不定这事儿就过去了。

哪承想，电视台没忘，主动跟车间联系了好多次，可是王岳翰始终犹豫，说自己这么大岁数了，出风头多难为情呀？但在“李瞪眼”的严厉命令下，最后他表示一定认真配合，为此还提前做了精心的准备。

终于等到了那一天。

总是把袖口挽到胳膊肘的电视台女导演，再来时换了衣服，穿了一件粉色的“蝙蝠衫”，在灰色调的车间里显得异常扎眼。摄像机架起来了，灯光打起来了。这个阵势让旁观的工人们非常激动，眼睛睁得老大，大气也不敢出，唯恐影响了拍摄。

女导演照旧把“蝙蝠衫”的袖子挽到胳膊肘上面，大声招呼着，让大家不要围观，该干活儿就干活儿去。师傅们行动起来，往后撤，但是一个都没走，只不过场子变大了，不影响拍摄了。

王岳翰王师傅终于出场了。他特意换了一身新的藏青色工作服，头戴一顶能够掀起来的用红色胶皮挡住视线的电焊面罩，右手拿着焊枪，左手拿着焊条盒。面对迎面而来的摄像机镜头，王岳翰一点儿都不慌张，在女导演的提示下，他不看镜头，好像镜头不存在一样。

一切准备就绪，王岳翰把能够活动的面罩放下来，然后蹲下身子，先在一块铁板上试焊了一下；另一个师傅蹲在不远处的电流柜前，右手按在旋钮上，在王岳翰“左一点”“右一点”的指挥下，调整着电流的大小。

“盲焊”正式开始。王岳翰拉下面罩，这时候他什么都看不见了。他用手慢慢摸索着眼前的焊缝，像是母亲抚摸新生的婴儿，随后轻轻呼出一口气。焊条和铁板接触，发出“噗噗”的声响，霎时间耀眼的弧光亮起来了。好多同事早就备好了面罩，这会儿都举起面罩观看。

只见王岳翰右手的焊枪缓缓平移……几分钟之后，王岳翰抬起焊枪，这时候弧光消失，焊接结束。大家凑上前去看，一条精美的“鱼鳞纹”出现在眼前，宽度、厚度完全一样。王岳翰还没来得及摘下鹿皮帆布手套、掀起面罩，刚才还寂静的四周瞬间响起雷鸣般的掌声。

我们这批1980年进厂的年轻工人，在目瞪口呆之后，更是异常兴奋。跟王岳翰一组的一位师傅，用手指着“鱼鳞纹”焊缝说，你们要是不信，用尺子量，宽度和高度保证不差分毫。又说，拍照拍照，保证焊缝里面没有一丝缺陷。现在马上测量。

经过测量后，果然跟那位师傅讲的一样，真是不差分毫。

这时候，主任“李瞪眼”已经被大家推到了王岳翰面前。李主任想要借机让青工受教育，他对着众人高声说道，大家都知道，按照等级标准，焊缝分为一级、二级和三级，数字越小，焊缝质量要求越高，我告诉大家吧，王岳翰师傅的焊缝等级标准是一级！

现场再次爆发出掌声与喝彩声。这时候，大家全都忘记了身边还有摄像机。女导演暗示摄像师继续摄录，不要停下。

表情平静的王岳翰，用其他师傅递上来的毛巾，轻轻擦着额头上的汗珠儿，面对我们年轻一代说，为啥要练“盲焊”呢？这可不是为了显摆，为了出风头。大型水轮机组的焊接，总会遇到视线被遮挡看不到焊缝的情况，咋办？只有“盲焊”。必须得熟悉焊丝与焊缝的距离，咱们干焊工的都知道，这绝对不能超过一“米厘”。

这时候，有个年轻电焊工插上一嘴，问，王师傅，怎么掌握这一“米厘”的距离呢？

王岳翰耐心地解释道，因为视线被遮挡，用不上眼睛，只能依靠手上的感觉，得仔细听焊丝燃烧时声音的变化。没有其他办法，就一个字，练！

全场又是一片掌声。

女导演激动地走上前，握住王岳翰的手，激动地说，王师傅，太好了，谢谢您的配合，场面棒极了！

4

目睹过王岳翰王师傅的“盲焊”之后，我也离开了铆焊车间。但是，我依旧特别关注师傅们的事情。不管遇上厂里的哪位同事，我都要打听铆焊车间还有诸位师傅的情况。

有一次经历最为奇特，我在马路上骑自行车，同样也有一个骑自行车的人，我们俩因为都要拐弯，不小心撞上了。本来还要说说谁对谁错，但是经过简单对话，原来对方是我们厂金工车间的，我说我是铆焊车间的，再说下去，也就不再争论谁对谁错了。

我们俩站在便道上，一边抽烟一边聊起来，说着说着，又由王岳翰说到了他闺女不随他姓的事儿。

这个同事说了原因，我这才恍然大悟。原来，蔡敏的父亲也是一名电焊工，在王岳翰跟蔡敏搞对象的时候，王岳翰经常向未来的老丈人请教电焊技术，尤其是“盲焊”技术，老丈人给了他很大的帮助，王岳翰特别感谢老丈人。老丈人有三个闺女，经常为蔡家没有后人而懊丧。三个闺女问了各自的丈夫，蔡敏的两个妹夫都没言语，只有王岳翰痛快地答应下来。王岳翰说我们家都是秃小子，四个儿子，我这个闺女姓蔡没问题，让老爷子高兴。蔡敏特别感激丈夫，王岳翰却没当回事儿。

这么多年过去了，我再也没有见过王岳翰王师傅，心里还真有些想他，想到那个“盲焊”的场面，真是叫人激动呀！只是没想到，他的秘密却以这样简单的方式被我知道了。

“工人情结”与我的写作

一

我十八岁走进工厂。按照通常的人生节奏，这个年龄应该在大学课堂上举手回答问题，应该在校园绿荫下谈情说爱，应该在校园晚会上朗诵诗词歌赋。我却远离浪漫的校园生活。身材消瘦的我，穿着“劳动布”工作服，脚踩厚重笨拙的“大头鞋”，站在操作平台上，高高地举起十八磅大锤，在各种机器的噪声中，终日挥汗如雨。那时候经常加班，记得最清楚的一次是在1981年的中秋节，那时候我进厂已经一年有余，因为脚踏车坏了，只好坐公交车回家。在去公交车站的路上，我望着天上的月亮，脚踩地上的月光，因为过度疲惫，双腿异常沉重，我坐在空无一人的马路牙子上休息，望着不远处的庄稼地和更远处的荒地……郁闷、忧伤、无望……各种情绪相互叠加。那时候，我想过许多稀奇古怪的逃离办法，后来还想过用受工伤的方法离开工厂。最后终于坚持下来，在成为一个优秀工人的同时，用体面的方式走向更适合自己的领域。离开工厂的那一年，我是个二十四岁的青年，更是个不惧怕任何困难的文学青年。

在离开工厂后的很长时间里，我都不愿回首往事，在这样的心理作用支配下，自然而然地遗忘了“工厂故事”许多年。但是岁月有岁月的定律，岁月也有岁月的深情。当岁月送你白发、赠你皱纹的时候，往事又会顺着时间隧道逆行，唤醒久远的生活记忆。过去在工厂生活的细节和场景，不知道是在哪一天，忽然清晰地呈现在眼前，我这才恍然发现，往事从来没有远去，只是隔着一张薄薄的宣纸，只要深情地呼口气，那张宣纸立刻化作一捧清水，所有的阻隔消失得无影无踪，犹如今天与昨天。

四十多年后再去回想过去的工厂生活，还有曾经朝夕相处的工人师傅，常常令我激动不已。班组里的老工人大多是小学文化水平，年轻工人是初中文化水平，虽然学历不高，但是学问不低。有个师傅多次私下里纠正我说的错别字，让我由此变得小心谨慎，搞不清楚的读音，再不会冒失地念出来,而是先去查查字典,然后记在本子上,做好拼音注释。还有的工人平日沉默不语,却能冷不丁地冒出一两句“不修边幅”的民间谚语,看似粗糙,但是仔细琢磨后却发现内含深刻哲理。干完活儿休息的时候,我喜欢去厂区后面的废品堆,那里堆积着大量的工业废料,在阳光下仿佛一座能够发光的山。一条铁轨从两扇灰色的大铁门下面笔直穿过,我的脑袋枕着铁轨,身子躺在路基旁青白色的碎石头上,稍微侧身,目光就能从灰色大铁门下探向厂外。厂外没有人影,只有树木和野草,还有偶尔跑过的野兔、黄鼬,以及忽飞忽停的鸟儿。树木是粗壮高大的杨树,灰色大铁门底下只有大约半米的空隙,无论怎样把眼睛贴近地面,也不会看到树木的全部;漫无边际的野草特别茂盛,三四岁的小孩子跑进去,能够被野草完全湮没。铁轨伸向无穷的远方,目光在带有锈迹的铁轨上可以自由地跳跃,还可以没有约束地漫想。有个师傅也有这个爱好,我们经常结伴而去,迎着冬日的温暖阳光,躺在铁轨旁,听师傅给我讲他读《忏悔录》时的内心感受。后来这个师傅退休后开起了出租车,车里总会放上一本书,等活儿的时候,不抽烟不聊天,只看书。他不爱讲话,多年之后忆起他的模样,我总会想到沉默的石雕。组里的师傅们鼓励我读书,鼓励我写作,他们用自我贬低的语言，真诚地鼓励我要有更大的作为，他们说我将来一定能当上记者。那时候，师傅们把所有文化人统称为“记者”。我经常坐在干活儿的平台上，望着头顶上驶过的天车，在轰隆隆的声响中，默默地背诵《致云雀》，那一刻觉得所有的劳累都飞走了。

回想往事，我感激十八岁时的工厂生活，这是我难得的人生经历。工人师傅让我及早地丰富了社会经验，这对于我未来的写作非常重要，所以我把六年的车间生活比作我的社会大学。非常遗憾的是，我没有带过徒弟，没有感受过当师傅是什么感觉，因此也对“师傅”这个称谓充满特别的敬意。

柏拉图曾把国王比作牧人。那么，我应该把工人师傅比作什么？

二

我籍贯山东，出生在天津。工作之前我陪父亲回过老家，老家的亲戚也常来天津。来往频繁的阶段是20世纪70年代末期到80年代中期，这段时间也正是我在工厂的日子。与老家亲戚面对面的机会多了，我发现一个有趣的现象：我姑姑称呼我父亲“亲哥”，姑姑的女儿称呼我父亲“亲舅”；假如他们跟别人说起我父亲，还会加上一个

“俺”字，也就是“俺亲哥”和“俺亲舅”；老家的亲戚把“亲”字叫得特别响，听得出来，他们在“亲”字上特意加重了语气。那时候我不太懂“亲”字的含义，觉得这样称呼有些多余，哥是哥，舅是舅，加个“亲”字不是多余吗？

我们厂是国营大企业，有职工六千人。上下班的时候，工厂大门前面的大道非常壮观，自行车一辆挨一辆，穿着灰色或蓝色便服的工人，一边打着招呼一边快速骑行，场面犹如多年之后我站在钱塘江边上观看的气势磅礴、让人惊心动魄的大潮。我们厂在新中国成立前就已经存在，但是规模不大，厂区面积小，工人也少；新中国成立后，不仅厂名改了，工厂也整体迁到了郊区；后来工厂规模不断扩大，大量小作坊里的手工业者走进了工厂；“公私合营”后，工厂再次迎来了大发展。因为历史的原因，我们车间里的老师傅大多来自山东省和河北省，到1970年才大规模地迎来天津本地“七〇届”初中毕业生。记得我刚进厂时，也常听到师傅们以“亲兄弟”互称，我也被师傅们叫过“亲徒弟”。当时也没觉出什么，如今已是耳顺之年的我，再想到——俺亲哥、俺亲舅与亲兄弟、亲徒弟——这些共同带有“亲”字的称谓，由此追溯到1860年天津机器制造业起步阶段的工人成分，可以清晰地看到天津工业与乡村文化的历史联结，以及天津工人阶层早期的精神底色，这说明了从“工业、工厂、工人”视角看天津的重要性。

三

我在铆焊车间的工种是铆工，先后走过两个铆工组。每个铆工组有十二三人。按照沿袭下来的规矩，除了带我的师傅是“我师傅”，其他人也都是“我师傅”。我们车间有四百多人，比我早进厂的工人，我都以“师傅”来尊称。以此计算，我应该有二十多位接触较多的师傅，以及没有私下联系的四百多位“准师傅”。虽然过去那么久了，我已经忘记他们的姓名，但是我能记住大多数人的身高、长相、表情及说话的腔调。

在工厂期间，我有过初始的沮丧、低沉、迷茫，也有过后期能够制作简单生活用具的快乐。安下心来后，我不再躁动，发现了车间里许多令人着迷的地方：厂房有着居民楼六层楼的高度，车间上空飞舞着各种不知名的鸟儿和灰色的野鸽子；傍晚的夕阳照射进来，给车间镀上一层金黄色的光晕；鸟儿的飞翔与鸣叫，让下班后寂静无人的车间拥有了郊野公园一样的美妙；油压机、剪板机、电砂轮……随意看过去，一定会有一个角度闪烁着梦幻的光泽；绝大多数师傅有着一双灵巧的手，生活中的任何事情都不会难倒他们。工人们有一句挂在嘴边儿的家常话：

“过日子的东西，还用去商店买?”除了铆工的看家本领，师傅们精湛的手艺还延伸到木工、电工、泥瓦匠的活儿上；有的师傅还会裁剪和缝纫，会用竹扦子打毛衣、用铁扦子织线衣、用细小的钩针上下飞舞地钩带有“狗牙边”的假领子。下班后，师傅们还会尽情玩乐，滑冰、“足篮排”三球、吊环、哑铃、单杠、双杠、游泳、养鸽子、玩蛐蛐儿、养花……无论玩什么、养什么，都有模有样。

四

我的师傅中除去几位五十多岁的老师傅，其余都是“七〇届”初中毕业生，他们大我八九岁，我进厂的时候，他们已经进厂十年。如今回想起来，“七〇届”的他们虽然当了师傅，也不过是二十五六岁的血气方刚的小伙子，但是在我心中，他们已经是颇有工作经验的老工人了。

20世纪八九十年代，我写过“工业、工厂、工人”题材的中短篇小说，后来写“革命历史”题材。近年来再回工业题材写作，有长、中、短篇小说，也有散文、随笔和报告文学及儿童文学。我要用更多文学体裁来表现工人的精神气质，借以抒发我内心深处挥之不去的“工人情结”，但不想重复二十多年前的叙事路径，所以我给自己的写作重新命名——“社会工业”题材，让笔下的工人形象呈现不同的社会身份，以及由不同社会身份带来的不同的工人面貌。在这样的前提下，我必须让叙事边界尽可能地扩展，让叙事更加具有社会广度和思想深度。随着岁月流逝，我对劳动和劳动者的认识也在不断加深，尽管现在用“师傅”作尊称的人越来越少，但是“师傅”的历史含义始终没有失去书写意义，因为它蕴含着丰沛的历史元素及新的美学意义。

哲学家、美学家瓦迪斯瓦夫·塔塔凯维奇说过：“原初艺术的概念泛指一切技术性的产品。”也就是说，所有劳动者用智慧和汗水生产出来的产品都属于艺术品。由此可以推断，劳动者就是艺术家。

如今再去想象博胡米尔·赫拉巴尔在劳动者聚集的小酒馆里喝酒聊天的场景，还有若泽·萨拉马戈把文学创作比作木匠手艺的话语，也就越发清晰写作者的创作真谛：身体永远匍匐在地，思想在高空展翅。只有这样的创作姿态，才能听到乔治·桑塔耶纳来自心底的感悟：“我所研究的是真情，而不是新奇。我的努力，完全是为了把那些基本审美感情纳入正轨，从而使判断得以允当，鉴赏得以高卓。”

武歆

U0840873

克雷洛夫寓言精选

[俄罗斯] 伊凡·安德列耶维奇·克雷洛夫◎著　石国雄◎译

长江出版传媒 | 长江文艺出版社

图书在版编目（CIP）数据

克雷洛夫寓言精选 /（俄罗斯）伊凡·安德列耶维奇·克雷洛夫著 ; 石国雄译. -- 武汉 : 长江文艺出版社, 2022.9(2023.11 重印)
ISBN 978-7-5702-2339-8

Ⅰ. ①克… Ⅱ. ①伊… ②石… Ⅲ. ①寓言－作品集－俄罗斯－近代 Ⅳ. ①I512.74

中国版本图书馆 CIP 数据核字(2021)第 161102 号

克雷洛夫寓言精选
KELEILUOFU YUYAN JINGXUAN

责任编辑：李婉莹　　责任校对：毛季慧
封面设计：于鹏波　　责任印制：邱　莉　杨　帆

出版：长江出版传媒 | 长江文艺出版社
地址：武汉市雄楚大街 268 号　　邮编：430070
发行：长江文艺出版社
http://www.cjlap.com
印刷：湖北新华印务有限公司

开本：640 毫米×970 毫米　1/16　印张：9.25　插页：2 页
版次：2022 年 9 月第 1 版　2023 年 11 月第 3 次印刷
行数：2516 行

定价：32.00 元

前 言

克雷洛夫是俄国作家，全名是伊万·安德列耶维奇·克雷洛夫（1769—1844）。他出生于贫穷的步兵上尉家庭。九岁时父亲去世，只留下一箱书籍。为维持生计，小克雷洛夫就去市参议会当一名“小公务员”，过早尝到了世间生活的艰辛。

1782年克雷洛夫迁居彼得堡。当时那里正上演冯维辛的讽刺喜剧《纨绔子弟》，克雷洛夫看后很受启发，便开始写剧本。多部喜剧悲剧中，除《摩登铺子》《训女》，其余都未上演。

这期间（1789—1793）克雷洛夫曾经写过三篇寓言，没有署名发表在《晨光》杂志上，并没有什么反应。他主要精力用在办杂志上，

但是因为激进的政治倾向，未能办下去，后来他就漫游俄国，其间曾经给戈利岑当家庭秘书。

1804年克雷洛夫见到寓言作家德米特里耶夫，给他看了自己翻译的拉封丹的三篇寓言(《橡树和芦苇》《挑剔的待嫁姑娘》《老人和三个年轻人》)，受到德米特里耶夫的赞赏并推荐发表。这是1805年，从此他走上寓言创作道路。

克雷洛夫生活的年代经历了十八世纪最后三分之一和十九世纪前半叶。这一时期俄国社会经历了反对农奴制的普加乔夫起义，叶卡捷琳娜二世统治走向反动和没落，亚历山大一世反动统治，1812年卫国战争、十二月党人起义等重大事件。克雷洛夫接受社会先进思想的影响，紧密关注祖国的现实生活，对生活中的本质现象和重大事件作出反应。他的寓言大体上可以分为几类：

一、揭露沙皇专制统治，讽刺嘲笑统治阶级的专横、压迫、寄生、无知等。许多寓言描

写了强权者的专横无理，揭露了在强者面前弱者永远有罪的强盗逻辑，像《狼和小羊》。沙皇专制制度下法律维护统治者的虚伪本质在《狗鱼》等篇中得到了揭示。而《长尾猴与眼镜》等则抨击了统治者的种种丑行。

二、反映被压迫者的无权受剥削，表达了对人民的同情，对人民优秀品质的赞美，对人民力量的信心。普希金说，克雷洛夫是“最有人民性的诗人”。克雷洛夫选择寓言作为自己的创作体裁也正是因为这种通俗的体裁能到达最广大人民群众那里。他说：“这种作品每个人都能懂，连仆人、孩子都能读它们。”读了《狼和小羊》，谁都会对没理也有理的狼义愤填膺，而对弱小受欺的小羊无比同情。人民虽然无权受欺压，但是他们勤劳朴实，他们才是生活真正的主人。《鹰和蜜蜂》通过蜜蜂赞美了默默无闻从事低贱劳动的人们，颂扬他们“为共同利益而工作”，“不想突出个人的劳动”的崇高精神。劳动者虽然默默无闻，生活在底层，可是他们有着无穷的生命力、创造力，是他们供养着整

个社会和统治者。《树叶和根》深刻揭示的就是这样的辩证关系。

三、反映日常生活现象，得出人生哲理，富含道德训诫意义。克雷洛夫运用幽默讽刺，批判嘲笑日常生活中的各种缺陷，总结人生经验，进而告诫人们应该如何完善自己。作者涉及的生活现象是很广泛的，诸如告诫人们不要听信别人谄媚吹捧（《狐狸和葡萄》），要谦虚好学（《狗鱼和猫》），要善于看到别人优点（《雄鹰和母鸡》），要适可而止（《杰米扬的鱼汤》），要协作一致才能办好事情（《天鹅、狗鱼和虾子》），要有柔韧不屈的品格（《橡树和芦苇》），等等。

克雷洛夫在专门创作寓言之前曾经是个剧作家，戏剧创作的一些特点在寓言中表现得也很明显，如结构紧凑，情节进展迅速。他的寓言篇幅都不长，有的只几行就成篇，有的几行就刻画了形象的性格特征。对白是戏剧的基本要素，在寓言中也得到充分运用，有的寓言几乎通篇都是对话，而且对话又都符合形象的个

性，如《橡树下的猪》《长尾猴与眼镜》等。对比也是戏剧中不可或缺的因素，克雷洛夫寓言中常常可以见到这种现象的对照，如贫与富(《承包商和鞋匠》)，有权和无权（《狼和小羊》)，劳动与游手好闲（《蜻蜓和蚂蚁》)，等等。

克雷洛夫的寓言反映了现实生活，刻画了各种性格，表达了先进思想，因此深受当时人们的喜爱，成为十九世纪上半叶读者最爱阅读的作家作品之一，他每发表新的寓言也成为文学和社会生活瞩目的对象，他的寓言对于形成俄罗斯人民的社会意识起着积极作用。克雷洛夫寓言在世界上也有广泛声誉，在作家生前就被译成十余种文字，而现在则已有五六十种，有的被收入教材，因此他的影响是深远的。

南京大学外国语学院教授
石国雄

目 录

乌鸦和狐狸

已经向世人反复说过多次，

阿谀奉承是卑鄙有害的；

只是这话全都没有用处，

献媚者总能在人心里找到一席之地。

※ ※ ※ ※ ※

上帝给乌鸦送来了一小块奶酪，

乌鸦吃力地高飞上枞树，

本已完全打算好好美餐一顿，

却又叼着奶酪沉思起来。

不幸狐狸正从近旁跑过，

奶酪的香味使它突然停步：

狐狸看见了奶酪，
奶酪迷住了狐狸。
狡猾的狐狸蹑足走近了枞树，
摇着尾巴，目不转睛盯着乌鸦，
轻声轻气甜美动听地说：
“亲爱的，你长得多漂亮！
瞧这可爱的脖子，瞧这动人的眼睛！
真的，就像是童话里讲的一样！
多美的羽毛，多巧的小喙！
想必还有一副美妙的歌喉！
唱吧，亲爱的，别不好意思！
外表这样美要还是唱歌高手，
你可就是我们的鸟中之王了！”
乌鸦被赞美得忘乎所以，
高兴得喉咙口直憋得慌——
为了回报狐狸的奉承话，
便放开破嗓门“呀”的一声。

奶酪掉下去了——

它落到了那个骗子爪中。

橡树和芦苇

一天橡树与芦苇交谈起来。
“真的，你有权埋怨造物主，”
它说，“连麻雀你也经不住。
仅是吹起一层涟漪的微风，
你就弱不禁风，摇来晃去，
弯腰曲背，一副孤苦无依样，
看着你都让人觉得真可怜。
可我像高加索山傲然挺拔，
不仅能阻挡那太阳的光线，
而且还笑对那旋风和雷雨，
坚如磐石，劲健挺立其中，

仿佛身处风平浪静的世界。
对你来说全都是狂风暴雨，
对我而言全只是和风细雨。
你哪怕是长在我的四周围，
我就能用我的浓荫覆盖你，
我就能保护你免受风雨苦，
但造物主却把你带到岸边，
那里是肆虐的风神的领地，
当然它对你一点也不关心。”
“你很富怜悯心，”芦苇答道，
“但别忧虑：我没这么糟，
我并不担心旋风会摧残我，
虽然我被吹弯，但不折断，
因此暴风雨对我损害不大，
它们对你的威胁更要大些！
确实，它们的狂暴至今还
没有征服你的坚固和强壮，

它们的袭击没有使你低头，

但是——我们拭目以待吧！”

芦苇刚刚说完这一番话语，

突然从北方袭来呼啸狂风，

夹带着冰雹雪子倾盆大雨，

橡树坚挺着，芦苇伏向地。

风怒号着，风力越来越强，

它一声咆哮——连根拔起了

头顶着天脚抵着地的橡树。

青蛙和犍牛

青蛙生性颇好忌妒，
在草地上见到犍牛，
便要与它比较身量。
它直起身腆出肚子，
喘着粗气鼓胀起来。
“瞧，”它对女友说，
“我与它差不多了吧？”
“不，朋友，差得远呢！”
“看，现在我鼓胀大了，
怎么样，变壮了吧？”
“几乎没什么两样。”

“现在呢？”

“还是老样子。”

青蛙鼓着气，鼓着气，

终于鼓胀得过了头，

胀破了肚皮送了命，

最终未能比过犍牛。

※ ※ ※

这样的例子世上不止一个：

小市民想像富豪那样生活，

小人物想像贵族那样显赫。

这岂不是天方夜谭的怪事！

帕耳那索斯[①]

诸神被赶出希腊之后，
他们的领地便被分给世人，
有人分得了帕耳那索斯山，
新主人开始在那里放养驴。
驴子们不知从哪里了解到，
缪斯[②]曾经在这里生活过！
于是便说：“不是无缘无故
把我们赶到帕耳那索斯的！
世人听厌了文艺女神的歌，

① 帕耳那索斯为希腊神话中太阳神和文艺女神缪斯的居住地。——译注

② 缪斯是九位文艺女神的总称。——译注

他们希望我们在这里歌唱！”

“那就努力吧，”一头驴子喊，

“别没有信心！我起个头唱，

你们要立刻跟上来别落下。

朋友们，不要再胆小羞怯！

一定要为我们毛驴争面子，

要唱得比九姐妹更加嘹亮，

要组织起我们自己的合唱。

为了使我们的弟兄都明白，

我们先要订立这样的规矩：

如谁唱得没有毛驴的特色，

就不许它留在帕耳那索斯。”

驴子们赞同这番花言巧语，

新的合唱传出了奇声怪调，

仿佛开动了一列载重车队，

没上油的车轮吱嘎吱嘎响。

这杂乱刺耳声怎么告终呢？

主人忍无可忍，便把它们

从帕耳那索斯赶进了畜栏。

※　※　※　※

不学无术的人不要生气，

我想提醒一句古老良言：

如果脑袋里面空空如也，

地位也不会使脑袋聪明。

狼和小羊

弱者在强者面前总是有错，

我们听到历史上无数事例，

但我们现在不是撰写历史，

就来看看寓言是怎么说的。

※　※　※

夏日小羊到小溪边喝水，

也该它碰上倒霉和不幸：

饥饿的狼正在附近觅食，

看见小羊就想捕为猎物，

但总得给个合法的借口，

于是喊道：“放肆的东西，

竟敢用你那肮脏的嘴巴
搅得我的饮水满是泥沙。
如此胆大妄为无法无天，
我要拧掉你的木瓜脑袋。”
“贤明的狼大人容我禀告：
我在离您百步下游喝水，
怎么也不会搅浑您的水。”
“这么说，我是在瞎说！
你这卑劣东西，
世上竟有这等大胆放肆！
记得前年夏天就在这里，
你也曾经对我出言不逊，
我对这件事并没有忘掉！”
“对不起，我没满周岁。”
“那么就是你哥哥。”
“我没有哥哥。”
“那么是你的亲戚。

反正是你族里的人。

你们，牧羊犬和牧羊人，

一个个都对我怀着敌意，

如果有机会，总想害我。

现在我要跟你清算这账。”

“啊，可是我有什么错？”

“闭嘴！我没耐心听你讲，

也没工夫弄清你的过错，

你的过错在于我想吃你。”

狼一说完就把小羊拖进

阴森森、黑幽幽的树林。

长尾猴与眼镜

长尾猴年迈眼昏花，
它从人们那里听说，
这还不算多大灾难，
只要戴上眼镜就行。
它弄来近半打眼镜，
这样那样转动它们，
一会儿紧按在额上，
一会儿串挂尾巴上，
一会儿闻一闻，
一会儿舔一舔，
眼镜怎么也不管用，

“这真糟糕！”它说，
“谁听人胡说八道，
谁就是个笨蛋傻瓜。
关于眼镜的各种话
全都只是对我撒谎，
戴它们一点没有用。”

※　※　※

不幸人们也常这样：
无论东西多么有用，
他们都不明其价值，
无知者使好事变坏，
如果无知者较显贵，
他就更加会损害它。

雄鹰和母鸡

雄鹰想尽情欣赏
明媚灿烂的白天，
它在高空自由翱翔，
在闪电诞生处转悠。
最后它从云端飞降，
落在烘谷房上休憩。
虽然对雄鹰来说
这栖息地不太合适，
但是鸟王有些任性：
想对烘谷房表示关注，
也许，附近没有橡树，

也没有花岗石岩崖，
它只能在这里落脚。
我不知道它怎么想。
雄鹰刚歇息一会儿，
就飞上另一座烘谷房。
凤头母鸡看到这情景，
就跟自己的鸽邻居说：
“真的，如果我愿意，
也能在烘谷房间飞行。
以后不会有这等傻瓜，
认为雄鹰比我们尊贵。
它们不比我们多长腿，
也没有比我们多长眼。
你刚才可已经看见了，
它们飞得像母鸡一样低。”
雄鹰对这谬论十分厌恶，
回答说：

"你说得对又不完全对：

雄鹰有时是飞得比鸡低，

但鸡永远也飞不上云霄！"

※ ※ ※

当你评论有才能的人时，

别徒劳去计较他们的缺点，

而应该感知什么是

他们的强处和优点，

善于理解他们的不同水平。

青蛙想要一个国王

由人民治理国家，
青蛙感到不合适。
不分上下，自由生活，
它们觉得没有了体面，
为了摆脱这尴尬局面，
它们请上帝派个国王。
上帝素不听各种胡言，
这次却听了它们的话，
给它们派去一个国王。
国王轰隆隆从天而降，
重重地落到了王国上。

泥泞的国家一片骚乱，

青蛙们吓得惊恐万分，

一个个拼命四处奔跑：

能怎么脱逃就怎么逃，

能往哪儿跑就往哪跑。

它们在洞里窃窃私语，

派来的国王不同寻常，

这国王也确别具一格：

不忙乱不轻浮很持重，

沉默寡言，傲慢庄重，

身材魁伟，凛凛威风，

嗨，这就是不同凡响！

国王只有一点不好：

它是个十足的呆瓜。

起先尊崇它至高无上，

臣民谁也不敢走近它，

透过菖蒲苔草恐惧地

从远处偷偷地望着它。
但是因为世界上没有
世人看不惯的新奇事，
它们先是解除了恐惧，
后来怀着忠诚爬近去，
先是俯伏在国王面前，
胆大者就对它侧身坐，
也有试图坐它旁边的，
更勇敢者则背朝它坐。
多亏国王容忍了一切。
等不多会，你就瞧吧，
谁想谁就往它身上跳。
跟这样的国王同生活，
仅仅三天就令人厌烦。
青蛙递交了新的呈文，
让宙斯给它们沼泽国，
派一个真正的好国王，

宙斯接受了热诚祈求，
派仙鹤去它们的国家。
这个国王可不是傻瓜，
完全具有另一种禀性。
它不喜欢娇惯臣民，
它以罪人作为食物，
而站在它的法庭上，
无论谁都沦为罪人，
因此它的一日三餐，
全是受惩治的青蛙。
黑暗的岁月降临到
沼泽国居民的头上，
每天青蛙数都短缺。
国王从早到晚巡视国家，
途中无论它遇到谁，
马上就抓来审判它，
接着便立即吞吃它。

叫苦声比过去更响，
央求宙斯再给它们
重新赏赐一个国王，
因为现在这个国王
吞吃它们如同苍蝇，
它们甚至不敢露面，
不能无忧无虑啼鸣。
（这有多可怕！）
总之，它们的国王
比干旱更令人厌恶。
“为什么过去不好好生活？
不是你们吵得我不安宁？”
上天的声音告诉它们，
“不是你们吵着要国王？
给了你们一个国王——
说这个太温顺平和，
你们在水里闹不休，

给你们另一个国王，

说这个太凶狠恶毒。

还是跟它一起生活，

免得日子更不好过！”

分红利

几个受人尊敬的商人
共同拥有房子和账房，
经商买卖赚了大笔钱，
生意结束分起红利来。
但是什么时候分利不争吵？
为钱物他们吵得不可开交。
突然有人喊，他们的房子起火了。
“快，快去救货物和房子！”
他们中一人大声叫着，
“去吧，我们以后再算账！”
“只是先得补我一千卢布，”

另一个吵闹说，

“否则我决不会走开半步！”

“还没有补给我两千卢布，

瞧这里账上已经写清楚了。”

还有一人嚷道，

“不，不，我不同意！

怎能这样，为了什么，为什么！”

他们激烈争吵大声叫喊着，

竟忘了房子里大火燃烧着，

并把他们吞没在浓烟雾中，

商人及所有财物全被烧尽。

※　※　※

在一些十分重要的事件中，

大家遭到不幸往往是因为

没有齐心应对共同的不幸，

各自想着争得自己的利益。

鹰和蜜蜂

在能出名的舞台上
活动的人是幸福的，
因为整个世界都是
他的功绩的见证人，
这一点也赋予他力量。
但默默无闻的人也值得尊敬，
因为他放弃安逸，
从事卑微的劳动，
既不贪名誉也不图荣耀，
只有一个念头使他振奋：
他是为大家的利益劳动。

※　※　※

看到蜜蜂在鲜花周围忙碌，
有一天鹰轻蔑地对它说道：
“可怜虫，我非常怜惜你，
怜惜你的劳动，你的才艺！
整个夏天你们都在造蜂房，
可谁来分辨奖赏你的功劳？
真的，我不理解你的意愿，
辛劳一生，有什么意义呢？
和大家一样默默无闻死去！
我们之间真有天壤之别呀！
当我张开嗖嗖扑扇的翅膀
在万里云端自由地翱翔时，
所到之处我都撒下了恐惧：
鸟类不敢从地上飞向天空，
牧人放牧畜群时不敢打盹，
迅捷的扁角鹿远远看见我，

也不敢在田野上抛头露面。”
蜜蜂回答：“你值得夸奖尊敬！
愿宙斯继续赐恩惠于你！
我生来为大家的利益干活，
我不企求奖赏自己的劳动，
看到蜂房，我感到很欣慰，
因为里面也有我的一滴蜜。”

狗鱼和猫

如果鞋匠开始烤馅饼，

那一定很糟糕，

而由馅饼师傅来缝鞋，

那事情就搞不好。

已经指出过千百次，

爱去干陌生行当的人

总比别人固执和荒唐，

他宁肯把事情都弄糟，

宁肯成为世人的笑柄，

也不愿向诚实懂行的人请教，

不愿听取他们理智的劝告。

※　※　※

牙齿尖利的狗鱼冒出念头，

要去干猫的行当。

不知是受嫉妒心折磨，

还是鱼食使它腻烦了？

它就是想请猫带它去打猎，

即到谷仓去捕老鼠。

“得了吧，你懂这一行吗？”

猫对狗鱼说，

“干亲家，小心别丢人现眼！

俗话说得不是没道理：

事怕行家，隔行如隔山。”

“够了，干亲家！

捕老鼠，这有什么稀奇！

我们还经常捕鲈鱼呢。”

“那就祝你顺利，走吧！”

它们去了谷仓，埋伏守候起来。

猫玩够了，吃足了，

就去看望干亲家。

狗鱼张大嘴，奄奄一息躺着。

老鼠咬掉了它的尾巴，

看到干亲家根本不能干活，

猫就把半死不活的它

拖回到池塘里。

这样做很有道理！

狗鱼，这对你是教训，

今后要变聪明些，

不要再去捉老鼠。

大车队

大车队载着许多瓦罐行进，
必须从陡峭的山上往下走。
让其余的车留在山上等待，
主人小心地赶着第一辆车，
好马几乎用骶骨顶着大车，
不让大车往下滑行。
可怜的马每走一步，
山上一匹年轻的马
就冲着它骂声不绝：
“受人赞扬的马，真怪了！
瞧，走起来像虾一样爬行。

现在又差点被石头绊了。

歪啦！偏啦！

胆大一点！瞧又震了一下。

这里只要往左一点就好了，

真是头蠢驴！如果是上山

或是夜行，那倒也就罢了，

可现在又是白天又是下山！

看着都让人受不了！

如果你没本事，驮水也罢！

你好，瞧我是怎么拖车的。

别担心，我不会浪费时间，

我不是拉车走，而是飞车！”

小马即拱起脊背绷紧胸膛，

拉着大车就动身下山路了，

但是刚往山下走就止不住，

大车开始逼近来，往下滑，

从后面推着马，把它甩一边。

马干脆撒开四条腿奔起来，
奔过石头沟坎，又蹦又跳，
往左，往左——连同大车
轰隆一声掉进山间的水沟！
完了，主人的瓦罐！

※ ※ ※

许多人有同样的毛病：
觉得别人做的全是错的，
而自己做起来
却做得加倍糟糕。

驴子和夜莺

驴子看见了夜莺，对它说：
“听着，朋友，大家都说，
你是了不起的唱歌高手。
我倒想亲自听你唱一唱，
然后亲自来评一评，
你的本事是否真的这么大？”
夜莺马上开始表现自己的才艺，
啁啁啾啾，嘤嘤唧唧，
千啭百啼，轻曼缠绵，抑扬顿挫，
一会儿柔声细语，
像远处陶然心醉的芦笛声，

一会儿呖呖清朗，
如大珠小珠落玉盘响彻树林，
周围万物都在聆听
奥罗拉[1]的宠儿和歌手。
风儿停息了，
畜群静卧了，
鸟儿的合唱也沉寂了，
牧人屏息静气欣赏着，
只是有时朝牧女莞尔一笑。
歌手唱完了，
驴子面颊冲着地面说：
“相当不错。老实说，
没有索然无味地听你唱。
可惜你不认识我们的公鸡，
假如你稍微向它学一学，
你还会唱得更好。”

---

① 奥罗拉，罗马神话中的曙光女神。——译注

听到这样的评判，

可怜的夜莺振翅飞向远方。

※　※　※

千万别给我们这样的评判者。

承包商和鞋匠

有钱的承包商住在豪宅里，
好吃好喝，香甜可口，
每天举办酒会盛宴，
财宝多得数不胜数，
家中的甜品和酒类，
不论你想要什么，
应有尽有绰绰有余，
总之，好像天堂就在他的豪宅里。
只有一件事令承包商痛苦：
夜里他睡不着觉。
也许他是怕上帝的审判，

或者不过是怕破产。

不知为什么总是睡不着。

即使黎明时打个盹儿，

还碰上了新的倒霉事：

上帝给了他一个歌手做邻居，

邻居的小屋与富商窗对窗。

他是穷鞋匠，但是歌手、快活人。

每天黎明到中午到夜里，

他总唱个不停，不让富商睡觉。

怎么办？怎么跟邻居商谈，

让他不要再唱歌？

命令他不许出声：没有这权力。

请求过，但请求不管用。

终于想出了办法，

派人去叫邻居，邻居来了。

“亲爱的朋友，你好！”

“万分感谢你的亲切问候。”

“生意怎么样，克里姆？”

（用得着谁，就知道谁的名字。）

“老爷您问生意？还不错！”

“因此你这么快活，总是唱歌？

看来，你日子过得挺幸福？”

“抱怨上帝可是罪过，

再说有什么奇怪的呢？

我总有忙不完的活计，

我老婆心地好又年轻。

谁不知道，跟好老婆，

一起过日子要快活些。”

“你有钱吗？”“哎，没有。

没多余的钱，也就没有多余的念头。”

“这么说，你不想成为有钱人？”

“我可没说这话。

虽然我为现有的一切感谢上帝，

但是老爷您自己也知道，

人活着总想更多地得到，
今天的世道就是这样。
我想，您也还嫌您的财宝少，
做个有钱人没什么不好。”
“你说得有道理，朋友，
我虽然有钱，但也有烦恼，
虽然俗话说，贫非罪，
但是无论如何得忍受，
宁肯忍受富裕带来的烦恼。
我喜欢你说真话，
我给你一袋卢布，请收下。
等着吧！上帝保佑，
在我的帮助下你会富起来。
要注意，别挥霍这些钱，
珍惜它们以备不时之需！
那是五百卢布整。再见！”
我的鞋匠紧紧抓住钱袋，

把它藏到前襟里，
不是跑而是飞似的赶回家，
夜里把它埋在地下——
同时也埋葬了他的快活！
不仅歌声没有了，
睡梦也不知跑到哪儿去了，
（他也知道失眠了！）
一切都令他可疑。
一切都令他惊惶。
夜里猫稍有动静，
他觉得是盗贼进了他家，
便吓得浑身发冷，
竖起耳朵谛听。
总之，这时的日子难过得
简直想投河寻死。
鞋匠绞尽脑汁，想来想去，
终于开了窍。于是

拿起钱袋跑到富商那里，

说："谢谢您的好意，

这是您的钱袋，请收回。

我在此前不知道，

怎么有人会睡不好。

您过您的富裕生活吧，

我不需要百万钱财，

我要唱歌，我要睡梦。"

大象和哈巴狗

有人牵着大象在街上走，
显然是为了让人们瞧瞧。
众所周知，在我们这儿，
大象是稀罕珍兽，因此
一群看热闹者跟在象后。
不知从哪儿冒出哈巴狗，
看到大象就冲着它扑去，
又吠叫又尖嚎又冲又撞，
嗬，一个劲要与象打斗。
“邻居，别自己出丑了。”
老黄狗对它说，

“难道你是大象的对手？

瞧，你已经声嘶力竭了，

象却自管自径直往前走，

根本不在乎你的吠叫声。”

“嘿，嘿！”哈巴狗回答，

“我根本不需要与象斗，

就能跻身豪勇的狗之列。

让狗儿们去说吧：

‘哟，哈巴狗！好厉害，

竟敢对大象狂吠乱叫！’”

苍蝇和赶路的人

在七月最炎热的中午时分，

一辆四套马车载着行李和

贵族一家在沙地上

向山间缓慢地拖行。

四匹马已疲惫不堪，

不论车夫怎么竭力驱赶，

最后还是只好停下来。

车夫从赶车人位上爬下来，

这个使马受苦受难的人，

与仆人一起拿着鞭子

从两边虐打马匹。

无济于事。于是老爷、太太
以及他们的子女、家庭教师
全都爬下了载重大的马车。
但是，要知道，马车装得满满的，
虽然马匹拉动了它，但还是
在沙地上勉强向山里行进。
碰巧有一只苍蝇在这里，
怎么能不帮助有难者呢?
于是它挺身而出来帮忙：
用足全身力气嗡嗡叫着，
在马车周围忙得团团转，
一会儿在辕马鼻子上方盘旋，
一会儿在拉边套的马额头咬一口，
一会儿突然停到车夫位子上，
或者撇下马在人中间钻来钻去，
犹如承包商在市场上忙个不停。
它只是抱怨谁也不想帮助它。

这时仆人们慢腾腾跟在后面胡扯，
家庭教师与太太在窃窃私语，
老爷与女仆去松林找蘑菇晚餐用，
把需要自己料理的一切置之脑后。
苍蝇对大家嗡嗡埋怨，
只有它一个在操心一切。
与此同时马匹已一步一步
把车拖到平坦的大路上。
“好了，”苍蝇说，“现在谢天谢地，
你们上车吧，祝一路顺利。
而我几乎抬不起翅膀了，
让我休息一下吧。”
※ ※ ※
世界上有许多这样的人
他们到处想插上一手，
喜欢在根本不需要他们的地方忙活。

雄鹰和蜘蛛

雄鹰朝云层后高加索山顶飞去，
降落在那里的一棵百年雪松上，
开始欣赏下面辽阔优美的景致。
它从这里似乎把大地一览无余，
在那里河流在草原上蜿蜒奔流，
这里树林和草地披着翠绿春装，
那里是怒涛汹涌滚滚的黑海，
远看像是黑油油的乌鸦翅膀。
“赞美你，宙斯，你统治着世界，”
雄鹰向宙斯大声呼唤，
“决定给我如此高明的飞翔本领，

我不知道还有什么达不到的高度，
我能从谁也飞不到的地方，
把美丽的世界尽收眼底。”
“我看，你就是个牛皮！”
这时蜘蛛从树枝上回答。
“我待在这里比你低吗？”
雄鹰抬头向上望，确实，
蜘蛛在它上方张开了网，
正在一根树枝上忙碌着，
似乎它想遮蔽鹰的阳光。
“你怎么会在这么高的地方？”
鹰问，“那些勇敢的飞鸟
也不是都敢飞到这里的。
你既没有翅膀又很弱小，
难道你是爬到上面来的？”
“我没有这么大的决心。”
“那你怎么会在这里的？”

"我就附着在你尾巴上，
是你自己把我带上来的。
在这里没你我也能立足，
在我面前别自以为了不起，
要知道，我……"
这时不知从哪里吹来一阵旋风，
把蜘蛛又刮到了下面。

※　※　※

不知你们怎么认为，
我觉得有不少人像蜘蛛，
他们不凭才智不凭劳动，
只是紧抓住显贵的尾巴，
就平步青云拼命向上爬。
他们还要显得神气活现，
仿佛上帝赐予他们雄鹰的力量，
可是只要刮起一阵风来，
就把他们连同蛛网一起刮下来。

雄鹰和鼹鼠

不要忽视任何人的建议，
首先该分析它是否有理。

※　※　※

雄鹰带着雌鹰伴侣，
从远方来到原始森林，
想在那里永久定居。
它们选择了一棵
枝叶繁茂的高大橡树，
在树顶开始修筑巢窝，
指望夏天在这里
生下自己的孩子。

鼹鼠听到了这一消息，
鼓起勇气向雄鹰进言：
这棵橡树不适于居住，
它的根几乎全部腐烂，
大概不久就会倒下的，
让雄鹰别在上面筑巢。
但是雄鹰岂能接受，
来自洞穴的劝告呢？
而且还是鼹鼠说的！
何况别人还有赞语说，
雄鹰有锐利的眼睛。
再说鼹鼠凭什么
竟敢干预鸟王的事情！
雄鹰压根儿蔑视鼹鼠，
不跟它多说，加快干活，
不久就为鸟后盖好新居。
很快鹰夫妇有了孩子，

一切都很美满幸福。

但是结果是什么呢?

有一天雄鹰迎着朝霞,

带着丰盛的早餐,

从天外捕猎归来,

匆匆飞回自己的家。

它看到橡树已经倒下,

压死了雌鹰和孩子。

雄鹰痛苦万分两眼发黑,

“我真不幸!”它说,

“因为我的高傲轻慢,

命运残酷地惩罚我。

我没有听明智的劝告,

哪能想到渺小的鼹鼠

会提出善良的劝告呢?”

“假如那时不轻视我,”

鼹鼠从洞穴里对它说,

“你就会想到
我在地下挖洞，
经常在树根附近，
树是否健康
我知道得更清楚。”

四重奏

调皮的长尾猴、驴、
山羊和笨拙的熊
想出要演四重奏。
它们搞来了乐谱、
大提琴、中提琴，
还有两把小提琴，
坐到菩提树下的草地上，
想用自己的技艺征服世界。
它们奏起提琴，拉来拉去，
却拉不出什么名堂来。
“停，停！”长尾猴喊道，

“等一下，这怎能算音乐？
要知道，你们坐得不对。
你是拉大提琴的，
要坐在中提琴对面，
我是第一小提琴手，
要坐在第二小提琴手对面，
那样奏出的音乐就不同了。
森林和群山就会
在我们面前起舞。”
大家各就各位，开始演奏。
四重奏仍然不协调。
“等一下，我找到了秘密！”
驴子喊道，“如果我们并排坐，
一定会取得成功。”
大家听从了驴子，
规规矩矩坐成一排。
四重奏仍然不入调。

它们的争论更厉害，
焦点还是该怎么坐。
夜莺听到吵闹便飞来，
大家请它来解决疑惑。
“请你耐心待一会，
使我们奏好四重奏。
我有乐谱也有乐器，
只要告诉该怎么坐！”
“要做音乐家，需要有才气，
要有比你们更加细腻的听觉，”
夜莺回答说，“朋友，
不论你们怎么坐法，
反正不适合当音乐家。”

树叶和根

在一个美好的夏日里，
树叶在山谷投下阴影，
一边与微风低声细语，
夸耀自己的茂密和翠绿。
它们这么对风儿说自己：
“我们是全山谷最美的，
树木因我们而茂盛丰茸，
枝杈伸展，雄伟壮观，
没有我们它会成什么？
我们夸自己毫不罪过，
不是我们给牧童和游人

蔽以阴凉，使他们免受炎热？
不是我们以自己的美丽
吸引牧女来这里跳舞？
不论朝霞还是晚霞时分
夜莺总在我这里啼鸣
风儿你也几乎总是
与我们形影不离。”
“说到这里也可以
对我们说一声谢谢。”
有个声音从地下谦恭地回答。
“谁敢如此厚颜无耻和自大？
你是什么东西，
竟敢放肆地与我们说话？”
树叶簌簌响，嘟哝着说。
“我们在黑暗中干活养育你们，
难道你们不知道？
我们是你们得以繁茂的树根，

你们好好炫耀自己吧！

只是要记住我们之间的差别：

随着新的春天的到来，

又将长出新的树叶，

如果我们枯死了——

就不会有树，也不会有你们。”

天鹅、狗鱼和虾子

如果同伴们不协调一致，
他们的事情一定搞不好，
最后的结果就只有痛苦。

※　※　※

有一天天鹅、狗鱼和虾，
同拉一辆装满货的大车。
它们仨套上车拼命地拉，
可是大车却一动也不动！
货物对它们来说并不重，
只是天鹅竭力往云端冲，
大虾则用足劲朝后面拽，

狗鱼却憋足气往水中拖。

它们三个究竟谁对谁错，

不用我们来费心作评判，

只是大车现在还在原地。

池塘和河流

池塘对毗邻的河流说：
“不论怎么看你，
你总是川流不息，
这是怎么一回事？
难道你永不疲劳？
而且我总是看见，
你载运沉重的货船，
还运送长长的木排，
更不用说小船独木舟，
它们多得数也数不清。
何时你放弃这样的生活？

换了我真会苦恼得死去。
与你相比我运气好多了！
当然我默默无闻不出名，
我也没有横贯整张地图，
古斯里琴手也不颂扬我，
这一切都是虚无缥缈的！
但我有松软的泥岸围着，
犹如贵妇人穿着羽绒服，
我怡然自得，安逸平静，
我不用担心货船和木排，
我不知道独木舟有多重，
如果有什么事，多半是
微风把树叶吹到我这儿，
在我水面漾起微微涟漪。
什么能代替这无忧生活？
无论风从哪个方向吹来，
我静观尘世的纷扰繁忙，

在梦中思考生活的哲理。”
“思考时记得一条法则吗？”
河流回答它说，
“河水只有流动才能不腐，
如果说我成了大河，
那是因为我放弃了平静，
是因为遵循了这条法则，
所以每年水都丰盈纯净。
我给人们带来好处，
我也得到荣誉尊敬。
大概我将永远奔流，
而那时你已不存在，
人们也不再提及你。”
它的话应验了：
它至今奔流不息，
而可怜的池塘
年复一年渐渐消失，

长满了水藻、苔草，

最后完全干涸了。

※ ※ ※

如果懒惰抑制了才能，

就不会使它施展出来，

才能不能给世界好处，

就一天天地衰竭枯萎。

特里什卡的长褂

特里什卡的长褂肘部磨穿了洞，
有什么好多想的？他拿起了针，
把两只袖子各剪去了四分之一，
在肘部缝上补丁，长褂又能穿，
只是两臂有四分之一裸露在外，
但是，这又有什么好难过的呢？
不过大家都笑话特里什卡。
特里什卡说："我不是傻瓜，
我马上就来纠正这个缺点，
我要让袖子变得比以前长。"
哟，特里什卡这家伙真不简单！

他剪去了前后襟，接长了袖子，

他的长褂虽比无袖短上衣还短，

但是特里什卡心里却十分高兴。

※　※　※

我看到，有时候有些先生，

弄糟的事情也这样来补救，

可是你一瞧：

他们穿着特里什卡的长褂。

火灾与钻石

深夜火焰在楼房里蔓延，
越烧越烈，星星之火酿成火灾。
在众人一片惊吓慌乱之中，
一颗失落的钻石躺在路上，
在尘土中微微闪烁着光芒。
“你再竭尽全力闪耀，
在我面前也微不足道，”
火焰对钻石说，
“需要多么敏锐的视力，
才能在近距离内把你
和玻璃或水珠区分开，

因为我的光或太阳光
也能在它们身上闪耀。
不用说，你总身陷灾难，
不论什么东西，比如
一点点碎布落到你身上，
一根头发丝缠绕你周围，
往往就遮蔽了你的光芒。
而当熊熊烈焰席卷楼房时，
要遮挡我的光芒可不容易。
瞧我多么蔑视人们扑灭我，
我哔剥作响，吞没了一切，
烧得火光在云端闪耀，
我使周围人恐惧惊惶！”
“虽然我的闪光与你相比
显得微弱，”钻石回答说，
“但我没有给人带来害处，
谁也没有因灾难而责怪我。

令我感到遗憾的只是
我的光芒让人们羡慕。
而你只是靠破坏
才发出凶光闪耀。
但是瞧，大家联合起来，
全力冲上前尽快消灭你。
你越是烧得猛烈，
你的末日大概也越来越近。”
这时人们开始全力扑灭火灾，
翌晨剩下的只是烟雾和臭味。
钻石很快就被人找到了，
成为皇冠上最美的装饰。

花

富裕人家打开的窗户里，

摆着一只彩绘的大瓷罐，

里面混插着假花和真花。

假花在铁丝做的花茎上

高傲自大地微微摇曳着，

向大家展示惊人的娇艳。

这时开始洒下蒙蒙细雨，

塔夫绸做的假花向宙斯

请求是否能够不降下雨，

同时竭尽能事咒骂雨水。

它们祈求：“把雨停了吧，

宙斯，下雨有什么好处？
世上还有什么比它更糟？
到处都只是泥泞和水洼。”
但宙斯未接受无理请求，
雨仍然不停地丝丝下着，
驱赶炎热，使空气凉爽，
大自然显得一片生机盎然，
青翠的植物仿佛得到新生。
这时窗台上的真花绽放了，
显示出自己全部的美丽，
它们因为雨水的滋润
更芳香更鲜润更娇嫩。
从那时起可怜的假花
失去了它们的鲜艳美丽，
像垃圾一样被弃之院子。

※　※　※

真正有才能的人

不会因受批评而生气。

批评不会损害他们的美，

只有假花才害怕雨淋。

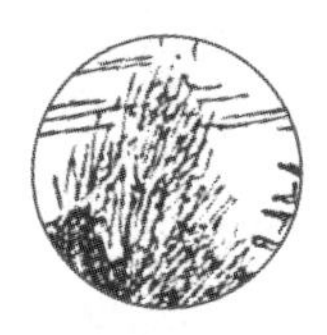

好心的狐狸

春天猎手射死了一只红胸鸲，
假如不幸到此为止倒也罢了，
但是不，接着又有三只遭殃：
三只可怜的小雏鸲成了孤儿，
刚出壳，不明世事也无力气，
忍饥挨冻的小鸲鸟只是发出
愁苦的吱吱声徒然呼唤母亲。
“看着这些小鸲怎能不难过？
谁会不心痛？”狐狸蹲在鸟巢
对面的石头上，对众鸟们说，
“别扔下这些孩子不管，

哪怕给它们衔去一颗谷粒，

哪怕给它们的巢添一根草，

你们就保护了它们的生命，

这是最神圣最高尚的善行！

布谷鸟，你本来就在换毛，

最好拔一些毛给它们铺巢，

反正你是白白扔掉这些毛；

百灵鸟，你干吗在上空盘旋，

到田野、草地上找一点饲料，

可以分给可怜的孤儿们吃；

斑鸠，你的孩子已经长大，

它们自己已经能弄到食物，

你最好还是飞离自己的窝，

代替小鸽母亲去照料它们，

你的孩子让上帝去关爱吧；

燕子，假如你捉到小蚊子，

就给无亲无故的小鸟吃吧；

而你，亲爱的夜莺，你知道，
你那美妙的嗓子使大家着迷，
和风正好摇曳着它们及窝巢，
你就用歌声给它们催眠吧。
我坚信，你们这种温情关爱
将取代它们失去母亲的痛苦。
你们听着，我们将能够证明，
树林中有许多善良的心……”
说这话时三只可怜的小鸲
饿得无法安心待在窝巢里，
从树上掉到下面狐狸跟前。
这好心家伙做出了什么呢？
马上几口就把它们全吃了，
它对鸟的教导也就没说完。

※　※　※

读者们，请别觉得奇怪，
真的好心人不会夸夸其谈，

只会默默地做着好事。

光在别人身边唠叨做好事的人，

他的好往往只是要别人做好事，

因为这样不会有任何损失。

实际上，几乎所有这样的人，

都与我的这只狐狸如出一辙。

杰米扬的鱼汤

“我的朋友，邻居，请吃吧！”
“邻居，我已经吃饱了。”
“没有关系，再喝一盆。
听我说，鱼汤真的煮得很好！”
“我已经喝了三盆汤了。”
“得了，何必去记数字，
只要你喜欢，就尽量喝，
就喝个痛快，喝个精光。
多么好的鱼汤！多么肥！
仿佛蒙了一层琥珀似的，
请多喝点，亲爱的朋友，

这是鳊鱼，内脏，这是鲟鱼！

再来一调羹！老婆，来敬汤！”

杰米扬就这样款待邻居福卡，

让他无休无止地喝下去。

福卡早已喝得大汗淋漓，

但他还是又拿起一盆汤，

用尽最后力气喝个干净。

“我就喜欢这样的朋友！”

杰米扬高声喊叫了起来，

“我不能容忍傲慢的人，

来，再喝一盆，亲爱的！”

可怜的福卡不论多爱喝鱼汤，

但还是抱起腰带和帽子，

赶快逃离这样的灾难赶回家，

从此不登杰米扬的家门。

小家鼠和大家鼠

“邻居，你听到好消息了吗？”

小家鼠跑进来对大家鼠说道，

“据说猫落入了狮子的爪子，

这下该是我们歇息的时候了！”

“别高兴，我的朋友。”

大老鼠回答小家鼠说，

“也别空抱什么希望！

如果它们动用爪子，

那么肯定狮子活不了，

没有比猫更厉害的动物！”

※　※　※

我看到过好多次这种情况，
你们自己也请留意这一点：
胆小鬼害怕谁，就会以为，
全世界都跟他一样害怕谁。

黄雀与鸽子

捕鸟器啪的一声逮住了黄雀，
可怜的鸟儿在里面又冲又扑，
而小鸽子却讥讽嘲笑它。
“不难为情吗，”它说道，
“大白天竟落入捕鸟器，
它们这样可骗不了我：
对此我可以大胆保证。”
可是，瞧，话刚说完，
它自己也绊在套索里。
活　该！
小鸽子，别光嘲笑别人的不幸。

镜子和猴子

长尾猴在镜中看到自己的形象
悄悄地用腿碰了一下熊。
“瞧，干亲，”猴子说，
“那里是什么丑八怪？
扭捏作态，蹦蹦跳跳！
要是我有一点点像它，
我会苦恼得上吊去死。
说真的，我的干亲中
是有五六个矫揉造作，
我能扳着指头数出来。”
“与其花力气数干亲，

不如回转身来看自己。”

熊不客气地回答它说，

但忠告却成了耳边风。

※　※　※

世上有许多这种例子，

谁也不爱承认，

讽刺说的正是自己。

贪婪者和母鸡

贪婪者想得到一切却失去一切，
我相信有许多这样的例子。
为免得花时间寻找，
也懒得去苦苦寻找，
我打算给你们讲一个古老寓言。
※　※　※　※
孩提时我读过贪婪者的故事。
这个人不会任何手艺和活计，
但他的箱子显然装得满满的，
原来他有一只会下蛋的母鸡，
（这又有什么好羡慕的！）

但它下的不是普通蛋而是金蛋。
他渐渐地稍微变得富裕起来，
换了别人对这境况会很高兴，
但是贪婪者却对此尚不知足，
他想出了主意——杀鸡取蛋。
这样他忘了母鸡对他的恩惠，
也不怕背上忘恩负义的罪名，
他宰杀了母鸡，得到什么呢？
作为报偿，他从鸡肚里
取出的是普通内脏。

赫耳库勒斯[1]

阿尔克墨涅[2]的儿子赫耳库勒斯
英武骁勇、力大无比名闻天下。
一天他穿过悬崖间险峻的窄道，
见路上蜷缩着似刺猬样的东西，
隐隐约约，不知道究竟是什么。
他想用脚后跟一脚踩死它，
此刻突然发生什么情况呢？
此物胀起来，大了一倍多。

① 即罗马神话中的赫丘利，宙斯和阿尔克墨涅所生的儿子，神勇无敌，做出了许多英雄业绩。——译注

② 希腊神话中底比斯王安菲特律翁的妻子。她丈夫在外时，宙斯扮作其夫的模样与她生下赫耳库勒斯。——译注

这时赫耳库勒斯怒火勃发，
用沉重的棒槌朝怪物猛击，
外表上看它变得更加可怕，
它变粗变高大挡住了阳光，
也挡住了赫耳库勒斯的路。
他扔下棒槌，在这怪物前
惊诧得目瞪口呆一动不动。
突然雅典娜[1]出现在他面前。
“别白费劲，兄弟！”她说，
“这个怪物的名字叫纷争，
不碰它——勉强才注意它，
但是，如果谁想与它较量，
它会因吵骂而变得越肥大，
变得比山峦峰巅还更要高。”

① 希腊神话中的智慧女神，女战神。——译注

猎人

人们在做事时常常会说，

还来得及，但应该承认，

说这话时并未经过考虑，

而只是出于惰性。

如有事做，要尽快做完，

不然，当机遇突然降临，

就别埋怨运气不佳，

而要责怪自己。

※ ※ ※

猎人拿起猎枪、弹药和猎袋，

还带上习性可靠的朋友——

黑克托尔，去森林打野味。
虽有人劝他在家里给猎枪
装上弹药，他却仍没有装，
“这是区区小事，”他说，
“我熟悉路，自生下来
没见过这里有一只麻雀。
到目的地需要走一小时，
装弹药一百次都来得及。”
但是结果呢？刚走出生活区，
（命运女神仿佛跟他开玩笑。）
湖面上一大群野鸭在玩耍，
当时要是猎枪已装上弹药，
我们的射手本可以轻易地
打死五六只，吃上一星期，
现在他赶快装弹药，
只不过野鸭对此很敏感，
在他忙着装弹药时，

它们就大声叫起来，惊慌地
腾空而起——列成一行，
朝树林后面飞去，
消失得无影无踪。
后来猎手在树林中白白转悠，
他连一只麻雀也没碰上，
而这时还祸不单行：
当时是阴雨天，
我的猎手浑身湿透，
背着空猎袋回了家。
而他仍然不是责怪自己，
只是埋怨运气不好。

狐狸和葡萄

饥饿的狐狸钻进了果园，
那里一串串葡萄熟透了，
多汁的果实宝石般闪亮，
看得狐狸干亲眼馋起来。
倒霉的是它们高高悬挂，
不论它怎么设法走近前，
只是眼看得见牙够不着。
狐狸白白费劲了一小时，
只好走开，边懊丧地说：
“得了，这算不了什么！
葡萄不过是看起来好看，

但是青的，还没有成熟，

现在吃一定很涩嘴酸牙。”

勤劳的熊

熊看到农夫做马轭出售很赚钱，

（而弯成马轭要有耐心，

不是一蹴而就的。）

就想也以此活计为生。

它去树林又折又敲树枝，

一俄里外都能听到断裂声，

熊毁了无数榛树、桦树、榆树，

仍然没有学会这门手艺。

它就去向农夫讨教，说：

“邻居，我能折断树木，

却不能弯成一根马轭。

这到底是什么原因？

请告诉我，诀窍是什么？”

“朋友，”农夫回答说，

“是你根本没有的东西，

这就是耐心。”

橡树下的猪

百年橡树下的猪
大吃一通橡树果，
吃饱撑足之后，
就躺在树下睡觉。
后来睡醒了，
便起来用嘴刨树根。
“这可是在损害树，”
树上的乌鸦对它说，
“如果根露在外面，
橡树可能会枯死的。”
“就让它枯死好了，

我可一点也不担心。

我看它没多少用处，

即使永远没有橡树，

我也丝毫不会惋惜。

只要有橡树果就行，

我是吃它们长胖的。”

“忘恩负义的家伙！”

这时橡树就对它说，

“你若能抬起嘴巴，

你就会看到，

果实就长在我身上。”

※　※　※

无知者同样盲目责骂

科学和一切学术成果，

他们竟然没有感觉到，

他们享受的正是科学成果。

蜘蛛和蜜蜂

有些才能有时让大家惊奇，
但是对大家没有任何好处，
这种才能据我看没有用处。

※　※　※

商人把布匹运到市场，
这是大家需要的商品。
抱怨生意不好可是罪过：
顾客多得应接不暇，
柜台旁边拥挤不堪。
看到商品这么畅销，
蜘蛛十分眼红羡慕，

商人的盈利诱惑它，

也想要织些布来卖，

谋划着抢商人生意，

决定把铺子开在小窗口。

它安排就绪，织了一夜。

把商品包装得十分新奇，

便自大起来，目空一切，

坐下来，寸步不离柜台。

它暗想，只要白天来临，

它就会把顾客招徕过来。

白天降临了，但结果呢？

人家把它一扫赶出铺子。

这蜘蛛懊恼得又气又狂。

“好，等公正的报偿吧！

我要让全世界都来做证，

谁的织物更精美和细致，

是商人的还是我的织物？”

“是你的，对此没异议，”
蜜蜂答，“早就众所周知。
但是它不能穿又不保暖，
它又有什么用处？”

悭吝人

灶神看守着一笔
丰富的埋在地下的宝藏。
突然它接到魔王的指令，
要它飞到非常遥远的
地方去任职多年。
职责就是这样：
不管高兴不高兴，
应该执行命令。
灶神感到莫大困惑的是，
没有它怎么守护宝藏？
该交给谁来守护它？

雇一个看守人，建一个仓库，

那要有一笔庞大的开支

就这么弃之不管，

宝藏又可能会丢失，

无论哪一个昼夜都不能担保，

宝藏会被挖出偷走，

人们对钱财的嗅觉是很灵敏的。

灶神辗转思考，忽然想到，

它的主人是个守财奴，吝啬鬼，

于是带了宝藏去找悭吝人，

“亲爱的主人，我要离家去异国，

我对你总很满意，

为表示好感和临别纪念，

请别拒绝接受我的宝藏！

别怕花费，尽情吃喝玩乐吧！

我的全部条件只是，

当你的死神降临时，

你唯一的继承人是我。

不过，还是祝你健康长寿！”

灶神说完就上路了，

过了十年、二十年，

灶神履行完职责又飞回家乡。

它看见了什么？

嗬，令人欣喜不已！

悭吝人手握钥匙饿死在箱子上，

所有的金币原封未动。

灶神立即把宝藏收归己有，

并由衷地高兴，

看守它的主人没花分文。

※　※　※

悭吝人不吃不喝守着金银财宝

莫不是为灶神收藏金钱？

两条狗

忠实的看家狗巴尔博斯
为老爷十分勤奋地当差。
它看到自己的老相识，
卷毛的哈巴狗茹茹
躺在窗台软和的羽褥上。
巴尔博斯犹如对亲人般
对它表示亲昵，激动得几乎流泪，
在窗下转动着尾巴，蹦来蹦去，
还不时地发出几声尖叫。
“喂，茹茹，自老爷把你
带进豪宅，日子过得怎样？

可记得我们在院子常挨饿?
你现在干的是什么好差使？”
“对现在的幸福生活没什么可怨的，”
茹茹回答说，“我的老爷非常宠爱我，
我过得富足而幸福，
吃的喝的都用银器，
还与老爷嬉戏玩耍，
如果我累了，就躺在
软和的沙发上地毯上。
那么，你过得怎么样？”
“我仍然像从前一样，
忍冻挨饿看守主人的家。”
巴尔博斯低头垂尾回答，
“我睡在围墙下挨雨淋，
如果吠叫得不合时宜，
我还得挨主人的棒打。
茹茹，你这么娇小虚弱，

到底是靠什么得到宠爱?

我拼命干活也是徒劳，

你到底在干什么差使？”

“干什么？你问得好！”

茹茹带着嘲笑回答说，

“就是向主人献媚取宠。”

※　※　※

许多人所以找到幸福，

只是靠善于献媚取宠。

狗鱼

狗鱼被告上了法庭，
因为它搅得池塘里无法生活，
提供的证据有整整一车，
因此必须把罪犯装进大木盆，
抬到法庭受审。
法官就在近处，
在附近的草场上放牧。
在档案中留下了它们的名，
那就是两头驴、两匹老马，
还有两三只公羊。
为了对审判进行应有监督，

派了狐狸来当检察官。

民间传说狗鱼送鱼给狐狸吃，

虽然这样，法官们没讲情面。

这就不便掩盖狗鱼的罪行，

没有办法，只能写下判决，

把罪犯判处可耻的死刑。

为了杀一儆百，

要把它吊死在树枝上。

“法官，”狐狸这时干预了，

“吊死罪犯的刑罚判轻了，

我给它定的刑这里从未见过，

为了今后使骗子们胆战心惊，

应该把它淹死在河里。”

“好极了！”法官们大声喊道。

大家都一致同意，

就把狗鱼抛进了河里！

宝刀

有着锋利刀刃的宝刀
被废弃在一堆铁器里，
一起被装运到市场上，
极便宜地卖给了农夫。
农夫没有什么大主意，
立刻发现了宝刀的用处。
就给宝刀安装上刀柄，
用它在林中剥树皮做鞋，
而在家里的用处很简单：
劈柴、劈篱笆条、截短树枝，
或把用作栅栏杆的木头削平。

就这样，过了还不到一年，
宝刀就缺口累累、锈迹斑斑，
孩子们还把它当马骑。
一只刺猬躺在板铺下，
宝刀就被丢弃在那里。
有一天刺猬对宝刀说：
“告诉我，你的一生像什么？
人家说你是战功赫赫，
现在却劈柴、砍木桩，
或当作孩子们的玩具，
难道你不感到害臊吗？”
“我被握在战士手中，
曾经令敌人闻风丧胆，”
宝刀回答说，
“在这里我的禀赋白费了，
我在屋里只干些低贱的活，
难道这是我自愿的吗？

不，该害臊的不是我，

而是不懂我适于干什么的人。”

大炮和风帆

船上的大炮和风帆

产生了严重的敌意。

大炮从船舷伸出炮筒

在苍天面前抱怨说：

“上帝啊！什么时候见过

毫无价值的麻布片儿竟敢

与我们相提并论？

整个艰难的航程

它们做了些什么？

只是在刮起风的时候，

它们高昂地鼓起胸膛，

仿佛身居要职的高官似的，
趾高气扬地在大洋上游弋，
一味妄自尊大、自以为是，
而我们却在战斗中轰鸣！
我们的船舰不正是
靠我们才在海上称雄！
不正是我们才到处
给敌人带去恐惧和死亡？
不，我们再也不愿跟风帆共处，
没有它们我们自己也能对付一切，
强劲的北风，快来帮助我们，
尽快把它们撕成碎片！”
北风听到了，果然疾驰而来，
吹了一口气，天空中乌云密布，
海上立即就昏暗一片，
海浪如山峦般此起彼伏，
雷声震耳欲聋，闪电刺人眼睛，

北风怒吼，撕碎了风帆，

风帆不复存在，风暴也静息了。

结果是什么呢？船没了风帆，

成了风浪的玩具，

它像一段木头在海中漂泊，

第一次遭遇敌人时，

敌人便用舷炮向它猛烈地轰击，

船舰一动不动，很快成了筛子，

连同大炮像块石头一样沉没了。

※　※　※

任何强国之所以强大，是因为

内部各部分都安排得极为合理。

武器只是用来威慑打击敌人，

而风帆是它管理内政的机关。

猫头鹰和毛驴

瞎眼的毛驴在树林里迷了路，
（它本来要去远方旅行。）
到夜里走进了一片密林，
前进也不是后退也不是，
就是眼睛看得见也脱不了困境。
幸好猫头鹰正巧在近旁，
便给毛驴当起了向导。
众所周知，猫头鹰在夜间目光锐利，
悬崖、沟壑、山冈、小丘，
这一切猫头鹰都能看清楚。
到清晨它们走上了平坦路，

怎么能跟这样的向导分开呢？

毛驴请求猫头鹰答应留下来，

它要与猫头鹰一起周游世界。

猫头鹰像绅士一般坐上驴背，

它们开始了旅程。

旅途顺利吗？不。

早晨太阳刚刚在空中升起，

猫头鹰的眼前就一片漆黑，

但是猫头鹰非常固执，

它对毛驴瞎指挥一通。

“当心！”它高声喊道，

“往右就要踩进水洼。”

但是没有水洼，而往左更糟糕。

“再往左一点，再往左走一点！”

扑通一声，两者都掉进了峡谷。

狮子和老鼠

老鼠恭顺地向狮子请求，
准许它在附近树洞安家，
它补充说："虽然在林中
你又强壮有力又有声誉，
虽然谁也不能与你比力量，
你一声吼使大家惧怕不已，
但是谁又能猜到将来的事，
谁知道究竟会是谁需要谁？
不论我让人觉得多么弱小，
也许，有时候你就需要我。"
"你这小东西，"狮子吼道，

“凭这些放肆的话该处死你。
趁你还活着，滚吧，快滚！
要不然我就让你不得好死。”
可怜的老鼠吓得魂飞魄散，
立即撒腿就跑，一下子就无踪影。
但狮子的高傲也使自己受到惩罚：
它去寻找猎物时掉进了捕兽网。
这时它的力气无济于事，
它的怒吼、呻吟也于事无补，
不论它怎么挣扎和折腾，
终究还是成了猎人的猎物，
被关进笼子运走让人观看。
这时它才为时已晚地想起，
老鼠倒是能够帮助它，
它的牙齿可以咬破网，
是自大傲慢害了自己。

※ ※ ※

读者，因为我爱真理，

所以再补充说几句话，

这也不是我的话——

民间说的并非没道理：

别往井里吐痰，

要喝水就有用。